합격을 결정짓는

# 이경철
# 필수서

## 부동산공법 2차

박문각 공인중개사

브랜드만족
1위
박문각

2025

# 이 책의 차례

PART
01

국토의 계획 및
이용에 관한 법률

PART
02

건축법

PART
**03**

주택법

PART
**04**

농지법

PART
**05**

도시개발법

PART
**06**

도시 및
주거환경정비법

박문각 공인중개사

# 국토의 계획 및
# 이용에 관한 법률

| 계 획 | | | 이 용 | |
|---|---|---|---|---|
| **추 상** | 광역도시계획 | | 도시 · 군계획시설사업 | |
| | 도시 · 군기본계획 | | 개발행위허가 | 개발밀도관리구역 |
| **구 체** | 도시 · 군관리계획 | 용도지역 / 용도지구 / 용도구역 | | 기반시설부담구역 |
| | | 기반시설 / 지구단위 | | |

# 용어정의 & 광역도시계획 & 도시 · 군기본계획

## 01 용어정의

### 1. 용어정의 제23회, 제25회, 제26회, 제28회, 제29회, 제30회, 제31회, 제35회

| | |
|---|---|
| 국가계획 | 중앙행정기관이 법률에 따라 수립하거나 국가의 정책적인 목적을 달성하기 위하여 수립하는 계획 중 도시 · 군기본계획이나 도시 · 군관리계획으로 결정하여야 할 사항이 포함된 계획 |
| | **기출유형** 국가계획은 도시 · 군관리계획으로 결정하여야 할 사항이 포함되지 않은 계획이다.(×) |
| 광역도시 계획 | 광역계획권의 장기발전방향을 제시하는 계획 |
| | **기출유형** 광역도시계획은 특별시 또는 광역시의 장기발전방향을 제시하는 계획이다.(×) |
| 도시 · 군 계획 | 특별시 · 광역시 · 특별자치시 · 특별자치도 · 시 또는 군(광역시의 관할 구역에 있는 군은 제외)의 관할 구역에 대하여 수립하는 공간구조와 발전방향에 대한 계획 → 도시 · 군기본계획과 도시 · 군관리계획으로 구분 |
| | **기출유형** 도시 · 군계획은 도시 · 군관리계획과 광역도시계획으로 구분한다.(×) |
| 도시 · 군 기본계획 | 특별시 · 광역시 · 특별자치시 · 특별자치도 · 시 또는 군의 관할 구역 및 생활권에 대하여 기본적인 공간구조와 장기발전방향을 제시하는 종합계획으로서 도시 · 군관리계획 수립의 지침이 되는 계획 |
| | **기출유형** 도시 · 군기본계획은 광역도시계획 수립의 지침이다.(×) |
| 도시 · 군 관리계획 | 특별시 · 광역시 · 특별자치시 · 특별자치도 · 시 또는 군의 개발 · 정비 및 보전을 위하여 수립하는 [토지이용, 교통, 환경, 경관, 안전, 산업, 정보통신, 보건, 복지, 안보, 문화 등]에 관한 계획<br>① 용도지역 · 용도지구의 지정 또는 변경에 관한 계획<br>② 수산자원보호구역, 도시자연공원구역, 개발제한구역, 시가화조정구역의 지정 또는 변경에 관한 계획(용도구역)<br>③ 도시 · 군계획시설입체복합구역의 지정 또는 변경에 관한 계획(용도구역)<br>④ 도시혁신구역의 지정 또는 변경에 관한 계획과 도시혁신계획(용도구역)<br>⑤ 복합용도구역의 지정 또는 변경에 관한 계획과 복합용도계획(용도구역)<br>⑥ 지구단위계획구역의 지정 또는 변경에 관한 계획과 지구단위계획<br>⑦ 기반시설의 설치 · 정비 또는 개량에 관한 계획<br>⑧ 도시개발사업이나 정비사업에 관한 계획 |
| | **기출유형** 개발밀도관리구역과 기반시설부담구역은 도시 · 군관리계획내용 포함한다.(×) |
| 용도지역 (이름) | 토지의 이용 및 건축물의 용도, 건폐율, 용적률, 높이 등을 제한함으로써 토지를 경제적 · 효율적으로 이용하고 공공복리의 증진을 도모하기 위하여 서로 중복되지 아니하게 도시 · 군관리계획으로 결정하는 지역(필요적 지정) |

| | |
|---|---|
| 용도지구<br>(별명) | 토지의 이용 및 건축물의 용도·건폐율·용적률·높이 등에 대한 <u>용도지역의 제한을 강화하거나 완화</u>하여 적용함으로써 용도지역의 기능을 증진시키고 경관·안전 등을 도모하기 위하여 도시·군관리계획으로 결정하는 지역(중복○, 임의적 지정) |
| 용도구역<br>(사회적지위) | 토지의 이용 및 건축물의 용도·건폐율·용적률·높이 등에 대한 <u>용도지역 및 용도지구의 제한을 강화하거나 완화</u>하여 따로 정함으로써 시가지의 <u>무질서한 확산방지</u>, 계획적이고 단계적인 토지이용의 도모, 혁신적이고 복합적인 토지활용의 촉진, 토지이용의 종합적 조정·관리 등을 위하여 도시·군관리계획으로 결정하는 지역을 말한다.(중복○, 임의적 지정)<br>**기출유형** 용도구역은 용도지역의 행위제한을 강화만 하기 위하여 시장·군수가 도시·군관리계획으로 결정하는 지역이다.(×) |
| 공간재구조화<br>계획 | 토지의 이용 및 건축물이나 그 밖의 시설의 용도·건폐율·용적률·높이 등을 완화하는 용도구역의 효율적이고 계획적인 관리를 위하여 수립하는 계획을 말한다. |
| 도시혁신계획 | 창의적이고 혁신적인 도시공간의 개발을 목적으로 도시혁신구역에서의 토지의 이용 및 건축물의 용도·건폐율·용적률·높이 등의 제한에 관한 사항을 따로 정하기 위하여 공간재구조화계획으로 결정하는 도시·군관리계획을 말한다. |
| 복합용도계획 | 주거·상업·산업·교육·문화·의료 등 다양한 도시기능이 융복합된 공간의 조성을 목적으로 복합용도구역에서의 건축물의 용도별 구성비율 및 건폐율·용적률·높이 등의 제한에 관한 사항을 따로 정하기 위하여 공간재구조화계획으로 결정하는 도시·군관리계획을 말한다. |
| 지구단위계획<br>(완화) | 도시·군계획 수립 대상지역의 <u>일부</u>에 대하여 토지 이용을 합리화하고 그 기능을 증진시키며 미관을 개선하고 양호한 환경을 확보하며, 그 지역을 체계적·계획적으로 관리하기 위하여 수립하는 도시·군관리계획<br>**기출유형** 지구단위계획은 도시·군계획 수립 대상지역의 전부에 대한 도시·군관리계획을 말한다.(×) |
| 공공시설 | 도로·공원·철도·수도, 그 밖에 대통령령으로 정하는 공공용 시설을 말한다. |
| 기반시설 | ① 교통시설: 도로·철도·항만·공항·주차장, 자동차정류장, 차량검사 및 면허시설<br>② 공간시설: 광장·공원·녹지, 유원지, 공공공지<br>③ 유통·공급시설: 유통업무설비·수도·전기·가스공급설비, 방송·통신시설, <u>공동구</u> 등<br>④ 공공·문화체육시설: 학교, 공공청사, 문화시설 및 공공필요성이 인정되는 체육시설 등<br>⑤ 방재시설: 하천·유수지·저수지, 방화설비 등<br>⑥ <u>보건위생시설</u>: 장사시설·종합의료시설·도축장<br>  **암기** 가기 싫은 곳<br>⑦ <u>환경기초시설</u>: 폐차장, 하수도, 빗물저장 및 이용시설, 폐기물처리 및 재활용시설, 수질오염방지시설<br>  **암기** 폐. 하. 빗물, 폐, 수 |
| 공동구 | 전기·가스·수도 등의 공급설비, 통신시설, 하수도시설 등 <u>지하매설물</u>을 공동 수용함으로써 미관의 개선, 도로구조의 보전 및 교통의 원활한 소통을 위하여 지하에 설치하는 시설물 |
| 도시·군계획<br>시설 | <u>기반시설 중 도시·군관리계획으로 결정된 시설</u><br>**기출유형** 기반시설은 도시·군계획시설 중 도시·군관리계획으로 결정된 시설이다.(×) |

| 도시 · 군계획<br>시설사업 | 도시 · 군계획시설을 설치 · 정비 또는 개량하는 사업<br> **기출유형** 도시 · 군계획사업은 기반시설을 설치 · 정비 또는 개량하는 사업이다.(×) |
|---|---|
| 광역시설 | ① 2개 이상의 특별시 · 광역시 · 특별자치시 · 특별자치도 · 시 또는 군의 관할 구역에 걸쳐 있는 시설<br>② 2개 이상의 특별시 · 광역시 · 특별자치시 · 특별자치도 · 시 또는 군이 공동으로 이용하는 시설 |
| 도시 · 군<br>계획사업 | 도시 · 군관리계획을 시행하기 위한 사업(도시 · 군계획시설사업, 「도시개발법」에 따른 도시개발사업, 「도시 및 주거환경정비법」에 따른 정비사업)<br> **암기** 개. 정. 시설사업 |
| 성장관리계획<br>(완화) | 성장관리구역에서의 난개발을 방지하고 계획적인 개발을 유도하기 위하여 수립하는 계획(녹지지역, 관리지역, 농림지역, 자연환경보전지역)<br> **기출유형** 성장관리계획구역에서의 난개발을 방지하고 계획적인 개발을 유도하기 위하여 수립하는 계획은 공간재구조화계획이다.(×) |
| 개발밀도<br>관리구역 | 개발로 인하여 기반시설이 부족할 것으로 예상되나 기반시설을 설치하기 곤란한 지역을 대상으로 건폐율이나 용적률을 강화하여 적용하기 위하여 지정하는 구역 |
| 기반시설<br>부담구역<br>(완화) | 개발밀도관리구역 외의 지역으로서 개발로 인하여 도로, 공원, 녹지 등 대통령령으로 정하는 기반시설의 설치가 필요한 지역을 대상으로 기반시설을 설치하거나 그에 필요한 용지를 확보하게 하기 위하여 지정 · 고시하는 구역<br> **기출유형** 기반시설부담구역은 기반시설을 설치하기 곤란한 지역을 대상으로 지정한다.(×) |

## 2. 국가계획과 광역도시계획 및 도시 · 군계획의 관계 제22회, 제24회, 제35회

> 국가계획 ⊃ [광역도시계획 ≫ 도시 · 군기본계획] ⊃ 도시 · 군관리계획

### (1) 우선순위

① 광역도시계획 및 도시 · 군계획은 국가계획에 부합되어야 하며, 광역도시계획 또는 도시 · 군계획의 내용이 국가계획의 내용과 다를 때에는 국가계획의 내용이 우선한다(국가계획을 수립하려는 중앙행정기관의 장은 미리 지방자치단체의 장의 의견을 듣고 충분히 협의).

② 광역도시계획이 수립되어 있는 지역에 대하여 수립하는 도시 · 군기본계획은 그 광역도시계획에 부합되어야 하며, 도시 · 군기본계획의 내용이 광역도시계획의 내용과 다를 때에는 광역도시계획의 내용이 우선한다.

> **key point** 광역도시계획이 도시 · 군기본계획보다 우선한다.

> **기출유형** 도시 · 군기본계획의 내용이 광역도시계획의 내용과 다를 때에는 국토교통부장관이 결정한 바에 따른다.(×)

③ 광역도시계획 또는 도시 · 군기본계획(생활권계획을 포함)에 부합하지 아니하는 도시 · 군관리계획은 당연무효가 되는 것은 아니라 취소 또는 변경할 수 있다.

### (2) 도시·군계획의 법적지위

① 도시·군계획은 특별시·광역시·특별자치시·특별자치도·시 또는 군의 관할 구역에서 수립되는 다른 법률에 따른 토지의 이용·개발 및 보전에 관한 계획의 기본이 된다.

② 특별시장·광역시장·특별자치시장·특별자치도지사·시장 또는 군수(광역시의 관할 구역에 있는 군의 군수는 제외)가 관할 구역에 대하여 다른 법률에 따른 환경·교통·수도·하수도·주택 등에 관한 부문별 계획을 수립할 때에는 도시·군기본계획의 내용에 부합되게 하여야 한다.

**기출유형** 부문별 계획을 수립할 때에는 도시·군관리계획의 내용에 부합해야 한다.(×)

---

## 02 광역도시계획

| 지정단계 | 수립단계 | 승인단계 | 공람단계 |
|---|---|---|---|
| 지정권자 | 기초조사<br>공청회<br>의견청취 | 협의<br>심의<br>승인 | 송부<br>공고<br>열람 |

## 1. 개 념

### (1) 의 의

광역도시계획은 광역계획권의 장기발전방향을 제시하는 <u>비구속적 행정계획</u>(행정쟁송의 대상×, <u>수립기간×</u>, <u>비법정계획×</u>)

**기출유형** 광역도시계획은 비법정계획이며, 수립기간은 10년이다.(×)

### (2) 내 용

광역도시계획에는 다음 중 그 광역계획권의 지정목적을 이루는 데 필요한 사항에 대한 정책 방향이 포함

> ① 광역계획권의 공간 구조와 기능 분담에 관한 사항
> ② 광역계획권의 녹지관리체계와 환경 보전에 관한 사항
> ③ 광역시설의 배치·규모·설치에 관한 사항
> ④ <u>경관계획</u>(경관×)에 관한 사항
> ⑤ 그 밖에 광역계획권에 속하는 특별시·광역시·특별자치시·특별자치도·시 또는 군 상호 간의 기능 연계에 관한 사항으로 대통령령으로 정하는 사항

## 2. 지정단계 제26회, 제27회, 제29회, 제33회

### (1) 지정권자 등

<u>국토교통부장관</u> 또는 <u>도지사</u>는 다음에 따라 인접한 둘 이상의 특별시·광역시·특별자치시·특별자치도·시 또는 군의 관할 구역 <u>전부 또는 일부</u>[구·군(광역시 안에 있는 군)·읍 또는 면의 단위]를 광역계획권으로 <u>지정할 수 있다.</u>

> ① 국토교통부장관이 지정: 광역계획권이 둘 이상의 특별시·광역시·특별자치시·도 또는 특별자치도(시·도)의 관할 구역에 걸쳐 있는 경우
> ② 도지사가 지정: 광역계획권이 도의 관할 구역에 속하여 있는 경우

**기출유형** 광역계획권이 둘 이상의 시·도의 관할 구역에 걸쳐 있는 경우에는 관할 시·도지사가 공동으로 광역계획권을 지정할 수 있다.(×)

### (2) 지정요청

중앙행정기관의 장, 시·도지사, 시장 또는 군수는 국토교통부장관이나 도지사에게 광역계획권의 지정 또는 변경을 요청할 수 있다.

### (3) 지정절차

① <u>국토교통부장관</u>은 광역계획권을 지정하거나 변경하려면 관계 시·도지사, 시장 또는 군수의 의견을 들은 후 <u>중앙도시계획위원회</u>의 <u>심의</u>를 거쳐야 한다.

② <u>도지사</u>가 광역계획권을 지정하거나 변경하려면 관계 중앙행정기관의 장, 관계 시·도지사, 시장 또는 군수의 의견을 들은 후 <u>지방도시계획위원회</u>의 <u>심의</u>를 거쳐야 한다.

③ 국토교통부장관 또는 도지사는 광역계획권을 지정하거나 변경하면 지체 없이 관계 시·도지사, 시장 또는 군수에게 그 사실을 통보하여야 한다.

## 3. 수립단계 제26회, 제27회, 제28회, 제29회, 제31회, 제32회

### (1) 수립권자(원칙)

국토교통부장관, 시·도지사, 시장 또는 군수는 다음에 따라 광역도시계획을 <u>수립하여야 한다.</u>

> ① 광역계획권이 둘 이상의 시·도의 관할 구역에 걸쳐 있는 경우: 관할 시·도지사가 공동으로 수립
> ② 광역계획권이 같은 도의 관할 구역에 속하여 있는 경우: 관할 시장 또는 군수가 공동으로 수립
> ③ <u>국가계획</u>과 관련된 광역도시계획의 수립이 필요한 경우 또는 광역계획권을 지정한 날부터 <u>3년이 지날 때까지</u> 관할 시·도지사로부터 광역도시계획의 승인 신청이 없는 경우: 국토교통부장관이 수립
> ④ 광역계획권을 지정한 날부터 <u>3년이 지날 때까지</u> 관할 시장 또는 군수로부터 광역도시계획의 승인 신청이 없는 경우: 관할 도지사가 수립

**기출유형** 광역계획권을 지정한 날부터 2년이 지날 때까지 관할 시장 또는 군수로부터 광역도시계획의 승인 신청이 없는 경우는 관할 도지사가 수립한다.(×)

**key point** 지정권자 단독수립은 3년이 나오는 것 주의하세요.

### (2) 공동수립(예외)

① 국토교통부장관은 시·도지사가 요청하는 경우와 그 밖에 필요하다고 인정되는 경우에는 관할 시·도지사와 공동으로 광역도시계획을 <u>수립할 수 있다</u>.

② 도지사는 시장 또는 군수가 요청하는 경우와 그 밖에 필요하다고 인정하는 경우에는 관할 시장 또는 군수와 공동으로 광역도시계획을 <u>수립할 수 있다</u>.

> **기출유형** 국토교통부장관은 시·도지사가 요청하는 경우에는 시·도지사와 공동으로 광역도시계획을 수립할 수 없다.(×)

### (3) 단독수립(국토교통부장관×)

시장 또는 군수가 <u>협의를 거쳐</u> 요청시에는 <u>도지사가 단독</u> 수립할 수 있다.

> **기출유형** 국토교통부장관은 시·도지사가 협의를 거쳐 요청하는 경우에는 단독으로 광역도시계획을 수립할 수 있다.(×)

### (4) 수립기준

광역도시계획의 수립기준은 <u>국토교통부장관</u>이 정한다.

> ✔ **key point** 계획의 기준은 장관이 정함이 원칙이다.

## 4. 수립절차 제31회

### (1) 기초조사

국토교통부장관, 시·도지사, 시장 또는 군수는 광역도시계획을 수립하거나 변경하려면 미리 인구, 경제, 사회, 문화, 토지 이용, 환경, 교통, 주택 등 <u>조사하거나 측량하여야 한다</u>(기초조사정보체계를 구축한 경우에는 등록된 정보의 현황을 <u>5년마다</u> 확인하고 변동사항을 반영).

### (2) 주민 등 공청회(생략불가)

국토교통부장관, 시·도지사, 시장 또는 군수는 광역도시계획을 수립하거나 변경하려면 미리 공청회를 열어 주민과 관계 전문가 등으로부터 의견을 들어야 하며, 공청회에서 제시된 의견이 타당하다고 인정하면 광역도시계획에 반영하여야 한다.

① 일간신문, 관보, 공보, 인터넷 홈페이지 또는 방송 등의 방법으로 공청회 개최예정일 <u>14일 전</u>까지 1회 이상 공고하여야 한다.

② 공청회는 광역계획권 단위로 지정하되, 필요한 경우에는 <u>광역계획권을 여러 개의 지역으로 구분하여 개최할 수 있다</u>(국토교통부장관, 시·도지사, 시장 또는 군수가 지명한 자 주재).

> ✔ **key point** 주민공청회는 추상적일 때 진행하며, 생략은 절대 불가능하다.

### (3) 지방의회 등 의견청취

① 시·도지사, 시장 또는 군수는 광역도시계획을 수립하거나 변경하려면 미리 관계 <u>시·도, 시 또는 군의 의회와 관계 시장 또는 군수의 의견을 들어야 한다</u>. 이 경우 시·도, 시 또는 군의 의회와 관계 시장 또는 군수는 특별한 사유가 없으면 <u>30일 이내</u>에 의견을 제시하여야 한다.

② 국토교통부장관은 수립시 시·도지사에게 광역도시계획안을 송부하면 시·도지사는 의회와 관계 시장 또는 군수의 의견을 들은 후 그 결과를 국토교통부장관에게 제출하여야 한다.

> **기출유형** 시·도지사가 광역도시계획을 수립할 때에는 시·군·구의회의 의견을 들어야 한다.(×)

## 5. 승인단계 제27회, 제28회

### (1) 협의 · 심의

① 국토교통부장관은 관계 중앙행정기관의 장과 협의(협의 요청을 받은 관계 중앙행정기관의 장은 특별한 사유가 없는 한 30일 이내에 의견을 제시)하고 중앙도시계획위원회 심의를 거쳐야 한다.

② 도지사는 관계 행정기관의 장(국토교통부장관 포함)과 협의(협의 요청을 받은 관계 행정기관의 장은 특별한 사유가 없는 한 30일 이내에 의견을 제시)하고 지방도시계획위원회 심의를 거쳐야 한다.

### (2) 승 인

① 시 · 도지사는 광역도시계획을 수립하거나 변경하려면 국토교통부장관의 승인을 받아야 한다.

② 시장 또는 군수는 광역도시계획을 수립하거나 변경하려면 도지사의 승인을 받아야 한다.

## 6. 송부 및 공고단계 제31회

### (1) 송 부

국토교통부장관(도지사)은 직접 광역도시계획을 수립 또는 변경하거나 승인하였을 때에는 관계 중앙행정기관(관계 행정기관)의 장과 시 · 도지사(시장 · 군수)에게 관계 서류를 송부하여야 한다.

### (2) 공고(개별적) · 열람

광역도시계획의 공고는 해당 시 · 도의 공보, 시 · 군의 공보와 인터넷 홈페이지에 게재하는 방법으로 하며, 관계서류의 열람기간은 30일 이상으로 해야 한다.

✔ key point  공고는 항상 수립권자인 지방자치단체장이 개별적으로 한다(국토교부장관X).

▰ 기출유형  국토교통부장관은 광역도시계획을 수립하였을 때에는 직접 그 내용을 공고하고 일반이 열람할 수 있도록 하여야 한다.(×)

## 7. 광역도시계획의 조정

### (1) 조정신청

광역도시계획을 공동으로 수립하는 시 · 도지사(시장 · 군수)는 그 내용에 관하여 서로 협의가 되지 아니하면 공동이나 단독으로 국토교통부장관(도지사)에게 조정을 신청할 수 있다.

▰ 기출유형  광역도시계획을 공동으로 수립하는 시 · 도지사는 그 내용에 관하여 서로 협의가 되지 아니하면 반드시 단독으로 국토교통부장관에게 조정을 신청할 수 있다.(×)

### (2) 협의권고

국토교통부장관(도지사)은 단독으로 조정신청을 받은 경우에는 기한을 정하여 당사자 간에 다시 협의를 하도록 권고할 수 있으며, 기한 내에 협의가 이루어지지 아니하는 경우에는 직접 조정할 수 있다.

### (3) 심의 및 반영 여부

① 도시계획위원회의 심의를 거쳐 광역도시계획의 내용을 조정하여야 한다.

② 광역도시계획을 수립하는 자는 조정결과를 광역도시계획에 반영하여야 한다.

▰ 암기  3광5기: 광역은 3년 기초조사는 5년

✔ key point  광역도시계획은 약속이므로 재검토×

## 03 도시 · 군기본계획

| 수립단계 | 승인(확정)단계 | 공람단계 |
| --- | --- | --- |
| 기초조사 | 협의 | 송부 |
| 공청회 | 심의 | 공고 |
| 의견청취 | 승인(확정) | 열람 |

### 1. 개 념 제35회

#### (1) 의 의

도시 · 군기본계획은 특별시 · 광역시 · 특별자치시 · 특별자치도 · 시 또는 군의 관할 구역 및 생활권에 대하여 기본적인 공간구조와 장기발전방향을 제시하는 종합계획으로서 도시 · 군관리계획 수립의 지침이 되는 비구속적 행정계획(행정쟁송의 대상×, 수립기간×)

> **기출유형** 도시 · 군기본계획은 계획의 안정성과 연속성을 위해 인구 및 토지이용특성 등을 종합적으로 고려하여 구체적이고 상세하게 수립한다.(×)

#### (2) 내 용

도시 · 군기본계획에는 다음의 사항에 대한 정책 방향이 포함되어야 한다.

> ① 지역적 특성 및 계획의 방향 · 목표에 관한 사항
> ② 공간구조 및 인구의 배분에 관한 사항
> ③ 생활권의 설정과 생활권역별 개발 · 정비 및 보전 등에 관한 사항
> ④ 토지의 이용 및 개발에 관한 사항
> ⑤ 환경의 보전 및 관리에 관한 사항
> ⑥ 경관(경관계획×)에 관한 사항
> ⑦ 기후변화 대응 및 에너지절약에 관한 사항
> ⑧ 방재 · 방범 등 안전에 관한 사항 등

#### (3) 생활권계획 수립의 특례

① 특별시장 · 광역시장 · 특별자치시장 · 특별자치도지사 · 시장 또는 군수는 생활권역별 개발 · 정비 및 보전 등에 필요한 경우 다음에 따라 생활권계획을 따로 수립할 수 있다.

> ㉠ 도시 · 군기본계획의 공간구조 설정 및 토지이용계획 등을 생활권역별로 구체화할 것
> ㉡ 해당 지방자치단체에서 생활권이 차지하는 공간적 위치 및 특성, 주변지역의 특성 등을 고려하여 생활권을 설정하고, 생활권별 특성에 맞추어 기반시설의 설치 · 관리 계획을 수립할 것
> ㉢ 그 밖에 지역경제의 활성화 및 주민 생활여건 개선 등을 위해 생활권별로 개발 · 정비 및 보전할 필요가 있는 사항을 포함할 것

② 생활권계획이 수립 또는 승인된 때에는 해당 계획이 수립된 생활권에 대해서는 <u>도시·군기본계획이 수립 또는 변경된 것으로 본다</u>. 이 경우 생활권의 설정 및 인구의 배분에 관한 사항 등은 다음으로 정하는 범위에서 수립·변경하는 경우로 한정한다.

> ㉠ 도시·군기본계획에서 정하는 생활권을 세분화하는 경우
> ㉡ 도시·군기본계획에서 정하는 생활권 간의 경계를 변경하는 경우
> ㉢ 전체 인구 규모의 범위에서 생활권별 인구의 배분에 관한 사항을 수립·변경하는 경우
> ㉣ 생활권별 인구의 배분에 관한 사항을 변경함에 따라 기반시설의 설치에 관한 사항을 수립·변경하는 경우

**기출유형** 도시·군기본계획의 수립권자가 생활권계획을 따로 수립한 때에는 해당 계획이 수립된 생활권에 대해서는 도시·군관리계획이 수립된 것으로 본다.(×)

## 2. 수립단계 제24회, 제32회

### (1) 원 칙

특별시장·광역시장·특별자치시장·특별자치도지사·시장 또는 군수는 관할 구역에 대하여 도시·군기본계획을 <u>수립하여야 한다</u>.

**✔ key point** 도시·군기본계획: 국토교통부장관(기준·협의), 도지사(승인·송부)

**기출유형** 도시·군기본계획은 모든 시·군에서 수립하여야 한다.(×)

### (2) 예 외

#### ① 수립예외

다음에 해당하는 시 또는 군은 도시·군기본계획을 <u>수립하지 아니할 수 있다</u>.

> ㉠ 「수도권정비계획법」에 의한 <u>수도권에 속하지 아니하고</u> + <u>광역시와 경계를 같이하지 아니한</u> 시 또는 군 + 인구 <u>10만명 이하인</u> 시 또는 군
> ㉡ 관할구역 <u>전부</u>(일부×)에 대하여 광역도시계획이 수립되어 있는 시 또는 군으로서 그 광역도시계획에 도시·군기본계획의 내용이 <u>모두 포함</u>되어 있는 시 또는 군

**✔ key point** 특별시장·광역시장·특별자치시장·특별자치도지사는 도시·군기본계획을 반드시 수립하여야 한다.

**기출유형** 수도권에 속하지 않고 광역시와 경계를 같이 한 군으로서 인구가 9만명인 경우에는 도시·군기본계획을 수립하지 아니할 수 있다.(×)

#### ② 연계수립

특별시장·광역시장·특별자치시장·특별자치도지사·시장 또는 군수는 지역여건상 필요하다고 인정되면 <u>인접한 특별시·광역시·특별자치시·특별자치도·시 또는 군의 관할 구역 전부 또는 일부를 포함</u>하여 도시·군기본계획을 수립할 수 있다(미리 그 인접한 특별시장·광역시장·특별자치시장·특별자치도지사·시장 또는 군수와 협의 필요).

**✔ key point** 도시·군기본계획도 2개 이상 지역이 수립할 수 있다(연계수립).

### (3) 수립기준

도시·군기본계획의 수립<u>기준</u> 등은 국토교통부장관이 정한다.

## 3. 수립절차 <sub>제22회, 제27회, 제33회</sub>

### (1) 기초조사

① 도시·군기본계획을 수립하거나 변경하려면 미리 인구, 경제, 사회, 문화, 토지 이용, 환경, 교통, 주택, 그 밖에 필요한 사항을 대통령령으로 정하는 바에 따라 조사하거나 측량하여야 한다.

② 시·도지사, 시장 또는 군수는 기초조사의 내용에 국토교통부장관이 정하는 바에 따라 실시하는 토지의 토양, 입지, 활용가능성 등 토지적성평가와 재해취약성분석을 포함하여야 한다.

③ 도시·군기본계획 입안일부터 5년 이내에 토지적성평가를 실시한 경우에는 토지적성평가 또는 재해취약성분석을 하지 아니할 수 있다.

### (2) 주민 등 공청회(생략불가)

① 도시·군기본계획을 수립하거나 변경하려면 미리 공청회를 열어 주민과 관계 전문가 등으로부터 의견을 들어야 한다.

② 일간신문, 관보, 공보, 인터넷 홈페이지 또는 방송 등의 방법으로 공청회 개최예정일 14일 전까지 1회 이상 공고하여야 한다.

### (3) 지방의회 등 의견청취

특별시장·광역시장·특별자치시장·특별자치도지사·시장 또는 군수는 도시·군기본계획을 수립하거나 변경하려면 미리 그 특별시·광역시·특별자치시·특별자치도·시 또는 군의회의 의견을 들어야 한다. 이 경우 특별시·광역시·특별자치시·특별자치도·시 또는 군의 의회는 특별한 사유가 없으면 30일 이내에 의견을 제시하여야 한다.

## 4. 승인(확정)단계

### (1) 협의·심의

① 특별시장·광역시장·특별자치시장·특별자치도지사·시장 또는 군수는 도시·군기본계획을 수립하거나 변경하려면 관계 행정기관의 장과 협의(국토교통부장관 포함)한 후 지방도시계획위원회의 심의를 거쳐야 한다.

② 도지사는 도시·군기본계획을 승인하려면 관계 행정기관의 장과 협의한 후 지방도시계획위원회의 심의를 거쳐야 한다.

③ 협의 요청을 받은 관계 행정기관의 장은 특별한 사유가 없으면 30일 이내에 의견을 제시하여야 한다.

### (2) 승 인

① 시장 또는 군수는 도시·군기본계획을 수립하거나 변경하려면 도지사의 승인을 받아야 한다.

> ✔ key point | 특별시장·광역시장·특별자치시장·특별자치도지사는 승인을 받을 필요가 없다.

> 🔖 기출유형 | 특별시장·광역시장·특별자치시장·특별자치도지사가 수립한 도시·군기본계획의 승인은 국토교통부장관이 한다.(×)

② **첨부서류**

> ㉠ 기초조사 결과
> ㉡ 공청회개최 결과
> ㉢ 시·군의 의회의 의견청취 결과
> ㉣ 해당 시·군에 설치된 지방도시계획위원회의 자문을 거친 경우에는 그 결과
> ㉤ 관계 행정기관의 장과의 협의 및 도의 지방도시계획위원회의 심의에 필요한 서류

## 5. 송부 및 공고단계

### (1) 송 부

도지사는 도시·군기본계획을 승인하면 관계 행정기관의 장과 시장·군수에게 관계 서류를 송부하여야 한다.

### (2) 공고·열람

도시·군기본계획의 공고는 해당 시·군의 공보와 인터넷 홈페이지에 게재하는 방법으로 하며, 관계 서류의 열람기간은 30일 이상으로 해야 한다.

## 6. 재검토

특별시장·광역시장·특별자치시장·특별자치도지사·시장 또는 군수는 5년마다 관할 구역의 도시·군기본계획에 대하여 그 타당성 여부를 전반적으로 재검토하여 정비하여야 한다.

✔ key point ) 재검토 나오면 5년

▌암기 │ 추상적 계획은 공청회(14일), 그 외 30일

# Chapter 02 도시 · 군관리계획 절차

| 입안단계 | 결정단계 | 고시단계 |
|---|---|---|
| 기초조사<br>의견청취 | 협의<br>심의<br>결정 | 고시<br>열람 |

## 1. 개 념 제23회, 제26회

### (1) 의 의

도시 · 군관리계획은 특별시 · 광역시 · 특별자치시 · 특별자치도 · 시 또는 군의 개발 · 정비 및 보전을 위하여 수립하는 [토지 이용, 교통, 환경, 경관, 안전, 산업, 정보통신, 보건, 복지, 안보, 문화 등]에 관한 다음의 계획을 말한다.

> ① 용도지역 · 용도지구의 지정 또는 변경에 관한 계획
> ② 수산자원보호구역, 도시자연공원구역, 개발제한구역, 시가화조정구역의 지정 또는 변경에 관한 계획 (용도구역)
> ③ 도시 · 군계획시설입체복합구역의 지정 또는 변경에 관한 계획(용도구역)
> ④ 도시혁신구역의 지정 또는 변경에 관한 계획과 도시혁신계획(용도구역)
> ⑤ 복합용도구역의 지정 또는 변경에 관한 계획과 복합용도계획(용도구역)
> ⑥ 지구단위계획구역의 지정 또는 변경에 관한 계획과 지구단위계획
> ⑦ 기반시설의 설치 · 정비 또는 개량에 관한 계획
> ⑧ 도시개발사업이나 정비사업에 관한 계획

✔ key point 〉 도시 · 군관리계획내용에는 개발밀도관리구역(×), 기반시설부담구역(×), 성장관리구역계획(×), 특별건축 구역(×)

### (2) 법적 성격

① 도시 · 군관리계획은 행정청은 물론 비행정청(일반국민)에게도 행위제한 등의 기속적 효력이 발생하는 구속적 행정계획이다(행정쟁송의 대상).

② 도시 · 군관리계획은 광역도시계획과 도시 · 군기본계획(생활권계획을 포함)에 부합되어야 한다. 다만, 광역도시계획과 도시 · 군기본계획에 부합하지 않아도 무효가 되는 것이 아니라 취소 또는 변경할 수 있다.

## 2. 도시·군관리계획의 입안 제21회, 제29회, 제30회, 제34회, 제35회

### (1) 입안권자

#### 1) 원 칙

① **단독입안**: 특별시장·광역시장·특별자치시장·특별자치도지사·시장 또는 군수는 관할 구역에 대하여 도시·군관리계획을 입안하여야 한다.

② **공동입안**: 인접한 특별시·광역시·특별자치시·특별자치도·시 또는 군의 관할 구역에 대한 도시·군관리계획은 관계 특별시장·광역시장·특별자치시장·특별자치도지사·시장 또는 군수가 협의하여 공동으로 입안하거나 입안할 자를 정한다. 다만, 협의가 성립되지 아니하는 경우 같은 도의 관할 구역에 속할 때에는 관할 도지사가, 둘 이상의 시·도의 관할 구역에 걸쳐 있을 때에는 국토교통부장관(수산자원보호구역의 경우 해양수산부장관)이 입안할 자를 지정·고시하여야 한다.

#### 2) 예 외

① 국토교통부장관(수산자원보호구역의 경우 해양수산부장관)은 다음에 해당하는 경우에는 직접 또는 관계 중앙행정기관의 장의 요청에 의하여 도시·군관리계획을 입안할 수 있다(관할 시·도지사 및 시장·군수의 의견을 들어야 한다).

> ㉠ 국가계획과 관련된 경우
> ㉡ 둘 이상의 시·도에 걸쳐 지정되는 용도지역·용도지구 또는 용도구역과 둘 이상의 시·도에 걸쳐 이루어지는 사업의 계획 중 도시·군관리계획으로 결정하여야 할 사항이 있는 경우
> ㉢ 특별시장·광역시장·특별자치시장·특별자치도지사·시장 또는 군수가 조정기한까지 국토교통부장관의 도시·군관리계획 조정 요구에 따라 도시·군관리계획을 정비하지 아니하는 경우

② 도지사는 다음의 경우에는 직접 또는 시장이나 군수의 요청에 의하여 도시·군관리계획을 입안할 수 있다(도지사는 관계 시장 또는 군수의 의견을 들어야 한다).

> ㉠ 2 이상의 시·군에 걸쳐 지정되는 용도지역·용도지구 또는 용도구역과 2 이상의 시·군에 걸쳐 이루어지는 사업의 계획 중 도시·군관리계획으로 결정하여야 할 사항이 포함되어 있는 경우
> ㉡ 도지사가 직접 수립하는 사업의 계획으로서 도시·군관리계획으로 결정하여야 할 사항이 포함되어 있는 경우

**기출유형** 도시·군관리계획의 입안은 시장·군수·구청장의 고유권한이다.(×)

### (2) 입안방법

① 국토교통부장관, 시·도지사, 시장 또는 군수는 도시·군관리계획을 입안할 때에는 대통령령으로 정하는 바에 따라 도시·군관리계획도서와 이를 보조하는 계획설명서(기초조사결과·재원조달방안 및 경관계획 등 포함)를 작성하여야 한다.

② 도시·군관리계획은 계획의 상세 정도, 도시·군관리계획으로 결정하여야 하는 기반시설의 종류 등에 대하여 도시 및 농·산·어촌 지역의 인구밀도, 토지 이용의 특성 및 주변 환경 등을 종합적으로 고려하여 차등을 두어 입안하여야 한다.

### (3) 수립기준

종합적으로 고려하여 국토교통부장관이 정한다.

## (4) 입안의 제안

① 주민(이해관계자 포함)은 다음사항에 대하여 도시·군관리계획을 입안할 수 있는 자에게 도시·군관리계획의 입안을 제안할 수 있다(제안서에는 도시·군관리계획도서와 계획설명서를 첨부).

　㉠ 기반시설의 설치·정비 또는 개량에 관한 사항: 대상 토지 면적의 5분의 4 이상 동의(국·공유지는 제외)

> **기출유형** 기반시설의 설치·정비 또는 개량에 관한 사항은 대상 토지 면적의 3분의 2 이상 동의(국·공유지는 포함)를 받아야 한다.(×)

> **기출유형** 주민은 공공청사의 설치에 관한 사항에 대하여 도시·군관리계획의 입안권자에게 그 계획의 입안을 제안할 수 없다.(×)

　㉡ 지구단위계획구역의 지정 및 변경과 지구단위계획의 수립 및 변경에 관한 사항: 대상 토지 면적의 3분의 2 이상 동의(국·공유지는 제외)

　㉢ 용도지구 중 해당 용도지구에 따른 건축물이나 그 밖의 시설의 용도·종류 및 규모 등의 제한을 지구단위계획으로 대체하기 위한 용도지구: 대상 토지 면적의 3분의 2 이상 동의(국·공유지는 제외)

　㉣ 개발진흥지구 중 공업기능 또는 유통·물류기능 등을 집중적으로 개발·정비하기 위한 산업·유통개발진흥지구: 대상 토지 면적의 3분의 2 이상 동의(국·공유지는 제외)

> 다음요건을 모두 갖춘 지역으로 한다(ⓐ+ⓑ+ⓒ).
> ⓐ 지정대상지역의 면적은 1만$m^2$ 이상 3만$m^2$ 미만
> ⓑ 지정대상지역이 자연녹지지역·계획관리지역 또는 생산관리지역
> ⓒ 지정대상지역의 전체 면적에서 계획관리지역의 면적이 차지하는 비율이 100분의 50 이상

> **기출유형** 주민은 상업지역에 산업·유통개발진흥지구를 지정하여 줄 것을 내용으로 하는 도시·군관리계획의 입안을 제안할 수 있다.(×)

　㉤ 도시·군계획시설입체복합구역의 지정 및 변경과 도시·군계획시설입체복합구역의 건축제한·건폐율·용적률·높이 등에 관한 사항: 대상 토지 면적의 5분의 4 이상 동의(국·공유지는 제외)

> **기출유형** 개발제한구역의 지정 및 변경은 도시·군관리계획의 입안을 제안할 수 있다.(×)

> **암기** 입안제안동의: 기 지·산·입·신·용/ 기·입(5분의 4), 나머지(3분의 2)

　㉥ 공간재구조화계획의 입안을 제안하려는 자는 다음의 구분에 따라 토지소유자의 동의(국·공유지는 제외)

> ⓐ 도시혁신구역 또는 복합용도구역의 지정을 제안하는 경우: 대상 토지면적의 3분의 2 이상
> ⓑ 입체복합구역의 지정을 제안하는 경우(도시혁신구역 또는 복합용도구역과 함께 입체복합구역을 지정하거나 도시혁신계획 또는 복합용도계획과 함께 입체복합구역 지정에 관한 공간재구조화계획을 입안하는 경우로 한정): 대상 토지면적의 5분의 4 이상

② **반영 여부의 통보**: 입안의 제안을 받은 국토교통부장관, 시·도지사, 시장 또는 군수는 제안일부터 45일 이내에 도시·군관리계획 입안에의 반영 여부를 제안자에게 통보하여야 한다. 다만, 부득이한 사정이 있는 경우에는 1회에 한하여 30일을 연장할 수 있다.

③ **비용부담**: 입안을 제안 받은 자는 제안자와 협의하여 제안된 도시·군관리계획의 입안 및 결정에 필요한 비용의 전부 또는 일부를 제안자에게 부담시킬 수 있다.

> **key point** 비용 나오면 무조건 임의적이다.

> **기출유형** 비용의 전부 또는 일부를 제안자에게 부담시켜야 한다.(×)

### (5) 입안의 특례

국토교통부장관, 시·도지사, 시장 또는 군수는 도시·군관리계획을 <u>조속히</u> 입안하여야 할 필요가 있다고 인정되면 광역도시계획이나 도시·군기본계획을 수립할 때에 <u>도시·군관리계획을 함께 입안</u>할 수 있다.

> **기출유형** 도시·군관리계획은 도시·군기본계획과 함께 입안할 수 없다.(×)

## 3. 도시·군관리계획 입안절차 제22회, 제23회, 제24회, 제27회

### (1) 기초조사(공간재구조화계획 포함)

① **기초조사의 의무**: 도시·군관리계획을 입안하는 경우에는 광역도시계획의 수립을 위한 기초조사를 준용한다. 다만, 다음의 경미한 사항을 입안하는 경우에는 그러하지 아니하다.

> ㉠ 단위 도시·군계획시설부지 면적의 5% 미만의 변경인 경우
> ㉡ 지형사정으로 인한 도시·군계획시설의 근소한 위치변경 또는 비탈면 등으로 인한 시설부지의 불가피한 변경인 경우
> ㉢ 이미 결정된 도시·군계획시설의 세부시설의 변경하는 경우
> ㉣ 도시지역의 축소에 따른 용도지역·지구·구역 또는 지구단위계획구역의 변경인 경우
> ㉤ 지구단위계획 중 가구면적의 10% 이내의 변경인 경우, 획지면적의 30% 이내의 변경인 경우, 건축물높이의 20% 이내의 변경인 경우 등

② **환경성 검토 및 토지적성평가 등**: 국토교통부장관, 시·도지사, 시장 또는 군수는 기초조사의 내용에 도시·군관리계획이 환경에 미치는 영향 등에 대한 환경성 검토 및 토지적성평가와 재해취약성분석을 포함하여야 한다.

③ **기초조사 등의 생략**: 경미한 사항, 환경성 검토, 토지적성평가 또는 재해취약성분석을 <u>하지 아니할 수 있다</u>.

> ㉠ 해당 <u>지구단위계획구역</u>이 도심지(상업지역과 상업지역에 연접한 지역을 말함)에 위치하는 경우
> ㉡ 해당 <u>지구단위계획구역</u> 안의 <u>나대지</u> 면적이 구역면적의 <u>2%</u>에 미달하는 경우
> ㉢ 해당 <u>지구단위계획구역</u> 또는 도시·군계획시설부지가 다른 법률에 따라 지역·지구·구역 등으로 지정되거나 개발계획이 수립된 경우
> ㉣ 해당 <u>지구단위계획구역</u>의 지정목적이 해당 구역을 정비 또는 관리하려는 경우로서 지구단위계획의 내용에 너비 12m 이상 도로의 설치계획이 없는 경우
> ㉤ 해당 도시·군계획시설의 결정을 <u>해제</u>하려는 경우
> ㉥ 도시·군관리계획 입안일부터 <u>5년 이내</u>에 토지적성평가 또는 재해취약성분석을 실시한 경우 (환경성 검토×)

> **기출유형** 당해 지구단위계획구역 안의 나대지면적이 구역면적의 2%에 미달하는 경우에는 환경성 검토를 하여야 한다.(×)
>
> ✔ **key point** 경미, 지구, 해제는 기초조사(재해, 토지, 환경)생략

④ 환경성 검토만 제외(전략환경영향평가). 토지적성평가만 제외(개발지역)

**(2) 주민의 의견청취**(공간재구조화계획 포함)

① **의의** : 국토교통부장관, 시·도지사, 시장 또는 군수는 도시·군관리계획을 입안할 때에는 주민의 의견을 듣고, 그 의견이 타당하다고 인정되면 도시·군관리계획안에 반영하여야 한다. 다만, 국방상 또는 국가안전보장상 기밀을 지켜야 할 필요가 있는 사항(관계 중앙행정기관의 장이 요청하는 것만 해당)이거나 경미한 사항인 경우에는 그러하지 아니하다(공청회×).

> **기출유형** 국토교통부장관은 관계 중앙행정기관의 장의 요청이 없어도 국가안전보장상 기밀을 지켜야 할 필요가 있다고 인정되면 주민의 의견청취를 거치지 않고 도시·군관리계획을 결정할 수 있다.(×)

② **공고·열람** : 특별시장·광역시장·특별자치시장·특별자치도지사·시장 또는 군수는 도시·군관리계획의 입안에 관하여 주민의 의견을 청취하려는 때에는 도시·군관리계획안의 주요내용을 2 이상의 일간신문과 인터넷 홈페이지 등에 공고하고 14일 이상 일반이 열람할 수 있도록 하여야 한다.

③ **의견서 제출** : 공고된 도시·군관리계획안의 내용에 대하여 의견이 있는 자는 열람기간내에 특별시장·광역시장·특별자치시장·특별자치도지사·시장 또는 군수에게 의견서를 제출할 수 있다.

④ **결과 통보** : 국토교통부장관, 시·도지사, 시장 또는 군수는 제출된 의견을 도시·군관리계획안에 반영할 것인지 여부를 검토하여 그 결과를 열람기간이 종료된 날부터 60일 이내에 그 의견을 제출한 자에게 통보하여야 한다.

> **기출유형** 주민의견청취를 거치지 아니한 도시·군관리계획은 절차상 중대하고 명백한 하자가 있는 경우로서 위법 무효가 아니다.(×)

**(3) 지방의회의 의견청취**

국토교통부장관, 시·도지사, 시장 또는 군수는 도시·군관리계획을 입안하려면 다음에 대하여 해당 지방의회의 의견을 들어야 한다. 다만, 경미한 사항 및 지구단위계획으로 결정 또는 변경 결정하는 사항은 제외한다.

> ㉠ 용도지역·용도지구 또는 용도구역의 지정 또는 변경지정. 다만, 용도지구에 따른 건축제한을 그대로 지구단위계획으로 대체하기 위한 경우로서 해당 용도지구를 폐지하기 위하여 도시·군관리계획을 결정하는 경우에는 제외한다.
> ㉡ 광역도시계획에 포함된 광역시설의 설치·정비 또는 개량에 관한 결정 또는 변경결정
> ㉢ 다음에 해당하는 기반시설의 설치·정비 또는 개량에 관한 결정 또는 변경결정. 다만, 지방의회의 권고대로 도시·군계획시설결정(도시·군계획시설에 대한 도시·군관리계획결정을 말함)을 해제하기 위한 경우는 제외한다.
>   ⓐ 도로 중 주간선도로, 철도 중 도시철도
>   ⓑ 자동차정류장 중 여객자동차터미널(시외버스운송사업용에 한함)
>   ⓒ 공원(「도시공원 및 녹지 등에 관한 법률」에 따른 소공원 및 어린이공원은 제외)
>   ⓓ 학교 중 대학, 공공청사 중 지방자치단체의 청사, 수질오염방지시설, 장사시설 등

## 4. 도시 · 군관리계획의 결정 제28회, 제29회, 제35회

### (1) 협 의

① 시 · 도지사, 시장 · 군수는 도시 · 군관리계획을 결정하려면 관계 행정기관의 장과 미리 협의(30일 이내에 의견을 제시)하여야 한다.

② 국토교통부장관은 도시 · 군관리계획을 결정하려면 관계 중앙행정기관의 장과 미리 협의(30일 이내에 의견을 제시)하여야 한다.

### (2) 심 의

① **도시계획위원회 심의**: 국토교통부장관은 도시 · 군관리계획을 결정하려면 중앙도시계획위원회의 심의, 시 · 도지사가 도시 · 군관리계획을 결정하려면 시 · 도도시계획위원회의 심의를 거쳐야 한다.

② **공동심의**: 시 · 도지사가 지구단위계획(지구단위계획과 지구단위계획구역을 동시에 결정할 때에는 지구단위계획구역의 지정 또는 변경에 관한 사항 포함 가능)이나 지구단위계획으로 대체하는 용도지구 폐지에 관한 사항을 결정하려면 대통령령으로 정하는 바에 따라 시 · 도건축위원회와 도시계획위원회가 공동으로 하는 심의를 거쳐야 한다.

③ **협의와 심의 생략**: 국토교통부장관이나 시 · 도지사는 국방상 또는 국가안전보장상 기밀을 지켜야 할 필요가 있다고 인정되면(관계 중앙행정기관의 장이 요청할 때만 해당) 그 도시 · 군관리계획의 전부 또는 일부에 대하여 협의와 심의 절차를 생략할 수 있다.

### (3) 결정권자

① **원칙**: 시 · 도지사가 직접 또는 시장 · 군수의 신청에 따라 결정한다. 다만, 서울특별시와 광역시 및 특별자치시를 제외한 인구 50만 이상의 대도시의 경우에는 해당 대도시 시장이 직접 결정한다.

② **시장 또는 군수**: 시장 또는 군수가 직접 결정한다.

> ㉠ 시장 또는 군수가 입안한 지구단위계획구역의 지정 · 변경과 지구단위계획의 수립 · 변경에 관한 도시 · 군관리계획
> ㉡ 지구단위계획으로 대체하는 용도지구 폐지에 관한 도시 · 군관리계획

**기출유형** 시장 · 군수가 입안한 지구단위계획의 수립에 관한 도시 · 군관리계획은 시장 · 군수의 신청에 따라 도지사가 결정한다.(×)

③ 국토교통부(해양수산부)장관이 결정한다.

> ㉠ 국토교통부장관이 입안한 도시 · 군관리계획
> ㉡ 개발제한구역의 지정 및 변경에 관한 도시 · 군관리계획
> ㉢ 시가화조정구역의 지정 및 변경에 관한 도시 · 군관리계획(국가계획 연계)
> ㉣ 수산자원보호구역 지정 및 변경에 관한 도시 · 군관리계획 － 해양수산부장관

**key point** 토지는 국토교통부장관이 결정하고 바다는 해양수산부장관이 결정한다.

### (4) 고시 · 열람

① 도시 · 군관리계획을 결정의 고시는 국토교통부장관이 하는 경우에는 관보에, 시 · 도지사가 하는 경우에는 해당 시 · 도의 공보에 게재하여 그 결정을 고시하고, 국토교통부장관이나 도지사는 관계 서류를 관계 특별시장 · 광역시장 · 특별자치시장 · 특별자치도지사 · 시장 또는 군수에게 송부하여 일반이 열람할 수 있도록 하여야 한다.

② 특별시장·광역시장·특별자치시장·특별자치도지사는 관계 서류를 일반이 <u>열람할 수 있도록 하여</u>
<u>야 한다</u>(열람기간×).

## 5. 도시·군관리계획 결정의 효력 제24회, 제28회, 제32회, 제35회

### (1) 효력발생

도시·군관리계획 결정의 효력은 지형도면을 <u>고시한 날부터</u> 발생한다(다음 날×).

**기출유형** 도시·군관리계획 결정의 효력은 지형도면을 고시한 날의 다음 날부터 발생한다.(×)

### (2) 기득권 보호(허가필요)

① **원칙**: 도시·군관리계획 결정 당시 이미 사업이나 공사에 착수한 자는 그 도시·군관리계획 결정에
관계없이 그 사업이나 공사를 계속할 수 있다.

② **예외**: <u>수산자원보호구역</u>이나 <u>시가화조정구역</u>의 지정에 관한 도시·군관리계획 결정 당시 이미 사
업 또는 공사에 착수한 자는 도시·군관리계획결정의 고시일부터 <u>3월</u> 이내에 그 사업 또는 공사의
내용을 관할 특별시장·광역시장·특별자치시장·특별자치도지사·시장 또는 군수에게 <u>신고</u>하고
그 사업이나 공사를 진행할 수 있다.

**기출유형** 시가화조정구역의 지정에 관한 도시·군관리계획 결정 당시 승인받은 사업이나 공사에 이미 착
수한 자는 신고 없이 그 사업이나 공사를 계속할 수 있다.(×)

**비교** 개발법·정비법 기득권 보호: 30일 이내 신고

## 6. 지형도면의 고시 등

### (1) 지형도면의 작성

① **원칙**: 특별시장·광역시장·특별자치시장·특별자치도지사·시장 또는 군수는 도시·군관리계획
결정이 고시되면 지적(地籍)이 표시된 지형도에 도시·군관리계획에 관한 사항을 자세히 밝힌 지형
도면을 작성하여야 한다.

② **예외**: 국토교통부장관(수산자원보호구역의 경우 해양수산부장관)이나 도지사는 도시·군관리계획
을 직접 입안한 경우에는 관계 특별시장·광역시장·특별자치시장·특별자치도지사·시장 또는 군
수의 의견을 들어 직접 지형도면을 작성할 수 있다.

③ **승인**: 시장(대도시 시장은 제외)이나 군수는 지형도면(지구단위계획구역의 지정·변경과 지구단위
계획의 수립·변경은 제외)을 작성하면 도지사의 승인을 받아야 한다(도지사는 그 지형도면과 결
정·고시된 도시·군관리계획을 대조하여 착오가 없다고 인정되면 <u>30일 이내에 그 지형도면을 승인</u>).

### (2) 지형도면의 고시

국토교통부장관, 시·도지사, 시장 또는 군수는 직접 지형도면을 작성하거나 지형도면을 승인한 경우
에는 이를 고시하여야 한다.

## 7. 도시·군관리계획의 정비

### (1) 타당성 재검토

특별시장·광역시장·특별자치시장·특별자치도지사·시장 또는 군수는 5년마다 관할 구역의 도시·군관리계획에 대하여 그 타당성 여부를 전반적으로 재검토하여 정비하여야 한다.

> **기출유형** 10년마다 관할 구역의 도시·군관리계획에 대하여 그 타당성 여부를 전반적으로 재검토하여 정비하여야 한다.(×)

### (2) 장기발전구상 포함

도시·군기본계획을 수립하지 아니하는 시·군의 시장·군수는 도시·군관리계획을 정비하는 때에는 계획설명서에 해당 시·군의 장기발전구상을 포함시켜야 하며, 공청회를 개최하여 이에 관한 주민의 의견을 들어야 한다.

## 8. 공간재구조화계획

### (1) 공간재구조화계획의 입안

① 특별시장·광역시장·특별자치시장·특별자치도지사·시장 또는 군수는 다음의 용도구역을 지정하고 해당 용도구역에 대한 계획을 수립하기 위하여 공간재구조화계획을 입안하여야 한다.

> ㉠ 도시혁신구역 및 도시혁신계획
> ㉡ 복합용도구역 및 복합용도계획
> ㉢ 도시·군계획시설입체복합구역(㉠ 또는 ㉡과 함께 구역을 지정하거나 계획을 입안하는 경우로 한정)

② 공간재구조화계획의 입안과 관련하여 도시·군관리계획을 준용한다.

③ 국토교통부장관은 도시의 경쟁력 향상, 특화발전 및 지역 균형발전 등을 위하여 필요한 때에는 관할 특별시장·광역시장·특별자치시장·특별자치도지사·시장 또는 군수의 요청에 따라 공간재구조화계획을 입안할 수 있다.

④ 공간재구조화계획을 입안하려는 국토교통부장관(수산자원보호구역의 경우 해양수산부장관을 말한다)

⑤ 시·도지사, 시장 또는 군수는 공간재구조화계획도서 및 이를 보조하는 계획설명서(기초조사결과·재원조달방안 및 경관계획을 포함)를 작성하여야 한다.

### (2) 공간재구조화계획 입안의 제안

① 주민계획의 입안을 제안할 수 있다. 이 경우 제안서에는 공간재구조화계획도서와 계획설명서를 첨부하여야 한다.

② 공간재구조화계획의 입안을 제안 받은 공간재구조화계획 입안권자는 「국유재산법」·「공유재산 및 물품 관리법」에 따른 국유재산·공유재산이 공간재구조화계획으로 지정된 용도구역 내에 포함된 경우 등 대통령령으로 정하는 경우(공간재구조화계획으로 지정된 용도구역 내 「국유재산법」에 따른 국유재산의 면적 및 「공유재산 및 물품 관리법」에 따른 공유재산의 면적의 합이 공간재구조화계획으로 지정된 용도구역 면적의 100분의 50을 초과하는 경우)에는 제안자 외의 제3자에 의한 제안이 가능하도록 제안 내용의 개요를 공고하여야 한다. 다만, 제안받은 공간재구조화계획을 입안하지 아니하기로 결정한 때에는 그러하지 아니하다.

③ 공간재구조화계획 입안권자는 제안 내용의 개요를 공고하려는 경우에는 90일 이상의 기간을 정하여 해당 제안 내용의 개요를 다음의 구분에 따라 공고해야 한다. 이 경우 공간재구조화계획 입안권자는 제안자에게 이를 사전에 알려야 한다.

> ㉠ 공간재구조화계획 입안권자가 국토교통부장관인 경우 : 다음의 매체에 각각 공고할 것
>   ⓐ 관보나 둘 이상의 일반일간신문(「신문 등의 진흥에 관한 법률」에 따라 전국을 주된 보급지역으로 등록한 일반일간신문)
>   ⓑ 국토교통부(수산자원보호구역의 경우에는 해양수산부를 말한다)의 인터넷 홈페이지 등의 매체
>   ⓒ 국토교통부장관이 구축·운영하는 국토이용정보체계
> ㉡ 공간재구조화계획 입안권자가 시·도지사, 시장 또는 군수인 경우 : 다음의 매체에 각각 공고할 것
>   ⓐ 해당 지방자치단체의 공보나 둘 이상의 일반일간신문(「신문 등의 진흥에 관한 법률」에 따라 전국 또는 해당 지방자치단체를 주된 보급지역으로 등록한 일반일간신문)
>   ⓑ 해당 지방자치단체의 인터넷 홈페이지 등의 매체
>   ⓒ 국토교통부장관이 구축·운영하는 국토이용정보체계
> ㉢ 공고된 제안 내용의 개요에 대해 의견이 있는 자는 공고기간 내에 공간재구조화계획 입안권자에게 의견서 또는 제안서를 제출할 수 있다.

④ 공간재구조화계획 입안권자는 최초 제안자의 제안서 및 제3자 제안서에 대하여 토지이용계획의 적절성 등 대통령령으로 정하는 바에 따라 검토·평가한 후 제출한 제안서 내용의 전부 또는 일부를 공간재구조화계획의 입안에 반영할 수 있다.

⑤ 공간재구조화계획 입안권자가 제안서 내용의 채택 여부 등을 결정한 경우에는 그 결과를 제안자와 제3자에게 알려야 한다.

⑥ 공간재구조화계획 입안권자는 제안자 또는 제3자와 협의하여 제안된 공간재구조화계획의 입안 및 결정에 필요한 비용의 전부 또는 일부를 제안자 또는 제3자에게 부담시킬 수 있다.

## (3) 공간재구조화계획의 내용

공간재구조화계획에는 다음의 사항을 포함하여야 한다.

> ① 용도구역 지정 위치 및 용도구역에 대한 계획 등에 관한 사항
> ② 용도구역을 지정함에 따라 인근 지역의 주거·교통·기반시설 등에 미치는 영향 등 대통령령으로 정하는 사항
>   ㉠ 공간재구조화계획의 범위 설정에 관한 사항
>   ㉡ 공간재구조화계획 기본구상 및 토지이용계획
>   ㉢ 도시혁신구역 및 복합용도구역 내의 도시·군기본계획 변경 및 도시·군관리계획 결정·변경에 관한 사항
>   ㉣ 도시혁신구역 및 복합용도구역 외의 지역에 대한 주거·교통·기반시설 등에 미치는 영향 및 이에 대한 관리방안(도시·군관리계획 결정·변경에 관한 사항을 포함)
>   ㉤ 환경관리계획 또는 경관계획

### (4) 공간재구조화계획 수립을 위한 기초조사, 의견청취 등

① 공간재구조화계획의 입안을 위한 기초조사, 주민과 지방의회의 의견 청취 등에 관하여는(관계 행정기관의 장과의 협의, 중앙도시계획위원회의 심의만 해당) 도시·군관리계획을 준용한다.

② 기초조사, 환경성 검토, 토지적성평가 또는 재해취약성분석은 공간재구조화계획 입안일부터 5년 이내 기초조사를 실시한 경우 등 대통령령으로 정하는 바에 따라 생략할 수 있다.

### (5) 공간재구조화계획의 결정

① 공간재구조화계획은 시·도지사가 직접 또는 시장·군수의 신청에 따라 결정한다. 다만, 국토교통부장관이 입안한 공간재구조화계획과 도시혁신계획, 복합용도구역 또는 입체복합구역과 동시지정은 국토교통부장관이 결정한다.

② 국토교통부장관 또는 시·도지사가 공간재구조화계획을 결정하려면 미리 관계 행정기관의 장(국토교통부장관을 포함)과 협의하고 다음 각 호에 따라 중앙도시계획위원회 또는 지방도시계획위원회의 심의를 거쳐야 한다. 이 경우 협의 요청을 받은 기관의 장은 특별한 사유가 없으면 그 요청을 받은 날부터 30일(도시혁신구역 지정을 위한 공간재구조화계획 결정의 경우에는 근무일 기준으로 10일) 이내에 의견을 제시하여야 한다.

③ 국토교통부장관이 결정하는 공간재구조화계획, 시·도지사가 결정하는 공간재구조화계획 중 용도구역(도시혁신계획, 복합용도구역 또는 입체복합구역과 동시) 지정 및 입지 타당성 등에 관한 사항은 중앙도시계획위원회의 심의를 거쳐야 한다.

④ 국토교통부장관 또는 시·도지사는 공간재구조화계획을 결정하면 공간재구조화계획이라는 취지, 위치, 면적 또는 규모를 정하는 바에 따라 그 결정을 고시하고, 국토교통부장관이나 도지사는 관계 서류를 관계 특별시장·광역시장·특별자치시장·특별자치도지사·시장 또는 군수에게 송부하여 일반이 열람할 수 있도록 하여야 하며, 특별시장·광역시장·특별자치시장·특별자치도지사는 관계 서류를 일반이 열람할 수 있도록 하여야 한다.

⑤ 공간재구조화계획 결정의 고시는 국토교통부장관이 하는 경우에는 관보와 국토교통부(수산자원보호구역의 경우에는 해양수산부를 말한다)의 인터넷 홈페이지에, 시·도지사가 하는 경우에는 해당 시·도의 공보와 인터넷 홈페이지에 게재하는 방법으로 한다.

### (6) 공간재구조화계획 결정의 효력

① 공간재구조화계획 결정의 효력은 지형도면을 고시한 날부터 발생한다. 다만, 지형도면이 필요 없는 경우에는 공간재구조화계획 결정을 고시한 날부터 효력이 발생한다.

② 고시를 한 경우에 해당 구역 지정 및 계획 수립에 필요한 내용에 대해서는 고시한 내용에 따라 도시·군기본계획의 수립·변경(인구의 배분 등은 대통령령으로 정하는 범위에서 변경하는 경우로 한정)과 도시·군관리계획의 결정(변경결정을 포함) 고시를 한 것으로 본다.

③ 고시를 할 당시에 이미 사업이나 공사에 착수한 자는 그 공간재구조화계획 결정과 관계없이 그 사업이나 공사를 계속할 수 있다.

④ 고시된 공간재구조화계획의 내용은 도시·군계획으로 관리하여야 한다.

# Chapter 03

# 용도지역(이름)

## 1. 용도지역의 의의 제35회

용도지역이란 토지의 이용 및 건축물의 용도, 건폐율, 용적률, 높이 등을 제한함으로써 토지를 경제적·효율적으로 이용하고 공공복리의 증진을 도모하기 위하여 서로 중복되지 아니하게 도시·군관리계획으로 결정하는 지역을 말한다(필요적 지정).

**기출유형** 용도지역은 중복되게 지정할 수 있다.(×)

## 2. 용도지역 종류 및 세분 제24회, 제26회, 제28회

국토는 토지의 이용실태 및 특성, 장래의 토지 이용 방향, 지역 간 균형발전 등을 고려하여 다음의 용도지역으로 구분한다.

**암기** 도 관 농 자 / 주 상 공 녹 / 보 생 계

### (1) 도시지역

인구와 산업이 밀집되어 있거나 밀집이 예상되어 그 지역에 대하여 체계적인 개발·정비·관리·보전등이 필요한 지역으로 추가적으로 세분하여 지정하거나 변경할 수 있다.

① **주거지역**: 거주의 안녕과 건전한 생활환경의 보호를 위하여 필요한 지역

| 전용<br>주거지역 | 제1종 | 단독주택 중심의 양호한 주거환경을 보호 |
|---|---|---|
| | 제2종 | 공동주택 중심의 양호한 주거환경을 보호 |
| 일반<br>주거지역 | 제1종 | 저층주택을 중심으로 편리한 주거환경을 조성 |
| | 제2종 | 중층주택을 중심으로 편리한 주거환경을 조성 |
| | 제3종 | 중·고층주택을 중심으로 편리한 주거환경을 조성 |
| 준주거지역(세분×) | | 주거기능을 위주로 이를 지원하는 일부 상업기능 및 업무기능을 보완 |

**암기** 전 양 일 편

② **상업지역**: 상업이나 그 밖의 업무의 편익을 증진하기 위하여 필요한 지역

| 중심상업지역 | 도심·부도심의 상업기능 및 업무기능의 확충을 위하여 필요한 지역 |
|---|---|
| 일반상업지역 | 일반적인 상업기능 및 업무기능을 담당하게 하기 위하여 필요한 지역 |
| 유통상업지역 | 도시내 및 지역간 유통기능의 증진을 위하여 필요한 지역 |
| 근린상업지역 | 근린지역에서의 일용품 및 서비스의 공급을 위하여 필요한 지역 |

③ **공업지역**: 공업의 편익을 증진하기 위하여 필요한 지역

| 전용공업지역 | 주로 중화학공업, 공해성 공업 등을 수용하기 위하여 필요한 지역 |
|---|---|
| 일반공업지역 | <u>환경을 저해하지 아니하는</u> 공업의 배치를 위하여 필요한 지역 |
| 준공업지역 | 경공업 그 밖의 공업을 수용하되, <u>주거기능·상업기능 및 업무기능의 보완이 필요</u>한 지역 |

④ **녹지지역**: 자연환경·농지 및 산림의 보호, 보건위생, 보안과 도시의 무질서한 확산을 방지하기 위하여 녹지의 보전이 필요한 지역

| 보전녹지지역 | 도시의 자연환경·경관·산림 및 녹지공간을 보전할 필요가 있는 지역 |
|---|---|
| 생산녹지지역 | 주로 농업적 생산을 위하여 개발을 유보할 필요가 있는 지역 |
| 자연녹지지역 | 도시의 녹지공간의 확보, 도시확산의 방지, 장래 도시용지의 공급 등을 위하여 보전할 필요가 있는 지역으로서 불가피한 경우에 한하여 <u>제한적인 개발이 허용되는 지역</u> |

## (2) 관리지역

도시지역의 인구와 산업을 수용하기 위하여 도시지역에 준하여 체계적으로 관리하거나 농림업의 진흥, 자연환경 또는 산림의 보전을 위하여 농림지역 또는 자연환경보전지역에 준하여 관리할 필요가 있는 지역으로 추가적으로 세분하여 지정하거나 변경할 수 있다.

| 보전관리지역 | 자연환경 보호, 산림 보호, 수질오염 방지, 녹지공간 확보 및 생태계 보전 등을 위하여 보전이 필요하나, 주변 용도지역과의 관계 등을 고려할 때 자연환경보전지역으로 지정하여 <u>관리하기가 곤란한</u> 지역 |
|---|---|
| 생산관리지역 | 농업·임업·어업 생산 등을 위하여 관리가 필요하나, 주변 용도지역과의 관계 등을 고려할 때 농림지역으로 지정하여 <u>관리하기가 곤란한</u> 지역 |
| 계획관리지역 | 도시지역으로의 <u>편입이 예상되는</u> 지역이나 자연환경을 고려하여 제한적인 이용·개발을 하려는 지역으로서 계획적·체계적인 <u>관리가 필요한</u> 지역 |

✔ key point  계획관리 − 편입, 자연녹지 − 제한적 개발

## (3) 농림지역

도시지역에 속하지 아니하는 「농지법」에 따른 <u>농업진흥지역</u> 또는 「산지관리법」에 따른 보전산지 등으로서 농림업의 진흥과 산림의 보전을 위하여 필요한 지역

## (4) 자연환경보전지역

<u>자연환경·수자원·해안</u>·생태계·상수원 및 국가유산의 보전과 수산자원의 보호·육성 등을 위하여 필요한 지역

## 3. 지정절차 제33회, 제35회

### (1) 원 칙

국토교통부장관, 시·도지사 또는 대도시 시장은 용도지역의 지정 또는 변경을 <u>도시·군관리계획</u>으로 결정한다.

### (2) 지정 특례(공유수면매립지)

① **지정 의제** : 공유수면(바다만 해당)의 매립 목적이 그 매립구역과 이웃하고 있는 용도지역의 <u>내용과 같으면 도시·군관리계획의 입안·결정 절차 없이</u> 그 매립준공구역은 매립의 준공인가일부터 이와 <u>이웃하고 있는 용도지역으로 지정된 것으로 본다.</u> 이 경우 관계 특별시장·광역시장·특별자치시장·특별자치도지사·시장 또는 군수는 그 사실을 <u>지체 없이 고시</u>하여야 한다.

② **도시·군관리계획의 결정** : 공유수면의 매립 목적이 그 매립구역과 이웃하고 있는 용도지역의 <u>내용과 다른 경우</u> 및 그 매립구역이 둘 이상의 용도지역에 걸쳐 있거나 이웃하고 있는 경우 그 매립구역이 속할 용도지역은 원칙에 따라 <u>도시·군관리계획결정</u>으로 지정하여야 한다.

> **기출유형** 공유수면의 매립 목적이 그 매립구역과 이웃하고 있는 용도지역의 내용과 다른 경우 그 매립준공구역은 이와 이웃하고 있는 용도지역으로 지정된 것으로 본다.(×)

### (3) 다른 법률에 따라 지정된 구역 등의 특례

① **도시지역으로 결정·고시 의제** : 다음의 구역 등으로 지정·고시된 지역은 이 법에 따른 <u>도시지역</u>으로 <u>결정·고시</u>된 것으로 본다.

> ㉠ 「어촌·어항법」에 따른 어항구역으로서 <u>도시지역에 연접한 공유수면</u>
> ㉡ 「항만법」에 따른 항만구역으로서 <u>도시지역에 연접한 공유수면</u>
> ㉢ 「산업입지 및 개발에 관한 법률」에 따른 <u>국가산업단지, 일반산업단지 및 도시첨단산업단지</u>(농공단지는 제외)
> ㉣ 「택지개발촉진법」에 따른 택지개발지구
> ㉤ 「전원개발촉진법」에 따른 전원개발사업구역 및 예정구역(<u>수력발전소 또는 송·변전설비만을 설치하기 위한 경우는 제외</u>)

> **암기** 어항을 선(산)택 전에(예)는 도시로 가라/ 산업은 국·일·도에서

> **기출유형** 「산업입지 및 개발에 관한 법률」에 따른 국가산업단지, 일반산업단지 및 농공단지는 지정·고시된 지역은 도시지역으로 결정·고시된 것으로 본다.(×)

② 관리지역에서 「농지법」에 따른 농업진흥지역으로 지정·고시된 지역은 이 법에 따른 농림지역으로으로 결정·고시된 것으로 본다.

③ 관리지역의 산림 중 「산지관리법」에 따라 보전산지로 지정·고시된 지역은 그 고시에서 구분하는 바에 따라 이 법에 따른 농림지역 또는 자연환경보전지역으로 결정·고시된 것으로 본다.

### (4) 용도지역의 환원

① 도시지역으로 간주하는 구역 등이 해제되는 경우(<u>개발사업의 완료로 해제되는 경우는 제외</u>) 이 법 또는 다른 법률에서 따로 정하고 있지 아니한 경우에는 이를 지정하기 이전의 용도지역으로 <u>환원된 것으로 본다.</u> 이 경우 지정권자는 용도지역이 환원된 사실을 대통령령으로 정하는 바에 따라 고시하고 관할 시·군수에게 통보하여야 한다.

② 용도지역이 환원되는 당시 이미 사업이나 공사에 착수한 자(허가·인가·승인 등을 받아 사업이나 공사에 착수한 자 포함)는 그 용도지역의 환원과 관계없이 그 사업이나 공사를 계속할 수 있다.

> **기출유형** 「택지개발촉진법」에 따른 택지개발지구로 지정·고시 되었다가 택지개발사업의 완료로 지구 지정이 해제되면 그 지역은 지구 지정 이전의 용도지역으로 환원된 것으로 본다.(×)

## 4. 행위제한 제21회, 제22회, 제23회, 제24회, 제25회, 제27회, 제28회, 제29회, 제30회, 제31회, 제33회, 제34회

### (1) 건축제한

용도지역에서의 건축물이나 그 밖의 시설의 용도·종류 및 규모 등의 제한에 관한 사항은 대통령령으로 정한다.

| 단독주택 | 유통상업지역과 전용공업지역에서 건축금지 |
|---|---|
| 아파트 | 제2종 전용주거지역, 제2종 일반주거지역, 제3종 일반주거지역, 준주거지역, 중심상업지역, 일반상업지역, 근린상업지역, 준공업지역에서 건축 가능(제외: 1종, 유통상업, 전용·일반공업, 녹, 관, 농, 자) |
| 제1종 근린생활시설 | 모든 용도지역 건축가능 |
| 제2종 근린생활시설 | 전용주거지역 및 보전녹지역·자연환경보전지역에서 건축금지 |
| 숙박시설 | 상업지역·준공업지역·자연녹지지역 및 계획관리지역에서 건축가능 |
| 위락시설 | 상업지역만 건축가능 |
| 유치원, 초·중·고 | 전용공업지역에서 건축금지 |

> **기출유형** 일반공업지역, 유통상업지역에는 아파트를 건축할 수 있다.(×)

### (2) 건폐율·용적률 제한

① 의의

㉠ 건폐율: 대지면적에 대한 건축면적(대지에 건축물이 둘 이상 있는 경우에는 이들 건축면적의 합계)의 비율

$$건폐율 = \frac{건축면적}{대지면적} \times 100$$

㉡ 용적률: 대지면적에 대한 연면적(대지에 건축물이 둘 이상 있는 경우에는 이들 연면적의 합계)의 비율

$$용적률 = \frac{연면적}{대지면적} \times 100$$

② **원칙**: 용도지역에서 건폐율·용적률의 최대한도는 법률의 범위에서 대통령령으로 정하는 기준에 따라 특별시·광역시·특별자치시·특별자치도·시 또는 군의 조례로 정한다.

| 용도지역(% 이하) | | | 건폐율(% 이하) | 용적률(% 이하) |
|---|---|---|---|---|
| 도시 지역 | 주거지역 (70, 500) | 전용 제1종 | 50 | 50-100 |
| | | 전용 제2종 | 50 | 150 |
| | | 일반 제1종 | 60 | 100-200 |
| | | 일반 제2종 | 60 | 250 |
| | | 일반 제3종 | 50 | 300 |
| | | 준 | 70 | 200-500 |
| | 상업지역 (90, 1,500) | 중심 | 90 | 1,500 |
| | | 일반 | 80 | 1,300 |
| | | 유통 | 80 | 1,100 |
| | | 근린 | 70 | 900 |
| | 공업지역 (70, 400) | 전용 | 70 | 150-300 |
| | | 일반 | 70 | 350 |
| | | 준 | 70 | 400 |
| | 녹지지역 (20, 100) | 보전 | 20 | 50-80 |
| | | 생산 | 20 | 100 |
| | | 자연 | 20 | 100 |
| 관리 지역 (40, 100) | 보전 | | 20 | 80 |
| | 생산 | | 20 | 80 |
| | 계획 | | 40 | 100 |
| 농림지역(20, 80) | | | 20 | 80 |
| 자연환경보전지역(20, 80) | | | 20 | 80 |

③ **건폐율의 특례**

> 다음에 해당하는 지역에서의 건폐율에 관한 기준은 80% 이하의 범위에서 대통령령으로 정하는 기준에 따라 조례로 따로 정한다.
>
> ㉠ 공업지역에 있는 국가산업단지·일반산업단지·도시첨단산업단지 및 준산업단지: 80% 이하
>
> ㉡ 수산자원보호구역: 40% 이하
>
> ㉢ 개발진흥지구: 도시지역 외의 지역은 40%, 자연녹지지역은 30% 이하
>
> ㉣ 자연공원: 60% 이하
>
> ㉤ 취락지구: 60% 이하(집단취락지구에 대하여는 개발제한구역의 지정 및 관리에 관한 특별조치법령이 정하는 바에 따른다)
>
> ㉥ 농공단지: 70% 이하
>
> ▶ **암기** 녹3과 산8이, 수외4에서, 자취6년하고, 똥(농)7했다.

④ **용적률의 특례**

> 다음에 해당하는 지역 안에서의 용적률에 대한 기준은 200% 이하의 범위에서 대통령령으로 정하는 기준에 따라 조례로 따로 정한다.
>
> ㉠ 수산자원보호구역: 80% 이하
>
> ㉡ 자연공원: 100% 이하
>
> ㉢ 도시지역 외의 지역에 지정된 개발진흥지구: 100% 이하
>
> ㉣ 도시지역 외의 지역에 지정된 농공단지: 150% 이하 위한 정비구역
>
> **암기** 8수하면,공개100%하는건,농150%일거야

**주의** 감염병관리시설(120% 이하), 방재지구의 재해예방시설(140% 이하)

**(3) 미지정 또는 미세분지역의 행위 제한 − 지정이 안 되면 보전지역으로 간주**

① **미지정지역의 행위제한**: 도시지역, 관리지역, 농림지역 또는 자연환경보전지역으로 용도가 지정되지 아니한 지역에 대하여는 용도지역에서의 건축물의 건축 제한, 건폐율 및 용적률의 규정을 적용할 때에 자연환경보전지역에 관한 규정을 적용한다.

② **미세분지역의 행위제한**: 도시지역 또는 관리지역이 세부 용도지역으로 지정되지 아니한 경우에는 용도지역에서의 건축물의 건축 제한, 건폐율 및 용적률의 규정을 적용할 때에 해당 용도지역이 도시지역인 경우에는 보전녹지지역, 관리지역인 경우에는 보전관리지역에 관한 규정을 적용한다.

**기출유형** 관리지역이 세부 용도지역으로 지정되지 아니한 경우 용적률에 대해서는 계획관리지역에 관한 규정이 적용된다.(×)

**(4) 도시지역에서 적용 배제**

도시지역에 대하여는 다음의 법률 규정을 적용하지 아니한다.

> ① 「도로법」에 따른 접도구역
> ② 「농지법」에 따른 농지취득자격증명. 다만, 녹지지역의 농지로서 도시·군계획시설사업에 필요하지 아니한 농지에 대하여는 그러하지 아니하다.

**기출유형** 도시지역에 대하여는 「도로법」에 따른 접도구역을 적용한다.(×)

# 용도지구(별명)

## 1. 용도지구의 지정

### (1) 의 의

용도지구란 토지의 이용 및 건축물의 용도·건폐율·용적률·높이 등에 대한 <u>용도지역의 제한을 강화하거나 완화</u>하여 적용함으로써 용도지역의 기능을 증진시키고 <u>경관·안전</u> 등을 도모하기 위하여 <u>도시·군관리계획</u>으로 결정하는 지역을 말한다(중복지정 가능, 임의적 지정).

### (2) 종 류 제22회, 제25회, 제28회, 제30회, 제31회, 제33회, 제34회, 제35회

국토교통부장관, 시·도지사 또는 대도시 시장은 다음에 해당하는 용도지구의 지정 또는 변경을 도시·군관리계획으로 결정한다.

📋 **암기** 경·취·개·방·보 / 고·방·특·복·대

| | | |
|---|---|---|
| **경관지구**<br>(특자시) | 경관의 보전·관리 및 형성을 위하여 필요한 지구 | |
| | 특화 | 지역 내 주요 수계의 수변 또는 <u>문화적 보존가치가</u> 큰 건축물 주변의 경관 등 특별한 경관을 보호·유지하거나 형성을 하기 위하여 필요 |
| | 자연 | 산지·구릉지 등 자연경관을 보호하거나 유지을 하기 위하여 필요 |
| | 시가지 | 지역 내 주거지, 중심지 등 시가지의 경관을 보호·유지하거나 형성을 하기 위하여 필요 |
| **취락지구**<br>(집자) | 녹지지역·관리지역·농림지역·자연환경보전지역·개발제한구역 또는 도시자연공원구역의 취락을 정비하기 위한 지구 | |
| | 집단 | <u>개발제한구역 안의</u> 취락을 정비 |
| | 자연 | 녹지지역·관리지역·농림지역 또는 자연환경보전지역 안의 취락을 정비 |
| **개발진흥지구**<br>(특주산관복) | 주거·상업·공업기능, 유통물류기능, 관광·휴양기능 등을 집중적으로 개발·정비할 필요가 있는 지구 | |
| | 특정 | 주거기능, 공업기능, 유통·물류기능 및 관광·휴양기능 외의 기능을 중심으로 특정한 목적을 위하여 개발·정비 |
| | 주거 | 주거기능을 중심으로 개발·정비 |
| | 산업·유통 | 공업기능 및 유통·물류기능을 중심으로 개발·정비 |
| | 관광·휴양 | 관광·휴양기능을 중심으로 개발·정비 |
| | 복합 | 주거기능, 공업기능·유통·물류기능 및 관광·휴양기능 중 2 이상의 기능을 중심으로 개발·정비 |

| 방재지구<br>(자시) | | 풍수해, 산사태, 지반의 붕괴, 그 밖의 재해를 예방하기 위하여 필요한 지구 |
|---|---|---|
| | 자연 | 토지의 이용도가 낮은 해안변, 하천변, 급경사지 주변 등의 지역으로서 건축제한 등을 통하여 재해 예방 |
| | 시가지 | 건축물·인구가 밀집되어 있는 지역으로서 시설 개선 등을 통하여 재해 예방 |
| 보호지구<br>(역중생) | | 국가유산, 중요 시설물(항만, 공항, 공용, 교정, 군사시설) 및 문화적·생태적으로 보존가치가 큰 지역의 보호와 보존을 위하여 필요한 지구 |
| | 역사문화<br>환경 | 국가유산·전통사찰 등 역사·문화적으로 보존가치가 큰 시설 및 지역의 보호와 보존 |
| | 중요시설물 | 중요시설물(항만, 공항, 공용, 교정·군사시설)의 보호와 기능유지 및 증진 |
| | 생태계 | 야생동식물서식처 등 생태적으로 보존가치가 큰 지역의 보호와 보존 |
| 고도지구 | | 쾌적한 환경 조성 및 토지의 효율적 이용을 위하여 건축물 높이의 최고한도를 규제할 필요가 있는 지구 |
| 방화지구 | | 화재의 위험을 예방하기 위하여 필요한 지구 |
| 특정용도<br>제한지구 | | 주거 및 교육 환경 보호나 청소년 보호 등의 목적으로 오염물질 배출시설, 청소년 유해시설 등 특정시설의 입지를 제한할 필요가 있는 지구 |
| 복합용도<br>지구 | | 지역의 토지이용 상황, 개발 수요 및 주변 여건 등을 고려하여 효율적이고 복합적인 토지이용을 도모하기 위하여 특정시설의 입지를 완화할 필요가 있는 지구 |
| **그 밖에 대통령령으로 정하는 지구** | | |

✔ key point 경관은 건축물, 역사는 시설

▶ 기출유형 중요시설물보호지구란 국가유산·전통사찰 등 역사·문화적으로 보존가치가 큰 시설 및 지역의 보호와 보존을 위하여 필요한 지구를 말한다.(×)

### (3) 조례로 정하는 용도지구

시·도지사 또는 대도시 시장은 지역여건상 필요하면 대통령령으로 정하는 다음의 기준에 따라 그 시·도 또는 대도시의 조례로 용도지구의 명칭 및 지정목적, 건축이나 그 밖의 행위의 금지 및 제한에 관한 사항 등을 정하여 법령에서 정한 용도지구 외의 용도지구의 지정 또는 변경을 도시·군관리계획으로 결정할 수 있다.

① 용도지구의 신설은 부득이한 사유가 있는 경우에 한할 것
② 행위제한은 지정목적 달성에 필요한 최소한도에 그치도록 할 것
③ 용도지역 또는 용도구역의 행위제한을 완화하는 용도지구를 신설하지 아니할 것

▶ 기출유형 시·도지사는 법률에서 정하고 있는 용도지구 외에 새로운 용도지구를 신설할 수 없다.(×)

### (4) 방재지구의 지정의무

시·도지사 또는 대도시 시장은 연안침식이 진행 중이거나 우려되는 지역 등 다음의 대통령령으로 정하는 지역에 대해서는 방재지구의 지정 또는 변경을 도시·군관리계획으로 결정하여야 한다. 이 경우 도시·군관리계획의 내용에는 재해저감대책을 포함하여야 한다.

① 연안침식으로 인하여 심각한 피해가 발생하거나 발생할 우려가 있어 이를 특별히 관리할 필요가 있는 지역
② 풍수해·산사태 등의 동일한 재해가 최근 10년 이내 2회 이상 발생하여 인명 피해를 입은 지역으로서 향후 동일한 재해 발생 시 상당한 피해가 우려되는 지역

## (5) 복합용도지구의 지정

시·도지사 또는 대도시 시장은 일반주거지역·일반공업지역·계획관리지역에 복합용도지구를 지정할 수 있으며, 그 지정기준 및 방법 등에 필요한 사항은 다음의 기준을 따라야 한다.

> ① 용도지역의 변경 시 기반시설이 부족해지는 등의 문제가 우려되어 해당 용도지역의 건축제한만을 완화하는 것이 적합한 경우에 지정할 것
> ② 간선도로의 교차지(交叉地), 대중교통의 결절지(結節地) 등 토지이용 및 교통 여건의 변화가 큰 지역 또는 용도지역 간의 경계지역, 가로변 등 토지를 효율적으로 활용할 필요가 있는 지역에 지정할 것
> ③ 용도지역의 지정목적이 크게 저해되지 아니하도록 해당 용도지역 전체 면적의 3분의 1 이하의 범위에서 지정할 것

**기출유형** 대도시 시장은 유통상업지역에 복합용도지구를 지정할 수 있다.(×)

**key point** 복합용도지구는 일개(계)미들만 있다(단 상업제외).

## 2. 용도지구에서의 건축제한(행위제한) 제23회, 제25회, 제29회

## (1) 원 칙

① 용도지구에서의 건축물이나 그 밖의 시설의 용도·종류 및 규모 등의 제한에 관한 사항은 이 법 또는 다른 법률에 특별한 규정이 있는 경우 외에는 대통령령으로 정하는 기준에 따라 도시·군계획조례로 정할 수 있다.

② 복합용도지구에서는 해당 용도지역에서 허용되는 건축물 외에 다음에 따른 건축물 중 도시·군계획조례가 정하는 건축물을 건축할 수 있다.

| | |
|---|---|
| 일반주거지역 | 다음의 건축물은 <u>제외</u>한다.<br>㉠ 제2종 근린생활시설 중 안마시술소<br>㉡ 문화 및 집회시설 중 관람장<br>㉢ 공장<br>㉣ 위험물 저장 및 처리 시설<br>㉤ 동물 및 식물 관련 시설<br>㉥ <u>장례시설</u> |
| 일반공업지역 | 다음의 건축물은 <u>제외</u>한다.<br>㉠ 공동주택 중 아파트<br>㉡ 제2종 근린생활시설 중 단란주점 및 안마시술소<br>㉢ 노유자시설 |
| 계획관리지역 | 다음의 건축물은 건축이 <u>가능</u>하다.<br>㉠ 제2종 근린생활시설 중 일반음식점·휴게음식점·제과점<br>㉡ 판매시설<br>㉢ 숙박시설<br>㉣ 위락시설 중 유원시설업의 시설, 그 밖에 이와 비슷한 시설 |

**기출유형** 일반주거지역에 지정된 복합용도지구 안에서는 장례시설을 건축할 수 있다.(×)

**(2) 예 외**   `암기` 고/취/개/방화

① **고도지구** : 고도지구에서는 도시·군관리계획으로 정하는 높이를 초과하는 건축물을 건축할 수 없다.

　`기출유형` 고도지구 안에서는 도시·군계획조례로 정하는 높이를 초과하는 건축물을 건축할 수 없다.(×)

② **취락지구**

　㉠ 집단취락지구 : 집단취락지구에서의 건축제한에 관하여는 개발제한구역의 지정 및 관리에 관한 특별조치법령이 정하는 바에 따른다.

　㉡ 자연취락지구 : 4층 이하의 건축물에 한한다.　`암기` 단근, 창동교정, 운발방송

> ⓐ 단독주택
> ⓑ 제1종 근린생활시설
> ⓒ 제2종 근린생활시설(휴게음식점·일반음식점·제과점·단란주점·안마시술소는 제외)
> ⓓ 창고(농업·임업·축산업·수산업용만 해당)
> ⓔ 동물 및 식물관련시설
> ⓕ 교정시설
> ⓖ 국방·군사시설
> ⓗ 운동시설
> ⓘ 방송통신시설
> ⓙ 발전시설
> ✔key point  아파트×, 장례식장×, 관광휴게시설×, 정신병원× / 노래연습장○

　`기출유형` 자연취락지구에서의 건축제한에 관하여는 개발제한구역의 지정 및 관리에 관한 특별조치법령이 정하는 바에 따른다.(×)

　`기출유형` 자연취락지구 안에서는 4층 이하의 범위에서 동물전용의 장례식장을 건축할 수 있다.(×)

③ **개발진흥지구** : 지구단위계획 또는 관계 법률에 따른 개발계획에 위반하여 건축물을 건축할 수 없으며, 지구단위계획 또는 개발계획이 수립되기 전에는 개발진흥지구의 계획적 개발에 위배되지 아니하는 범위에서 도시·군계획조례로 정하는 건축물을 건축할 수 있다. 다만, 지구단위계획 또는 관계 법률에 따른 개발계획을 수립하지 아니하는 개발진흥지구에서는 해당 용도지역에서 허용되는 건축물을 건축할 수 있다.

④ **방화지구** : 건축법에 따른 건축물의 주요구조부와 지붕·외벽을 내화구조로 하여야 한다.

　`기출유형` 방화지구에서는 도시·군계획조례에 따른 건축물의 주요구조부와 지붕·외벽을 내화구조로 하여야 한다.(×)

　`기출유형` 용도지역·용도지구 안에서의 도시·군계획시설에 대하여는 건축제한의 규정을 적용한다.(×)

# Chapter 05

# 용도구역(사회적 지위)

## 1. 용도구역의 의의

용도구역이란 토지의 이용 및 건축물의 용도·건폐율·용적률·높이 등에 대한 <u>용도지역 및 용도지구의 제한을 강화하거나 완화하여 따로 정함</u>으로써 시가지의 <u>무질서한</u> 확산방지, 계획적이고 단계적인 토지이용의 도모, 혁신적이고 복합적인 토지활용의 촉진, 토지이용의 종합적 조정·관리 등을 위하여 <u>도시·군관리계획</u>으로 결정하는 지역을 말한다(무질서, 임의적 지정).

| 구 분 | 지정권자 | 지정목적 | 행위제한 |
|---|---|---|---|
| 수산자원 보호구역 | 해양수산부장관 | 수산자원을 보호·육성하기 위하여 필요한 공유수면이나 그에 인접한 토지 | 수산자원관리법 |
| 도시자연 공원구역 | 시·도지사, 대도시 시장 | 도시지역 안에서 식생이 양호한 산지의 개발을 제한(여가·휴식공간을 제공) | 도시공원 및 녹지 등에 관한 법률 |
| 개발제한 구역 | 국토교통부장관 | ① 도시의 무질서한 확산을 방지 ② 도시주변의 자연환경을 보전하여 도시민의 건전한 생활환경을 확보 ③ 국방부장관의 요청이 있어 보안상 도시의 개발을 제한 <br>✔ key point 국방부장관제한요청: 개발제한구역 | 개발제한구역의 지정 및 관리에 관한 특별조치법 |
| 시가화조정 구역 | 시·도지사, 국토교통부장관 | ① 도시지역과 그 주변지역의 무질서한 시가화를 방지하고 계획적·단계적인 개발을 도모하기 위하여 시가화를 유보할 필요 ② 국가계획과 연계하여 시가화조정구역의 지정 또는 변경이 필요한 경우 | 국토의 계획 및 이용에 관한 법률 |
| 도시·군계획시설입체복합구역 | 도시·군관리계획 결정권자 (대도시 시장 ○) | ① 주변지역 정비 또는 지역경제 활성화를 위하여 기반시설의 복합적 이용이 필요한 경우 ② 첨단기술을 적용한 새로운 형태의 기반시설 구축 등이 필요한 경우 | 국토의 계획 및 이용에 관한 법률 |
| 도시혁신 구역 | 공간재구조화계획 결정권자 (대도시 시장 ×) | ① 주요 기반시설과 연계하여 지역의 거점 역할을 수행할 수 있는 지역 ② 도시공간의 창의적이고 혁신적인 개발이 필요하다고 인정하는 경우 | 국토의 계획 및 이용에 관한 법률 |
| 복합용도 구역 | 공간재구조화계획 결정권자 (대도시 시장 ×) | ① 노후 건축물 등이 밀집하여 단계적 정비가 필요한 지역 ② 복합된 공간이용을 촉진하고 다양한 도시공간을 조성하기 위하여 계획적 관리가 필요하다고 인정하는 경우 | 국토의 계획 및 이용에 관한 법률 |

암기 수 도 개 시 입 신 용

기출유형 국토교통부장관은 도시자연공원구역의 지정을 도시·군관리계획으로 결정할 수 있다.(×)

기출유형 수산자원보호구역의 지정에 관한 도시·군관리계획은 국토교통부장관이 결정한다.(×)

기출유형 시·도지사는 개발제한구역의 지정을 도시·군관리계획으로 결정할 수 있다.(×)

## 2. 시가화조정구역 제20회, 제22회, 제24회, 제32회, 제33회

### (1) 시가화조정구역의 지정

① **지정권자**: 시·도지사는 직접 또는 관계 행정기관의 장의 요청을 받아 도시지역과 그 주변지역의 무질서한 시가화를 방지하고 계획적·단계적인 개발을 도모하기 위하여 5년 이상 20년 이내의 기간 동안 시가화를 유보할 필요가 있다고 인정되면 시가화조정구역의 지정 또는 변경을 도시·군관리계획으로 결정할 수 있다. 다만, 국가계획과 연계하여 시가화조정구역의 지정 또는 변경이 필요한 경우에는 국토교통부장관이 직접 도시·군관리계획으로 결정할 수 있다.

기출유형 국가계획과 연계하여 시가화조정구역의 지정 또는 변경이 필요한 경우에는 시·도지사가 지정할 수 있다.(×)

기출유형 국방과 관련하여 보안상 도시의 개발을 제한할 필요가 있을 경우 도시·군관리계획에 의해 시가화조정구역을 지정할 수 있다.(×)

② **실효**: 시가화조정구역의 지정에 관한 도시·군관리계획의 결정은 시가화 유보기간이 끝난 날의 다음 날부터 그 효력을 잃는다.(국토교통부장관 또는 시·도지사는 관보 또는 공보에 게재하여 그 사실을 고시)

기출유형 시가화조정구역의 지정에 관한 도시·군관리계획결정의 실효에 대하여는 별도의 고시를 요하지 않는다.(×)

### (2) 시가화조정구역의 행위 제한 등

① **도시·군계획사업**: 시가화조정구역에서의 도시·군계획사업은 국방상 또는 공익상 시가화조정구역 안에서의 사업시행이 불가피한 것으로서 관계 중앙행정기관의 장의 요청에 의하여 국토교통부장관이 그 지정목적달성에 지장이 없다고 인정하는 도시·군계획사업만 시행할 수 있다.

② **도시·군계획사업 외 개발행위 허가**: 시가화조정구역에서는 도시·군계획사업의 경우 외에는 다음에 해당하는 행위에 한정하여 특별시장·광역시장·특별자치시장·특별자치도지사·시장 또는 군수의 허가를 받아 그 행위를 할 수 있다.

> ㉠ 농업·임업 또는 어업을 영위하는 자가 농업·임업 또는 어업용의 건축물(축사, 퇴비사, 잠실, 양어장, 창고, 생산시설, 관리용건축물 $33m^2$ 이하)이나 그 밖의 시설을 건축하는 행위
> ㉡ 주민의 생활을 영위하는 데에 필요한 행위
> ⓐ 주택의 증축(기존주택의 면적을 포함하여 $100m^2$ 이하), 부속건축물의 건축(기존건축물의 면적을 포함하여 $33m^2$ 이하에 해당하는 면적의 신축·증축·재축 또는 대수선)
> ⓑ 마을공동시설의 설치
> ⓒ 공익시설·공용시설 및 공공시설 등의 설치
> ⓓ 광공업 등을 위한 건축물 및 공작물 설치
> ⓔ 기존 건축물의 동일한 용도 및 규모 안에서의 개축·재축 및 대수선
> ⓕ 종교시설의 증축(새로운 대지조성은 허용되지 아니하며, 증축면적은 시가화조정구역 지정 당시의 종교시설 연면적의 200%를 초과할 수 없다)
> ㉢ 입목의 벌채, 조림, 육림, 토석의 채취, 토지의 합병 및 분할 등 경미한 행위

**암기** | 1차산업 · 공용 · 증축 이하 : 도시 · 군계획사업 외 지역 건축가능

**기출유형** 시가화조정구역에서는 도시 · 군계획사업에 의한 행위가 아닌 경우 모든 개발행위를 허가할 수 없다.(×)

**기출유형** 농업 · 임업 또는 어업을 영위하는 자가 관리용건축물로서 기존 관리용건축물의 면적을 제외하고 33제곱미터를 초과하는 것을 건축하는 행위는 허가를 받아 행위를 할 수 있다.(×)

## 3. 도시혁신구역 제35회

### (1) 도시혁신구역의 지정

① 공간재구조화계획 결정권자는 다음에 해당하는 지역을 도시혁신구역으로 지정할 수 있다.

> ㉠ 도시 · 군기본계획에 따른 도심 · 부도심 또는 생활권의 중심지역
> ㉡ 주요 기반시설과 연계하여 지역의 거점 역할을 수행할 수 있는 지역
> ㉢ 그 밖에 도시공간의 창의적이고 혁신적인 개발이 필요하다고 인정되는 경우로서 대통령령으로 정하는 지역

② 도시혁신계획에는 도시혁신구역의 지정 목적을 이루기 위하여 다음에 관한 사항이 포함되어야 한다.

> ㉠ 용도지역 · 용도지구, 도시 · 군계획시설 및 지구단위계획의 결정에 관한 사항
> ㉡ 주요 기반시설의 확보에 관한 사항
> ㉢ 건축물의 건폐율 · 용적률 · 높이에 관한 사항
> ㉣ 건축물의 용도 · 종류 및 규모 등에 관한 사항
> ㉤ 다른 법률 규정 적용의 완화 또는 배제에 관한 사항
> ㉥ 도시혁신구역 내 개발사업 및 개발사업의 시행자 등에 관한 사항
> ㉦ 그 밖에 도시혁신구역의 체계적 개발과 관리에 필요한 사항

③ 도시혁신구역의 지정 및 변경과 도시혁신계획지정목적은 다음의 사항을 종합적으로 고려하여 공간재구조화계획으로 결정한다.

> ㉠ 도시혁신구역의 지정 목적
> ㉡ 해당 지역의 용도지역 · 기반시설 등 토지이용 현황
> ㉢ 도시 · 군기본계획 등 상위계획과의 부합성
> ㉣ 주변 지역의 기반시설, 경관, 환경 등에 미치는 영향 및 도시환경 개선 · 정비 효과
> ㉤ 도시의 개발 수요 및 지역에 미치는 사회적 · 경제적 파급효과

④ 다른 법률에서 공간재구조화계획의 결정을 의제하고 있는 경우에도 이 법에 따르지 아니하고 도시혁신구역의 지정과 도시혁신계획을 결정할 수 없다.

⑤ 공간재구조화계획 결정권자가 공간재구조화계획을 결정하기 위하여 관계 행정기관의 장과 협의하는 경우 협의 요청을 받은 기관의 장은 그 요청을 받은 날부터 10일(근무일 기준) 이내에 의견을 회신하여야 한다.

**(2) 도시혁신구역에서의 다른 법률의 적용 특례**

① 도시혁신구역에 대하여는 다음에도 불구하고 도시혁신계획으로 따로 정할 수 있다.

> ㉠ 「주택법」 주택의 배치, 부대시설·복리시설의 설치기준 및 대지조성기준
> ㉡ 「주차장법」 부설주차장의 설치
> ㉢ 「문화예술진흥법」 건축물에 대한 미술작품의 설치
> ㉣ 「건축법」 공개 공지 등의 확보
> ㉤ 「도시공원 및 녹지 등에 관한 법률」 도시공원 또는 녹지 확보기준
> ㉥ 「학교용지 확보 등에 관한 특례법」 학교용지의 조성·개발 기준

② 도시혁신구역으로 지정된 지역은 「건축법」에 따른 특별건축구역으로 지정된 것으로 본다.

③ 시·도지사 또는 시장·군수·구청장은 「건축법」에도 불구하고 도시혁신구역에서 건축하는 건축물을 건축기준 등의 특례사항을 적용하여 건축할 수 있는 건축물에 포함시킬 수 있다.

④ 도시혁신구역의 지정·변경 및 도시혁신계획 결정의 고시는 「도시개발법」에 따른 개발계획의 내용에 부합하는 경우 도시개발구역의 지정 및 개발계획 수립의 고시로 본다. 이 경우 도시혁신계획에서 정한 시행자는 사업시행자 지정요건 및 도시개발구역 지정 제안 요건 등을 갖춘 경우에 한정하여 같은 법에 따른 도시개발사업의 시행자로 지정된 것으로 본다.

⑤ 도시혁신계획에 대한 도시계획위원회 심의 시 교육환경보호구역에서의 행위제한, 역사문화환경 보존지역에서의 행위제한, 역사문화환경 보존지역에서의 행위제한을 지역교육환경보호위원회, 문화유산위원회 및 자연유산위원회와 공동으로 심의를 개최하고, 그 결과에 따라 완화하여 적용할 수 있다.

**(3) 도시혁신구역의 지정 및 도시혁신계획에 관한 도시·군관리계획결정의 실효**

① 도시혁신구역의 지정에 관한 도시·군관리계획결정의 고시일부터 3년 이내에 그 도시혁신구역에 관한 도시혁신계획이 결정·고시되지 아니하면 그 3년이 되는 날의 다음날에 그 도시혁신구역의 지정에 관한 도시·군관리계획결정은 효력을 잃는다. 다만, 다른 법률에서 지구단위계획의 결정(결정된 것으로 보는 경우를 포함한다)에 관하여 따로 정한 경우에는 그 법률에 따라 도시혁신계획을 결정할 때까지 도시혁신구역의 지정은 그 효력을 유지한다.

② 도시혁신계획(주민이 입안을 제안한 것에 한정)에 관한 도시·군관리계획결정의 고시일부터 5년 이내에 이 법 또는 다른 법률에 따라 허가·인가·승인 등을 받아 사업이나 공사에 착수하지 아니하면 그 5년이 된 날의 다음날에 그 도시혁신계획에 관한 도시·군관리계획결정은 효력을 잃는다. 이 경우 도시혁신계획과 관련한 도시·군관리계획결정에 관한 사항은 해당 도시혁신구역 지정 당시의 도시·군관리계획으로 환원된 것으로 본다.

③ 국토교통부장관, 시·도지사, 시장 또는 군수는 도시혁신구역 지정 및 도시혁신계획 결정이 효력을 잃으면 대통령령으로 정하는 바에 따라 지체 없이 그 사실을 고시하여야 한다.

**(4) 도시혁신구역에서의 건축**

① 도시혁신구역에서 건축물(일정 기간 내 철거가 예상되는 경우 등 대통령령으로 정하는 가설건축물은 제외)을 건축 또는 용도변경하거나 공작물을 설치하려면 그 도시혁신계획에 맞게 하여야 한다. 다만, 도시혁신계획이 수립되어 있지 아니한 경우에는 그러하지 아니하다.

② 도시혁신구역의 지정 및 변경과 도시혁신계획의 수립 및 변경에 관한 세부적인 사항은 국토교통부장관이 정하여 고시한다.

## 4. 복합용도구역 <sup>제35회</sup>

### (1) 복합용도구역의 지정

① 공간재구조화계획 결정권자는 다음 각 호의 어느 하나에 해당하는 지역을 복합용도구역으로 지정할 수 있다.

> ㉠ 산업구조 또는 경제활동의 변화로 복합적 토지이용이 필요한 지역
> ㉡ 노후 건축물 등이 밀집하여 단계적 정비가 필요한 지역
> ㉢ 그 밖에 복합된 공간이용을 촉진하고 다양한 도시공간을 조성하기 위하여 계획적 관리가 필요하다고 인정되는 경우로서 대통령령으로 정하는 지역

② 복합용도계획에는 복합용도구역의 지정 목적을 이루기 위하여 다음에 관한 사항이 포함되어야 한다.

> 1. 용도지역·용도지구, 도시·군계획시설 및 지구단위계획의 결정에 관한 사항
> 2. 주요 기반시설의 확보에 관한 사항
> 3. 건축물의 용도별 복합적인 배치비율 및 규모 등에 관한 사항
> 4. 건축물의 건폐율·용적률·높이에 관한 사항
> 5. 특별건축구역계획에 관한 사항
> 6. 그 밖에 복합용도구역의 체계적 개발과 관리에 필요한 사항

③ 복합용도구역의 지정 및 변경과 복합용도구역의 지정목적에 따른 복합용도계획은 다음의 사항을 종합적으로 고려하여 공간재구조화계획으로 결정한다.

> ㉠ 복합용도구역의 지정 목적
> ㉡ 해당 지역의 용도지역·기반시설 등 토지이용 현황
> ㉢ 도시·군기본계획 등 상위계획과의 부합성
> ㉣ 주변 지역의 기반시설, 경관, 환경 등에 미치는 영향 및 도시환경 개선·정비 효과

### (2) 복합용도계획에 관한 도시·군관리계획 결정의 실효 및 복합용도구역에서의 건축

① 복합용도구역 및 복합용도계획에 관한 도시·군관리계획 결정의 실효, 복합용도구역에서의 건축, 특별건축구역 등에 관하여 다른 특별한 규정이 없으면 도시혁신구역을 준용한다.

② 복합용도구역의 지정 및 변경과 복합용도계획의 수립 및 변경에 관한 세부적인 사항은 국토교통부장관이 정하여 고시한다.

## 5. 도시·군계획시설입체복합구역

### (1) 도시·군계획시설입체복합구역의 지정

① 도시·군관리계획의 결정권자는 도시·군계획시설의 입체복합적 활용을 위하여 다음에 해당하는 경우에 도시·군계획시설이 결정된 토지의 전부 또는 일부를 도시·군계획시설입체복합구역(입체복합구역)으로 지정할 수 있다.

> ㉠ 도시·군계획시설 준공 후 10년이 경과한 경우로서 해당 시설의 개량 또는 정비가 필요한 경우
> ㉡ 주변지역 정비 또는 지역경제 활성화를 위하여 기반시설의 복합적 이용이 필요한 경우
> ㉢ 첨단기술을 적용한 새로운 형태의 기반시설 구축 등이 필요한 경우
> ㉣ 그 밖에 효율적이고 복합적인 도시·군계획시설의 조성을 위하여 필요한 경우로서 대통령령으로 정하는 경우

② 입체복합구역의 지정·변경 등에 필요한 사항은 국토교통부장관이 정한다.

## ⑵ 건축제한

① 이 법 또는 다른 법률의 규정에도 불구하고 입체복합구역에서의 도시·군계획시설과 도시·군계획시설이 아닌 시설에 대한 건축물이나 그 밖의 시설의 용도·종류 및 규모 등의 제한(이하 이 조에서 "건축제한"이라 한다), 건폐율, 용적률, 높이 등은 대통령령으로 정하는 범위에서 따로 정할 수 있다. 다만, 다른 법률에 따라 정하여진 건축제한, 건폐율, 용적률, 높이 등을 완화하는 경우에는 미리 관계 기관의 장과 협의하여야 한다.

② 건폐율과 용적률은 대통령령으로 정하고 있는 해당 용도지역별 최대한도의 200퍼센트 이하로 한다.

## 6. 둘 이상의 용도지역 등에 걸치는 대지에 대한 적용 기준 제21회, 제22회

① **원 칙**

하나의 대지가 2 이상의 용도지역·용도지구 또는 용도구역(용도지역 등)에 걸치는 경우로서 각 용도지역 등에 걸치는 부분 중 가장 작은 부분의 규모가 330m²(다만, 도로변에 띠 모양으로 지정된 상업지역에 걸쳐 있는 토지의 경우에는 660m²) 이하인 경우

㉠ 전체 대지의 건축 제한 등에 관한 사항: 그 대지 중 가장 넓은 면적이 속하는 용도지역 등에 관한 규정을 적용

㉡ 전체 대지의 연면적: 각 부분이 전체 대지 면적에서 차지하는 비율을 고려하여 다음의 구분에 따라 각 용도지역 등 용적률을 가중평균한 값을 적용

> [예제] 연면적: A용도지역 × 용적률 + B용도지역 × 용적률 / 전체대지면적(A + B)
>
> | 1000m² | |
> |---|---|
> | A지역<br>600m² | B지역<br>400m² |
> | 도로 | |
>
> A지역: 용적률 100%
> B지역: 용적률 200%
> 최대연면적: $100 \times 600 + 200 \times 400 / 1000 = 60 + 80 = 140\%$

**계산방법** 연면적 계산은 각 지역의 용적률을 곱해서 더하면 된다.

② 예 외

　㉠ 고도지구의 특례: 건축물이 <u>고도지구</u>에 걸쳐 있는 경우에는 그 건축물 및 대지의 전부에 대하여 <u>고도지구의 건축물 및 대지에 관한 규정을</u> 적용한다.

　㉡ 방화지구의 특례: 하나의 건축물이 <u>방화지구</u>와 그 밖의 용도지역 등에 걸쳐 있는 경우에는 그 전부에 대하여 방화지구의 <u>건축물에 관한 규정을</u> 적용한다. 다만, 그 건축물이 있는 방화지구와 그 밖의 용도지역 등의 경계가 「건축법」에 따른 방화벽으로 구획되는 경우 그 밖의 용도지역 등에 있는 부분에 대하여는 그러하지 아니하다.

> **기출유형** 하나의 건축물이 방화지구와 그 밖의 용도지역 등에 걸쳐 있는 경우에는 그 건축물과 대지 전부에 대하여 방화지구의 행위제한을 적용한다.(×)

　㉢ 녹지지역의 특례: 하나의 대지가 <u>녹지지역</u>과 그 밖의 용도지역 등에 걸쳐 있는 경우(규모가 가장 작은 부분이 녹지지역으로서 해당 녹지지역이 $330m^2$ 이하인 경우는 제외)에는 <u>각각의 용도지역 등의 건축물 및 토지에 관한 규정을</u> 적용한다. 다만, 녹지지역의 건축물이 고도지구 또는 방화지구에 걸쳐 있는 경우에는 ㉠이나 ㉡에 따른다.

▮ **용도지역·용도지구·용도구역의 비교**

| 구 분 | 용도지역(필요적-이름) | 용도지구(임의적-별명) | 용도구역(임의적-사회적지위) |
|---|---|---|---|
| 의 의 | 토지를 경제적이고 효율적으로 이용 | 용도지역의 기능증진, 미관·경관·안전 등을 도모 | 시가지의 무질서한 확산방지, 계획적·단계적 토지이용의 도모, 혁신적이고 복합적인 토지활용의 촉진, 토지이용의 종합적 조정·관리 등 |
| 효 과 | 건축물의 용도, 건폐율·용적률 제한(1차적) | 용도지역의 제한을 강화 또는 완화(2차적) | 용도지역 및 용도지구의 제한을 강화 또는 완화 |
| 절 차 | 도시·군관리계획결정(다만, 지정·고시의 특례 있음) | 도시·군관리계획결정 | 도시·군관리계획결정(수·도·개·시·입), 공간재구조화계획결정(신·용) |
| 중 복 | × | ○ | ○ |
| 종 류 | 도 관 농 자 | 경 취 개 방 보 / 고 방 특 복 대 | 수 도 개 시 입 신 용 |

# 지구단위계획 및 지구단위구역

## 1. 서 설 제25회, 제30회, 제32회

### (1) 개 념

① 지구단위계획이란 도시·군계획 수립 대상지역의 일부에 대하여 토지 이용을 합리화하고 그 기능을 증진시키며 미관을 개선하고 양호한 환경을 확보하며, 그 지역을 체계적·계획적으로 관리하기 위하여 수립하는 도시·군관리계획을 말한다.

② **고려사항**

> ㉠ 지역 공동체의 활성화
> ㉡ 안전하고 지속가능한 생활권의 조성
> ㉢ 해당 지역 및 인근 지역의 토지 이용을 고려한 토지이용계획과 건축계획의 조화
> ㉣ 도시의 정비·관리·보전·개발 등 지구단위계획구역의 지정 목적
> ㉤ 주거·산업·유통·관광휴양·복합 등 지구단위계획구역의 중심기능
> ㉥ 해당 용도지역의 특성

### (2) 수 립

① 수립기준은 국토교통부장관이 정한다.

② 지구단위계획구역 및 지구단위계획은 국토교통부장관, 시·도지사, 시장 또는 군수가 도시·군관리계획으로 결정한다.

## 2. 지구단위계획구역의 지정 제24회, 제27회, 제32회, 제34회

### (1) 도시지역

① **재량적 지정**(개발예정지역) : 국토교통부장관, 시·도지사, 시장 또는 군수는 다음지역의 전부 또는 일부에 대하여 지구단위계획구역을 지정할 수 있다.

> ㉠ 용도지구
> ㉡ 도시개발구역, 정비구역, 택지개발지구, 대지조성사업지구, 산업단지와 준산업단지 및 관광단지와 관광특구
> ㉢ 개발제한구역·도시자연공원구역·시가화조정구역 또는 공원에서 해제되는 구역, 녹지지역에서 주거·상업·공업지역으로 변경되는 구역과 새로 도시지역으로 편입되는 구역 중 계획적인 개발 또는 관리가 필요한 지역
> ㉣ 도시지역 내 주거·상업·업무 등의 기능을 결합하는 등 복합적인 토지 이용을 증진시킬 필요가 있는 지역으로 일반주거지역, 준주거지역, 준공업지역 및 상업지역에서 낙후된 도심 기능을 회복하거나 도시균형발전을 위한 중심지 육성이 필요한 경우(세 개 이상의 노선이 교차하는 대중교통 결절지로부터 1km 이내에 위치한 지역 등)

    ◎ 도시지역 내 유휴토지를 효율적으로 개발하거나 교정시설, 군사시설, 그 밖에 대통령령으로 정하는 시설(철도·항만·공항, 공장, 병원, 학교, 공공청사·공공기관, 시장, 운동장 및 터미널)을 이전 또는 재배치하여 토지 이용을 합리화하고, 그 기능을 증진시키기 위하여 집중적으로 정비가 필요한 지역(5천㎡ 이상으로서 도시·군계획조례로 정하는 면적 이상의 유휴토지 또는 대규모 시설의 이전부지 등)

    ⓗ 도시지역의 체계적·계획적인 관리 또는 개발이 필요한 지역

    ⓧ 시범도시, 개발행위허가제한지역

> **기출유형** 개발제한구역에서 해제되는 구역 중 계획적인 개발 또는 관리가 필요한 지역과 개발행위허가제한지역은 지구단위계획구역으로 지정할 수 없다.(×)

② **의무적 지정**: 국토교통부장관, 시·도지사, 시장 또는 군수는 다음에 해당하는 지역은 지구단위계획구역으로 지정하여야 한다. 다만, 관계 법률에 따라 그 지역에 토지 이용과 건축에 관한 계획이 수립되어 있는 경우에는 그러하지 아니하다.

> ㉠ 정비구역 및 택지개발지구에서 시행되는 사업이 끝난 후 10년이 지난 지역
> ㉡ 체계적·계획적인 개발 또는 관리가 필요한 면적이 30만㎡ 이상인 지역
>    ⓐ 시가화조정구역 또는 공원에서 해제되는 지역
>    ⓑ 녹지지역에서 주거지역·상업지역 또는 공업지역으로 변경되는 지역
>    ⓒ 그 밖에 도시·군계획조례로 정하는 지역

> **기출유형** 도시지역 중 택지개발지구에서 시행되는 사업면적이 30만㎡ 이상인 지역은 지구단위계획구역으로 지정하여야 한다.(×)

> **기출유형** 국토교통부장관, 시·도지사, 시장 또는 군수는 개발제한구역에서 해제되는 지역으로 체계적·계획적인 개발 또는 관리가 필요한 면적이 30만㎡ 이상인 지역은 지구단위계획구역으로 지정하여야 한다.(×)

## (2) 도시지역 외의 지역

① **계획관리지역**: 지정구역 면적의 100분의 50 이상이 계획관리지역으로서 다음에 해당하는 지역

> ㉠ 계획관리지역 외 지구단위계획구역으로 포함할 수 있는 나머지 용도지역은 생산관리지역 또는 보전관리지역일 것. 다만, 지구단위계획구역에 보전관리지역을 포함하는 경우 해당 보전관리지역의 면적은 다음의 구분에 따른 요건을 충족하여야 한다.
>    ⓐ 전체 지구단위계획구역 면적이 10만㎡ 이하인 경우: 20% 이내
>    ⓑ 전체 지구단위계획구역 면적이 10만㎡ 이상 20만㎡ 이하인 경우: 2만㎡
>    ⓒ 전체 지구단위계획구역 면적이 20만㎡를 초과하는 경우: 10% 이내
> ㉡ 지구단위계획구역으로 지정하려는 토지의 면적이 다음의 요건에 해당할 것(산업형 ⓐ, ⓑ외 3만㎡ 이상)
>    ⓐ 원칙(주거형): 아파트 또는 연립주택의 건설계획이 포함되는 경우에는 30만㎡ 이상일 것
>    ⓑ 예외: 아파트 또는 연립주택의 건설계획이 포함되는 경우로서 10만㎡ 이상일 것(지구단위계획구역이 자연보전권역, 초등학교 용지를 확보 관할 교육청의 동의)
> ㉢ 도로·수도공급설비·하수도 등 기반시설을 공급할 수 있을 것
> ㉣ 자연환경·경관·미관 등을 해치지 아니하고 국가유산의 훼손우려가 없을 것

> **기출유형** 지정구역 면적의 100분의 50 이상이 계획관리지역이고 나머지가 생산관리지역 또는 농림지역인 지역에 지구단위계획구역으로 지정할 수 있다.(×)

② **개발진흥지구** : 다음의 요건에 해당하는 지역

> ㉠ 계획관리지역의 ㉡~㉣까지의 요건에 해당할 것
> ㉡ 해당 개발진흥지구가 다음의 지역에 위치할 것
>> ⓐ 주거개발진흥지구, 복합개발진흥지구(주거기능이 포함) 및 특정개발진흥지구 : 계획관리
>> 지역
>> ⓑ 산업·유통개발진흥지구 및 복합개발진흥지구(주거기능이 포함×) : 계획관리지역·생산
>> 관리지역 또는 농림지역
>> ⓒ 관광·휴양개발진흥지구 : 도시지역 외의 지역

**기출유형** 주거개발진흥지구에 지구단위계획을 지정하고자 하는 경우에는 계획관리지역 및 생산관리지역
에 위치하고 있어야 한다.(×)

③ 용도지구를 폐지하고 그 용도지구에서의 행위 제한 등을 지구단위계획으로 대체하려는 지역

## 3. 지구단위계획의 내용 제21회, 제24회, 제26회, 제27회, 제28회, 제29회, 제32회, 제34회

### (1) 의무적 포함내용

지구단위계획에는 ③과 ⑤의 사항을 포함한 둘 이상의 사항이 포함되어야 한다. 단, ②를 내용으로 하
는 지구단위계획의 경우에는 그러하지 아니하다.

> ① 용도지역이나 용도지구를 대통령령으로 정하는 범위에서 세분하거나 변경사항
> ② 기존의 용도지구를 폐지하고 그 용도지구에서의 건축물이나 그 밖의 시설의 용도·종류 및 규
> 모 등의 제한을 대체하는 사항
> ③ 기반시설의 배치와 규모
> ④ 도로로 둘러싸인 일단의 지역 또는 계획적인 개발·정비를 위하여 구획된 일단의 토지의 규모
> 와 조성계획
> ⑤ 건축물의 용도제한, 건축물의 건폐율·용적률, 건축물 높이의 최고한도 또는 최저한도
> ⑥ 건축물의 배치·형태·색채 또는 건축선에 관한 계획
> ⑦ 환경관리계획 또는 경관계획
> ⑧ 보행안전 등을 고려한 교통처리계획
> ⑨ 그 밖에 토지 이용의 합리화, 도시나 농·산·어촌의 기능 증진 등에 필요한 사항으로서 대통령
> 령으로 정하는 사항

**기출유형** 건축물의 배치·형태·색채 또는 건축선에 관한 계획은 지구단위계획에 반드시 포함하여야 한다.(×)
**key point** 건축선은 지구단위에만 있다.

## ⑵ 건폐율 등 완화 적용

① **법률상 완화규정**: 지구단위계획구역에서는 지구단위계획으로 정하는 바에 따라 완화하여 적용할 수 있다.

| 국토의 계획 및 이용에 관한 법률 | 용도지역 및 용도지구에서의 건축물의 건축 제한 |
|---|---|
| | 용도지역의 건폐율·용적률 |
| 건축법 | 대지의 조경, 공개공지 등의 확보 |
| | 대지와 도로의 관계 |
| | 건축물의 높이제한 |
| | 일조 등의 확보를 위한 높이제한 |
| 주차장법 | 부설주차장의 설치, 부설주차장의 설치계획서 |

② 도시지역 내 지구단위계획구역에서의 건폐율 등의 완화적용(건축물의 용도·종류·규모 등)

> ㉠ 완화범위: 건폐율 150% 초과 또는 용적률 200% 초과 금지
> ㉡ 높이의 120% 이내에서 높이제한을 완화하여 적용할 수 있다.
> ㉢ 「주차장법」에 의한 주차장 설치기준을 100%까지 완화하여 적용할 수 있다.

> **비교** 용적률 특례: 공공시설부지제공·소규모재개발사업·산업통상부장관 요청(140% 완화), 높이특례: 채광 등의 확보(200% 완화)

③ 도시지역 외 지구단위계획구역에서의 건폐율 등의 완화적용

> ㉠ 건축물의 용도·종류·규모 등의 완화: 용도지역·용도지구에서의 건축물의 용도·종류 및 규모 등을 완화하여 적용할 수 있다. 다만, 개발진흥지구(계획관리지역에 지정된 개발진흥지구는 제외)에 지정된 지구단위계획구역에 대하여는 공동주택 중 아파트 및 연립주택은 허용되지 아니한다.
> ㉡ 건폐율의 150% 및 용적률의 200% 이내에서 완화하여 적용할 수 있다.

> **기출유형** 도시지역 외 지구단위계획구역에서의 주차장 설치기준을 100%까지 완화하여 적용할 수 있다.(×)

> **기출유형** 도시지역 외의 지구단위계획구역에서 당해 용도지역 또는 개발진흥지구에 적용되는 건폐율의 200% 이내에서 건폐율을 완화하여 적용할 수 있다.(×)

## ⑶ 지구단위계획구역에서의 건축 등

지구단위계획구역에서 건축물(가설건축물 제외)을 건축 또는 용도변경하거나 공작물을 설치하려면 그 지구단위계획에 맞게 하여야 한다. 다만, 지구단위계획이 수립되어 있지 아니한 경우에는 그러하지 아니하다.

## (4) 실효 등

① **지구단위계획구역의 실효**: 지구단위계획구역의 지정에 관한 도시·군관리계획결정의 고시일부터 3년 이내에 그 지구단위계획이 결정·고시되지 아니하면 <u>그 3년이 되는 날의 다음 날</u>에 그 지구단위계획구역의 지정에 관한 도시·군관리계획결정은 효력을 잃는다.

> **기출유형** 지구단위계획구역의 지정에 관한 도시·군관리계획결정의 고시일부터 5년 이내에 그 지구단위계획이 결정·고시되지 아니하면 그 5년이 되는 날의 다음날에 그 지구단위계획구역의 지정에 관한 도시·군관리계획결정은 효력을 잃는다.(×)

② **지구단위계획의 실효**: 지구단위계획(주민이 입안을 제안한 것에 한정)에 관한 도시·군관리계획결정의 고시일부터 5년 이내에 이 법 또는 다른 법률에 따라 허가·인가·승인 등을 받아 사업이나 공사에 착수하지 아니하면 <u>그 5년이 된 날의 다음 날</u>에 그 지구단위계획에 관한 도시·군관리계획결정은 효력을 잃는다(이 경우 지구단위계획과 관련한 도시·군관리계획결정에 관한 사항은 해당 지구단위계획구역 지정 당시의 도시·군관리계획으로 환원된 것으로 본다).

③ **실효고시**: 국토교통부장관, 시·도지사, <u>시장 또는 군수</u>는 지구단위계획구역 지정 및 지구단위계획 결정이 효력을 잃으면 대통령령으로 정하는 바에 따라 지체 없이 그 사실을 고시하여야 한다.

> ✔ **key point** 도시혁신구역과 복합용도구역은 지구단위계획구역의 실효규정을 준용한다.

# 기반시설

## 1. 기반시설 및 도시 · 군계획시설의 설치 · 관리 제24회, 제25회, 제26회, 제27회, 제32회, 제33회, 제35회

### (1) 기반시설의 설치 · 관리

① **기반시설의 종류**: 기반시설이란 다음의 시설로서 대통령령으로 정하는 시설을 말한다.

| | |
|---|---|
| 교통시설 | 도로 · 철도 · 항만 · 공항 · 주차장 · 자동차정류장 · 궤도, 차량 검사 및 면허시설 |
| 공간시설 | 광장 · 공원 · 녹지 · 유원지 · 공공공지 |
| 유통 · 공급시설 | 유통업무설비, 수도 · 전기 · 가스 · 열공급설비, 방송 · 통신시설, 공동구 · 시장, 유류저장 및 송유설비 ▌**암기**┃ 통은 통으로 |
| 공공 · 문화 체육시설 | 학교, 공공청사 · 문화시설 · 공공필요성이 인정되는 체육시설 · 연구시설 · 사회복지시설 · 공공직업훈련시설 · 청소년수련시설 |
| 방재시설 | 하천 · 유수지(遊水池) · 저수지 · 방화설비 · 방풍설비 · 방수설비 · 사방설비 · 방조설비 |
| 보건위생시설 | 장사시설, 도축장, 종합의료시설 ▌**암기**┃ 가기 싫다! |
| 환경기초시설 | 폐차장 · 하수도 · 빗물저장 및 이용시설 · 폐기물처리 및 재활용시설 · 수질오염방지시설 ▌**암기**┃ 폐, 하, 빗물, 폐, 수 |

▌**기출유형**┃ 하수도는 법령상 기반시설 중 방재시설에 해당한다.(×)

▌**기출유형**┃ 행정청이 설치하는 공동묘지는 공공시설에 해당하지 않는다.(×)

② **기반시설의 세분**: 기반시설 중 다음과 같이 세분할 수 있다.

| | |
|---|---|
| 도 로 | 일반도로, 고가도로, 지하도로, 자동차전용도로, 자전거전용도로, 보행자전용도로, 보행자우선도로 |
| 자동차정류장 | 여객자동차터미널, 화물터미널, 공영차고지, 공동차고지, 화물자동차 휴게소, 복합환승센터, 환승센터 |
| 광 장 | 교통광장, 일반광장, 경관광장, 지하광장, 건축물부설광장 |

▌**기출유형**┃ 고속도로는 기반시설의 세분화인 도로에 해당한다.(×)

▌**기출유형**┃ 교통광장은 기반시설의 세분화인 자동차정류장에 해당한다.(×)

✔ key point ┃ 광장으로 끝나면 광장이다.

### (2) 도시·군계획시설의 설치·관리

① **도시·군계획시설의 의의**: 도시·군계획시설이란 <u>기반시설 중 도시·군관리계획으로 결정된 시설</u>을 말한다.

② **도시·군계획시설의 설치**: 지상·수상·공중·수중 또는 지하에 기반시설을 설치하려면 그 시설의 종류·명칭·위치·규모 등을 <u>미리 도시·군관리계획으로 결정</u>하여야 한다. 다만, 용도지역·기반시설의 특성 등을 고려하여 대통령령으로 정하는 다음의 경우에는 그러하지 아니하다.

> ㉠ 주차장, 차량검사 및 면허시설, 공공공지, 열공급설비, 방송·통신시설, 시장·공공청사·문화시설·공공필요성이 인정되는 체육시설·연구시설·사회복지시설·공공직업 훈련시설·청소년수련시설·저수지·방화설비·방풍설비·방수설비·사방설비·방조설비·장사시설·도축장(500m² 미만)·종합의료시설·빗물저장 및 이용시설·폐차장·폐기물처리 및 재활용시설 중 재활용시설, 전기공급설비(발전시설·옥외변전시설 제외) 등
> ㉡ 「도시공원 및 녹지 등에 관한 법률」의 규정에 따라 점용허가대상이 되는 공원 안의 기반시설
> ㉢ 도시지역 외 지역은 유치원, 대안학교, 방송통신대학교
> ㉣ 도심공항터미널, 전세버스운송사업용여객자동차터미널, 건축물부설광장

✔ **key point** 일반인이 돈이 많아도 만들 수 없는 시설에 한하여 계획을 미리 반드시 세운다.

③ **도시·군계획시설의 설치기준**: 도시·군계획시설의 결정·구조 및 설치의 기준 등에 필요한 사항은 국토교통부령으로 정하고, 그 세부사항은 국토교통부령으로 정하는 범위에서 시·도의 조례로 정할 수 있다. 다만, 다른 법률에 특별한 규정이 있는 경우에는 그 법률에 따른다.

④ **도시·군계획시설의 관리**: 설치한 도시·군계획시설의 관리에 관하여 이 법 또는 다른 법률에 특별한 규정이 있는 경우 외에는 <u>국가가 관리</u>하는 경우에는 대통령령(「국유재산법」에 따른 <u>중앙관서의 장이 관리</u>), <u>지방자치단체가 관리</u>하는 경우에는 그 지방자치단체의 <u>조례</u>로 도시·군계획시설의 관리에 관한 사항을 정한다.

⑤ **도시·군계획시설의 보상 등**: 도시·군계획시설을 공중·수중·수상 또는 지하에 설치하는 경우 그 높이나 깊이의 기준과 그 설치로 인하여 토지나 건물의 소유권 행사에 제한을 받는 자에 대한 보상 등에 관하여는 따로 법률로 정한다.

▶ **기출유형** 지방자치단체가 관리하는 경우에는 그 지방자치단체장이 도시·군계획시설의 관리에 관한 사항을 정한다.(×)

## 2. 광역시설 제28회, 제32회

### (1) 광역시설의 의의

광역시설이란 기반시설 중 광역적인 정비체계가 필요한 다음의 시설

① 2 이상의 특별시·광역시·특별자치시·특별자치도·시 또는 군의 관할 구역에 걸쳐 있는 시설
예 도로·철도·광장·녹지, 수도·전기·가스·열공급설비, 방송·통신시설, 공동구, 유류저장 및 송유설비, 하천·하수도(하수종말처리시설은 제외)

② 2 이상의 특별시·광역시·특별자치시·특별자치도·시 또는 군이 공동으로 이용하는 시설
예 항만·공항·자동차정류장·공원·유원지·유통업무설비·문화시설·사회복지시설·공공직업훈련시설·청소년수련시설·유수지·장사시설·도축장·폐차장 등

### (2) 광역시설의 설치ㆍ관리

① **원칙**: 광역시설의 설치 및 관리는 도시ㆍ군계획시설의 설치ㆍ관리에 따른다.

② **협약체결 또는 협의회**: 관계 특별시장ㆍ광역시장ㆍ특별자치시장ㆍ특별자치도지사ㆍ시장 또는 군수는 협약을 체결하거나 협의회 등을 구성하여 광역시설을 설치ㆍ관리할 수 있다. 다만, 협약의 체결이나 협의회 등의 구성이 이루어지지 아니하는 경우 그 시 또는 군이 같은 도에 속할 때에는 관할 도지사가 광역시설을 설치ㆍ관리할 수 있다.

③ **법인의 설치ㆍ관리**: 국가계획으로 설치하는 광역시설은 그 광역시설의 설치ㆍ관리를 사업목적 또는 사업종목으로 하여 다른 법률에 따라 설립된 법인(~공사)이 설치ㆍ관리할 수 있다.

> **기출유형** 국가계획으로 설치하는 광역시설을 그 광역시설을 설치ㆍ관리를 사업목적 또는 사업종목으로 하여 다른 법률에 따라 설립된 법인이 설치ㆍ관리할 수 없다.(×)

### (3) 환경오염방지사업 등

지방자치단체는 환경오염이 심하게 발생하거나 해당 지역의 개발이 현저하게 위축될 우려가 있는 광역시설을 다른 지방자치단체의 관할 구역에 설치할 때에는 대통령령으로 정하는 바에 따라 환경오염방지를 위한 사업이나 해당 지역 주민의 편익을 증진시키기 위한 사업을 해당 지방자치단체와 함께 시행하거나 이에 필요한 자금을 해당 지방자치단체에 지원하여야 한다. 다만, 다른 법률에 특별한 규정이 있는 경우에는 그 법률에 따른다.

> ① 환경오염의 방지를 위한 사업: 녹지ㆍ하수도 또는 폐기물처리 및 재활용시설의 설치사업과 대기오염ㆍ수질오염ㆍ악취ㆍ소음 및 진동방지사업 등
> ② 지역주민의 편익을 위한 사업: 도로ㆍ공원ㆍ수도공급설비ㆍ문화시설ㆍ사회복지시설ㆍ노인정ㆍ하수도ㆍ종합의료시설 등의 설치사업 등

## 3. 공동구 제25회, 제26회, 제28회, 제29회, 제32회, 제35회

### (1) 공동구의 의의

공동구란 전기ㆍ가스ㆍ수도 등의 공급설비, 통신시설, 하수도시설 등 지하매설물을 공동 수용함으로써 미관의 개선, 도로구조의 보전 및 교통의 원활한 소통을 위하여 지하에 설치하는 시설물을 말한다.

### (2) 공동구의 설치

① **설치의무**: 다음에 해당하는 지역ㆍ지구ㆍ구역 등(지역 등)이 200만m²를 초과하는 경우에는 해당 지역 등에서 개발사업을 시행하는 자(사업시행자)는 공동구를 설치하여야 한다.

> ㉠ 「도시개발법」에 따른 도시개발구역, 「택지개발촉진법」에 따른 택지개발지구
> ㉡ 「경제자유구역의 지정 및 운영에 관한 특별법」에 따른 경제자유구역
> ㉢ 「도시 및 주거환경정비법」에 따른 정비구역
> ㉣ 「공공주택 특별법」에 따른 공공주택지구
> ㉤ 「도청이전을 위한 도시건설 및 지원에 관한 특별법」에 따른 도청이전신도시

> **기출유형** 200만m²를 초과하는 관광단지에 개발사업을 시행하는 자는 공동구를 설치하여야 한다.(×)

② **설치비용**: 공동구의 설치(개량하는 경우 포함)에 필요한 비용은 이 법 또는 다른 법률에 특별한 규정이 있는 경우를 제외하고는 공동구를 점용하려는 자(공동구 점용예정자 3분의 1이상 납부)와 사업시행자가 부담한다.

### (3) 공동구에의 수용

① **수용 의무**: 공동구가 설치된 경우에는 공동구에 수용하여야 할 시설이 모두 수용되도록 하여야 한다.

> ㉠ 공동구 필요적 수용시설: 전선로, 통신선로, 수도관, 열수송관, 중수도관, 쓰레기수송관
> ㉡ 공동구협의회 심의를 거쳐 수용할 수 있는 시설(임의적 수용): 가스관, 하수도관

> **기출유형** 공동구가 설치된 경우 쓰레기수송관은 공동구협의회의 심의를 거쳐야 공동구에 수용할 수 있다.(×)

② **개별 통지**: 사업시행자는 공동구의 설치공사를 완료한 때에는 지체 없이 다음의 사항을 공동구 점용예정자에게 개별적으로 통지하여야 한다.

> ㉠ 공동구에 수용될 시설의 점용공사 기간, 점용공사 시 고려할 사항
> ㉡ 공동구 설치위치 및 설계도면, 공동구에 수용할 수 있는 시설의 종류

> **기출유형** 사업시행자는 공동구의 설치공사를 완료한 때에는 지체 없이 공동구에 수용할 수 있는 시설의 종류와 공동구 설치 위치를 일간신문에 공시하여야 한다.(×)

### (4) 공동구의 관리

① **공동구관리자**: 공동구는 특별시장·광역시장·특별자치시장·특별자치도지사·시장 또는 군수(공동구관리자)가 관리한다. 다만, 공동구의 효율적인 관리·운영을 위하여 필요하다고 인정하는 경우에는 대통령령으로 정하는 기관에 위탁할 수 있다.

② **안전 및 유지관리계획**: 공동구관리자는 5년마다 해당 공동구의 안전 및 유지관리계획을 대통령령으로 정하는 바에 따라 수립·시행하여야 한다.

> **기출유형** 공동구관리자는 10년마다 해당 공동구의 안전 및 유지관리계획을 대통령령으로 정하는 바에 따라 수립·시행하여야 한다.(×)

③ **안전점검**: 공동구관리자는 대통령령으로 정하는 바에 따라 1년에 1회 이상 공동구의 안전점검을 실시하여야 하며, 안전점검결과 이상이 있다고 인정되는 때에는 지체 없이 정밀안전진단·보수·보강 등 필요한 조치를 하여야 한다.

> **암기** 지하설치물 일(1)일(1)히 점검하자.

④ **관리비용 부담**: 공동구의 관리에 소요되는 비용은 그 공동구를 점용하는 자가 함께 부담하되, 부담비율은 점용면적을 고려하여 공동구관리자가 정한다.

⑤ **점용·사용허가**: 공동구 설치비용을 부담하지 아니한 자(부담액을 완납하지 아니한 자를 포함)가 공동구를 점용하거나 사용하려면 그 공동구를 관리하는 공동구관리자의 허가를 받아야 한다.

⑥ **점용료·사용료 납부**: 공동구를 점용하거나 사용하는 자는 조례로 정하는 바에 따라 점용료 또는 사용료를 납부하여야 한다.

> **기출유형** 공동구의 관리에 소요되는 비용은 그 공동구를 점용하는 자가 함께 부담하되, 부담비율은 평등하게 공동구관리자가 정한다.(×)

# Chapter 08 도시·군계획시설사업

| 도시·군계획시설<br>결정·고시 | 단계별 집행계획 | 시행자 지정 | 실시계획 작성 |
|---|---|---|---|
| • 국토교통부장관<br>• 시·도지사, 대도시 시장 | • 특별시장·광역시장·<br>특별자치시장·특별자치<br>도지사·시장 또는 군수<br>• 국토교통부장관, 도지사 | • 행정청 시행자<br>• 비행정청 시행자 | 시행자 |

| 실시계획<br>인가·고시 | 사업시행 | 준공검사 | 공사완료 공고 |
|---|---|---|---|
| • 국토교통부장관<br>• 시·도지사, 대도시 시장 | • 분할시행<br>• 무상열람<br>• 공시송달<br>• 토지 등의 수용·사용<br>• 타인토지의 출입 등 | • 시·도지사, 대도시시장 | • 국토교통부장관<br>• 시·도지사, 대도시 시장 |

## 01 도시·군계획시설사업의 시행

도시·군계획시설사업이란 도시·군계획시설을 설치·정비 또는 개량하는 사업을 말한다.

### 1. 단계별 집행계획의 수립 제34회

#### (1) 수립권자

① **원칙**: 특별시장·광역시장·특별자치시장·특별자치도지사·시장 또는 군수는 도시·군계획시설에 대하여 도시·군계획시설결정의 고시일부터 3개월 이내에 재원조달계획, 보상계획 등을 포함하는 단계별 집행계획을 수립하여야 한다. 다만, 대통령령으로 정하는 법률(「도시 및 주거환경정비법」, 「도시재정비 촉진을 위한 특별법」 및 「도시재생 활성화 및 지원에 관한 특별법」)에 따라 도시·군관리계획의 결정이 의제되는 경우에는 해당 도시·군계획시설결정의 고시일부터 2년 이내에 단계별 집행계획을 수립할 수 있다.

② **예외**: 국토교통부장관이나 도지사가 직접 입안한 도시·군관리계획인 경우 국토교통부장관이나 도지사는 단계별 집행계획을 수립하여 해당 특별시장·광역시장·특별자치시장·특별자치도지사·시장 또는 군수에게 송부할 수 있다.

**(2) 단계별 집행계획의 구분**

① 단계별 집행계획은 제1단계 집행계획과 제2단계 집행계획으로 구분하여 수립하되, <u>3년</u> 이내에 시행하는 도시·군계획시설사업은 제1단계 집행계획에, <u>3년</u> 후에 시행하는 도시·군계획시설사업은 제2단계 집행계획에 포함되도록 하여야 한다.

② 특별시장·광역시장·특별자치시장·특별자치도지사·시장 또는 군수는 매년 <u>제2단계 집행계획을 검토</u>하여 <u>3년</u> 이내에 도시·군계획시설사업을 시행할 도시·군계획시설은 이를 <u>제1단계 집행계획에</u> 포함시킬 수 있다.

> **암기** 3돈이 의리(2)로 단상(3)에 올라갔다.

**(3) 수립절차**

① **협의 및 의견청취**: 특별시장·광역시장·특별자치시장·특별자치도지사·시장 또는 군수는 단계별집행계획을 수립 또는 변경하려는 때에는 미리 관계 행정기관의 장과 협의하여야 하며, 해당 지방의회의 의견을 들어야 한다.

② **공고**: 특별시장·광역시장·특별자치시장·특별자치도지사·시장 또는 군수는 단계별 집행계획을 수립 또는 변경하거나 받은 때에는 지체 없이 그 사실을 공보에 게재하여 공고하여야 한다.

## 2. 도시·군계획시설사업의 시행자 제23회, 제27회, 제32회, 제34회

**(1) 행정청인 시행자(입안권자)**

① 특별시장·광역시장·특별자치시장·특별자치도지사·시장 또는 군수는 이 법 또는 다른 법률에 특별한 규정이 있는 경우 외에는 관할 구역의 도시·군계획시설사업을 시행한다.

② 도시·군계획시설사업이 둘 이상의 특별시·광역시·특별자치시·특별자치도·시 또는 군의 관할 구역에 걸쳐 시행되게 되는 경우에는 관계 특별시장·광역시장·특별자치시장·특별자치도지사·시장 또는 군수가 서로 협의하여 시행자를 정한다.

③ <u>협의가 성립되지 아니하는 경우</u> 도시·군계획시설사업을 시행하려는 구역이 <u>같은 도의 관할 구역에 속하는 경우에는 관할 도지사가 시행자를 지정하고, 둘 이상의 시·도의 관할 구역에 걸치는 경우에는 국토교통부장관이 시행자를 지정한다.</u>

④ 국토교통부장관은 국가계획과 관련되거나 그 밖에 특히 필요하다고 인정되는 경우에는 관계 특별시장·광역시장·특별자치시장·특별자치도지사·시장 또는 군수의 의견을 들어 직접 도시·군계획시설사업을 시행할 수 있으며, 도지사는 광역도시계획과 관련되거나 특히 필요하다고 인정되는 경우에는 관계 시장 또는 군수의 의견을 들어 직접 도시·군계획시설사업을 시행할 수 있다.

**(2) 행정청이 아닌 시행자**

① **시행자 지정**: 행정청인 시행자 외의 자는 국토교통부장관, 시·도지사, 시장 또는 군수로부터 시행자로 지정을 받아 도시·군계획시설사업을 시행할 수 있다.

② **민간시행자의 지정 동의요건**: 다음에 해당하지 아니하는 자가 도시·군계획시설사업의 시행자로 지정을 받으려면 도시·군계획시설사업의 대상인 토지(국·공유지는 제외)면적의 3분의 2 이상에 해당하는 토지를 소유하고, <u>토지소유자 총수의 2분의 1 이상</u>에 해당하는 자의 동의를 얻어야 한다.

⊙ 국가 또는 지방자치단체

⊙ 공공기관(한국토지주택공사, 한국도로공사, 한국철도공사 등)

⊙ 지방공사 및 지방공단 등

> **기출유형** 한국토지주택공사가 도시·군계획시설사업의 시행자로 지정을 받으려면 토지소유자 총수의 2분의 1 이상에 해당하는 자의 동의를 얻어야 한다.(×)

## 3. 실시계획 제21회, 제28회, 제32회

### (1) 실시계획의 작성

① 도시·군계획시설사업의 시행자는 다음의 사항이 포함된 도시·군계획시설사업에 관한 실시계획을 작성하여야 한다.

> ⊙ 사업의 종류 및 명칭
> ⊙ 사업의 면적 또는 규모
> ⊙ 사업시행자의 성명 및 주소(법인은 법인의 명칭·소재지와 대표자의 성명·주소)
> ⊙ 사업의 착수예정일 및 준공예정일

② 실시계획에는 사업시행에 필요한 설계도서, 자금계획, 시행기간, 그 밖에 대통령령으로 정하는 사항(실시계획을 변경하는 경우에는 변경되는 사항에 한정)을 자세히 밝히거나 첨부하여야 한다.

### (2) 실시계획의 인가

① **인가권자**: 시행자(국토교통부장관, 시·도지사와 대도시 시장은 제외)는 실시계획을 작성하면 국토교통부장관이 지정한 시행자는 국토교통부장관의 인가를 받아야 하며, 그 밖의 시행자는 시·도지사 또는 대도시 시장의 인가를 받아야 한다. 다만, 준공검사를 받은 후에 국토교통부령으로 정하는 경미한 사항을 변경하기 위하여 실시계획을 작성하는 경우에는 인가를 받지 아니한다.

② **변경 및 폐지 등**: 인가받은 실시계획을 변경하거나 폐지하는 경우에도 인가를 받아야 한다. 다만, 다음의 경미한 사항을 변경하는 경우에는 그러하지 아니하다.

> ⊙ 사업명칭을 변경하는 경우
> ⊙ 구역경계의 변경이 없는 범위 안에서 행하는 건축물 또는 공작물의 연면적 10% 미만의 변경과 「학교시설사업 촉진법」에 의한 학교시설의 변경인 경우
> ⊙ 도시지역 또는 지구단위계획구역에 설치되는 공작물로서 무게는 50톤, 부피는 $50m^3$, 수평투영면적은 $50m^2$를 각각 넘지 않은 공작물
> ⊙ 도시지역·자연환경보전지역 및 지구단위계획구역 외의 지역에 설치되는 공작물로서 무게는 150톤, 부피는 $150m^3$, 수평투영면적은 $150m^2$를 각각 넘지 않은 공작물
> ⊙ 기존 시설의 일부 또는 전부에 대한 용도변경을 수반하지 않은 대수선·재축 및 개축인 경우
> ⊙ 도로의 포장 등 기존 도로의 면적·위치 및 규모의 변경을 수반하지 아니하는 도로의 개량인 경우

> **기출유형** 인가받은 실시계획을 변경하거나 폐지하는 경우에는 인가를 받을 필요는 없다.(×)

③ **공고·열람**: 국토교통부장관, 시·도지사 또는 대도시 시장은 실시계획을 인가하려면 미리 그 사실을 공고하고, 관계 서류의 사본을 <u>14일 이상</u> 일반이 열람할 수 있도록 하여야 한다.

④ **조건부 인가**: 국토교통부장관, 시·도지사 또는 대도시 시장은 <u>기</u>반시설의 설치나 그에 필요한 용지의 확보, <u>위</u>해 방지, <u>환</u>경오염 방지, <u>경</u>관 조성, <u>조</u>경 등의 조치를 할 것을 조건으로 실시계획을 인가할 수 있다. **암기** 조, 경, 환, 위, 기

⑤ **이행보증금 예치**: 특별시장·광역시장·특별자치시장·특별자치도지사·시장 또는 군수는 기반시설의 설치나 그에 필요한 용지의 확보, 위해 방지, 환경오염 방지, 경관 조성, 조경 등을 위하여 필요하다고 인정되는 경우에는 그 이행을 담보하기 위하여 시행자에게 이행보증금을 예치하게 할 수 있다. 다만, <u>다음에 해당하는 자에 대하여는 그러하지 아니하다.</u>

> ㉠ 국가 또는 지방자치단체
> ㉡ 공공기관(한국토지주택공사, 한국도로공사, 한국철도공사 등)
> ㉢ 지방공사 및 지방공단 등

**기출유형** 지방자치단체가 직접 시행하는 경우에는 이행보증금을 예치하여야 한다.(×)

⑥ **실시계획의 고시**: 국토교통부장관, 시·도지사 또는 대도시 시장은 실시계획을 작성 또는 변경작성하거나 인가 또는 변경인가한 경우에는 관보 또는 공보에 게재하여 그 내용을 고시하여야 한다.


## 4. 사업시행을 위한 보호조치 제22회, 제33회, 제34회

### (1) 분할 시행

시행자는 도시·군계획시설사업을 효율적으로 추진하기 위하여 필요하다고 인정되면 사업시행대상지역 또는 대상시설을 둘 이상으로 분할하여 도시·군계획시설사업을 시행할 수 있다.

### (2) 관계서류의 무료열람

시행자는 도시·군계획시설사업을 시행하기 위하여 필요하면 등기소나 그 밖의 관계 행정기관의 장에게 필요한 서류의 열람 또는 복사나 그 등본 또는 초본의 발급을 무료로 청구할 수 있다.

### (3) 공시송달의 특례

도시·군계획시설사업의 시행자는 이해관계인에게 서류를 송달할 필요가 있으나 이해관계인의 주소 또는 거소가 불분명하거나 그 밖의 사유로 서류를 송달할 수 없는 경우에는 대통령령으로 정하는 바에 따라 그 서류의 송달을 갈음하여 그 내용을 공시할 수 있다(<u>비행정청은 국토교통부장관, 시·도지사 또는 대도시 시장 승인필요</u>).

### (4) 국·공유지의 처분 제한

도시·군관리계획결정을 고시한 경우에는 국·공유지로서 도시·군계획시설사업에 필요한 토지는 그 도시·군관리계획으로 정하여진 목적 외의 목적으로 매각하거나 양도할 수 없다. 이를 <u>위반한 행위는 무효로 한다.</u>

**기출유형** 국·공유지의 처분제한을 위반한 자는 취소하여야 한다.(×)

## (5) 토지 등의 수용 및 사용

① **수용·사용의 대상**: 시행자는 도시·군계획시설사업에 필요한 다음의 물건 또는 권리(토지등)를 수용하거나 사용할 수 있다.

> ㉠ 토지·건축물 또는 그 토지에 정착된 물건
> ㉡ 토지·건축물 또는 그 토지에 정착된 물건에 관한 소유권 외의 권리

② **인접지 일시사용**: 시행자는 사업시행을 위하여 특히 필요하다고 인정되면 도시·군계획시설에 인접한 토지 등을 일시 사용할 수 있다.

③ **준용**: 수용 및 사용에 관하여는 이 법에 특별한 규정이 있는 경우 외에는 「공익사업을 위한 토지 등의 취득 및 보상에 관한 법률」을 준용한다.

④ **사업인정·고시 의제**: 실시계획을 고시한 경우에는 「공익사업을 위한 토지 등의 취득 및 보상에 관한 법률」에 따른 사업인정 및 그 고시가 있었던 것으로 본다.

⑤ **재결신청**: 재결신청은 「공익사업을 위한 토지 등의 취득 및 보상에 관한 법률」에도 불구하고 실시계획에서 정한 도시·군계획시설사업의 시행기간에 하여야 한다.

## (6) 타인 토지의 출입 등

① **출입 등의 주체**: 국토교통부장관, 시·도지사, 시장 또는 군수나 도시·군계획시설사업의 시행자는 다음의 행위를 하기 위하여 필요하면 타인의 토지에 출입하거나 타인의 토지를 재료 적치장 또는 임시통로로 일시 사용할 수 있으며, 특히 필요한 경우에는 나무, 흙, 돌, 그 밖의 장애물을 변경하거나 제거할 수 있다.

> ㉠ 도시·군계획, 광역도시계획에 관한 기초조사
> ㉡ 개발밀도관리구역·기반시설부담구역 및 기반시설설치계획에 관한 기초조사
> ㉢ 지가의 동향 및 토지거래의 상황에 관한 조사
> ㉣ 도시·군계획시설사업에 관한 조사·측량 또는 시행

② **출입 등의 절차**: 타인의 토지에 출입하려는 자는 특별시장·광역시장·특별자치시장·특별자치도지사·시장 또는 군수의 허가를 받아야 하며, 출입하려는 날의 7일 전까지 그 토지의 소유자·점유자 또는 관리인에게 그 일시와 장소를 알려야 한다. 다만, 행정청인 시행자는 허가를 받지 아니하고 타인의 토지에 출입할 수 있다.

③ **장애물의 변경 등의 동의**: 타인의 토지를 재료 적치장 또는 임시통로로 일시사용하거나 나무, 흙, 돌, 그 밖의 장애물을 변경 또는 제거하려는 자는 토지의 소유자·점유자 또는 관리인의 동의를 받아야 한다. 다만, 토지나 장애물의 소유자 등이 현장에 없거나 주소 또는 거소가 불분명하여 그 동의를 받을 수 없는 경우에는 행정청인 시행자는 관할 특별시장·광역시장·특별자치시장·특별자치도지사·시장 또는 군수에게 그 사실을 통지하여야 하며, 행정청이 아닌 시행자는 미리 관할 특별시장·광역시장·특별자치시장·특별자치도지사·시장 또는 군수의 허가를 받아야 한다.

④ **일시사용 등의 통지**: 토지를 일시 사용하거나 장애물을 변경 또는 제거하려는 자는 3일 전까지 그 토지나 장애물의 소유자 등에게 알려야 한다.

> **기출유형** 토지를 일시 사용하거나 장애물을 변경 또는 제거하려는 자는 7일 전까지 그 토지나 장애물의 소유자 등에게 알려야 한다.(×)

⑤ **출입제한** : 일출 전이나 일몰 후에는 그 토지<u>점유자</u>의 승낙 없이 택지나 담장 또는 울타리로 둘러싸인 타인의 토지에 출입할 수 없다.

> **기출유형** 토지점유자가 승낙하지 않은 경우에도 사업시행자는 시장 도는 군수의 허가를 받아 일몰 후에 울타리로 둘러싸인 타인의 토지에 출입할 수 있다.(×)

⑥ **수인의무** : 토지의 점유자는 정당한 사유 없이 출입 등의 행위를 방해하거나 거부하지 못한다(방해 - 1,000만원 이하의 과태료).

⑦ **증표의 제시** : 출입 등의 행위를 하려는 자는 그 권한을 표시하는 증표와 허가증을 지니고 이를 관계인에게 내보여야 한다.

⑧ **손실 보상** : 출입 등의 행위로 인하여 손실을 입은 자가 있으면 <u>그 행위자가 속한 행정청이나 도시 · 군계획시설사업의 시행자</u>가 그 손실을 보상하여야 하며, 손실보상에 관하여는 그 손실을 보상할 자와 손실을 입은 자가 협의하여야 한다.

### (7) 행정심판

이 법에 따른 도시 · 군계획시설사업 시행자의 처분에 대하여는 「행정심판법」에 따라 행정심판을 제기(처분청의 직근상급행정청에게 제기)할 수 있다. 이 경우 <u>행정청이 아닌 시행자의 처분에 대하여는 그 시행자를 지정한 자에게 행정심판을 제기</u>하여야 한다.

> **기출유형** 도시 · 군계획시설사업의 시행자가 비행정청인 경우, 시행자의 처분에 대하여는 행정심판을 제기할 수 있다.(×)

## 5. 공사완료의 공고 등

### (1) 공사완료 보고

도시 · 군계획시설사업의 시행자(국토교통부장관, 시 · 도지사와 대도시 시장은 제외한다)는 도시 · 군계획시설사업의 공사를 마친 때에는 국토교통부령으로 정하는 바에 따라 공사완료보고서를 작성하여 시 · 도지사나 대도시 시장의 준공검사를 받아야 한다(준공조서, 설계도서, 관계 행정기관의 장과의 협의에 필요한 서류 첨부).

### (2) 준공검사

<u>시 · 도지사나 대도시 시장은 공사완료보고서를 받으면 지체 없이 준공검사를 하여야 한다.</u>

> **기출유형** 국토교통부장관은 공사완료보고서를 받으면 지체 없이 준공검사를 하여야 한다.(×)

### (3) 공사완료의 공고

시 · 도지사나 대도시 시장은 준공검사를 한 결과 실시계획대로 완료되었다고 인정되는 경우에는 시행자에게 준공검사증명서를 발급하고 공사완료 공고를 하여야 한다. 다만, <u>국토교통부장관, 시 · 도지사 또는 대도시 시장인 시행자는 도시 · 군계획시설사업의 공사를 마친 때에는 공사완료 공고를 하여야</u> 한다.

## 02 미집행 도시·군계획시설에 대한 조치

### 1. 도시·군계획시설 부지에서의 개발행위

#### (1) 원 칙

특별시장·광역시장·특별자치시장·특별자치도지사·시장 또는 군수는 도시·군계획시설의 설치 장소로 결정된 지상·수상·공중·수중 또는 지하는 그 도시·군계획시설이 아닌 건축물의 건축이나 공작물의 설치를 허가하여서는 아니 된다.

#### (2) 예외적 허가

특별시장·광역시장·특별자치시장·특별자치도지사·시장 또는 군수는 도시·군계획시설에 대한 도시·군관리계획의 결정의 고시일부터 2년이 지날 때까지 사업이 시행되지 아니한 도시·군계획시설 중 단계별 집행계획이 수립되지 아니하거나, 제1단계 집행계획에 포함되지 아니한 도시·군계획시설 의 부지에 대하여는 다음의 개발행위를 허가할 수 있다.

① 가설건축물의 건축과 이에 필요한 범위에서의 토지의 형질 변경
② 도시·군계획시설의 설치에 지장이 없는 공작물의 설치와 이에 필요한 범위에서의 토지의 형질 변경
③ 건축물의 개축 또는 재축과 이에 필요한 범위에서의 토지의 형질 변경

#### (3) 원상회복

특별시장·광역시장·특별자치시장·특별자치도지사·시장 또는 군수는 도시·군계획시설사업이 시 행되는 경우에는 그 시행예정일 3개월 전까지 가설건축물이나 공작물 소유자의 부담으로 그 가설건축 물이나 공작물의 철거 등 원상회복에 필요한 조치를 명하여야 한다.

### 2. 장기미집행 시설 부지의 매수청구 제21회, 제22회, 제25회, 제26회, 제27회, 제32회, 제35회

#### (1) 매수청구사유·매수청구권자 및 매수의무자

도시·군계획시설결정의 고시일부터 10년 이내에 그 도시·군계획시설의 설치에 관한 도시·군계획 시설사업이 시행되지 아니하는 경우(실시계획의 인가나 그에 상당하는 절차가 진행된 경우는 제외) 그 도시·군계획시설의 부지로 되어 있는 토지 중 지목이 대(垈)인 토지(건축물 및 정착물 포함)의 소 유자는 특별시장·광역시장·특별자치시장·특별자치도지사·시장 또는 군수에게 그 토지의 매수를 청구할 수 있다. 다만, 다음에 해당하는 경우에는 그에 해당하는 자(매수의무자)에게 그 토지의 매수를 청구할 수 있다.

① 해당 도시·군계획시설사업의 시행자가 정하여진 경우에는 그 시행자
② 도시·군계획시설을 설치하거나 관리하여야 할 의무가 있는 자가 있으면 그 의무가 있는 자(도 시·군계획시설을 설치하거나 관리하여야 할 의무가 있는 자가 서로 다른 경우에는 설치의무자 에게 매수 청구)

**기출유형** 도시·군계획시설 부지에 대한 매수청구의 대상은 지목이 대(垈)인 토지에 한정되며, 그 토지에 있 는 건축물은 포함되지 않는다.(×)

## (2) 매수절차 등

① **매수절차**: 매수의무자는 매수 청구를 받은 날부터 <u>6개월 이내</u>에 매수 여부를 결정하여 토지 소유자와 특별시장·광역시장·특별자치시장·특별자치도지사·시장 또는 군수에게 알려야 하며, 매수하기로 결정한 토지는 매수 결정을 알린 날부터 <u>2년 이내</u>에 매수하여야 한다.

> **기출유형** 매수의무자는 매수청구를 받은 날부터 2년 이내에 매수 여부를 결정하여 토지소유자에게 알려야한다.(×)

② **준용법률**: 매수 청구된 토지의 매수가격·매수절차 등에 관하여 이 법에 특별한 규정이 있는 경우 외에는 「<u>공익사업을 위한 토지 등의 취득 및 보상에 관한 법률</u>」을 준용한다.

> **기출유형** 매수 청구된 토지의 매수가격은 공시지가로 한다.(×)

## (3) 매수방법

① **원칙**: 매수의무자는 매수 청구를 받은 토지를 매수할 때에는 현금으로 그 대금을 지급한다.

② **예외**: 다음의 경우로서 매수의무자가 <u>지방자치단체</u>인 경우에는 채권(도시·군계획시설채권)을 발행하여 <u>지급할 수 있다</u>.

> ㉠ 토지 소유자가 원하는 경우
> ㉡ 부재부동산 소유자의 토지 또는 비업무용 토지로서 매수대금이 <u>3천만원을 초과</u>하여 그 초과하는 금액을 지급하는 경우

> **기출유형** 매수청구를 받은 토지가 비업무용 토지인 경우 그 대금의 전부에 대하여 도시·군계획시설채권을 발행하여 지급하여야 한다.(×)

> **기출유형** 도시·군계획시설 부지의 매수의무자인 지방공사는 도시·군계획시설채권을 발행하여 그 대금을 지급할 수 있다.(×)

③ **상환기간과 이율**: 도시·군계획시설채권의 <u>상환기간은 10년 이내</u>로 하며, 그 이율은 지방자치조례로 정한다.

④ **적용법률**: 도시·군계획시설채권의 발행절차나 그 밖에 필요한 사항에 관하여 이 법에 특별한 규정이 있는 경우 외에는 「지방재정법」에서 정하는 바에 따른다.

## (4) 매수거부 및 지연시 개발행위 허가

매수 청구를 한 토지의 소유자는 매수의무자가 매수하지 아니하기로 결정한 경우 또는 매수 결정을 알린 날부터 2년이 지날 때까지 해당 토지를 매수하지 아니하는 경우 개발행위허가를 받아 다음의 건축물 또는 공작물을 <u>설치할 수 있다</u>.

> ① <u>단독주택</u>으로서 <u>3층 이하</u>인 것(다중주택, 다가구주택 제외)
> ② 제1종 근린생활시설로서 3층 이하인 것
> ③ 제2종 근린생활시설(다중생활시설, 단란주점, 안마시술소 및 <u>노래연습장은 제외</u>)로서 3층 이하인 것
> ④ 공작물

> **기출유형** 도시·군계획시설 부지의 매수 청구 시 매수의무자가 매수하지 아니하기로 결정한 날부터 1년이 경과하면 토지소유자는 해당 용도지역에서 허용되는 건축물을 건축할 수 있다.(×)

> **기출유형** 매수청구를 한 토지의 소유자는 매수의무자가 매수하지 아니하기로 결정한 경우에는 해당 토지를 매수하지 아니하는 경우에는 개발행위허가를 받아 3층 이하의 다세대주택을 설치할 수 있다.(×)

### 3. 도시 · 군계획시설결정의 해제권고 제23회, 제30회, 제35회

#### (1) 지방의회에 보고

① **보고 의무**: 특별시장 · 광역시장 · 특별자치시장 · 특별자치도지사 · 시장 또는 군수(지방자치단체의 장)는 도시 · 군계획시설결정이 고시된 도시 · 군계획시설(국토교통부장관이 결정 · 고시한 도시 · 군계획시설은 제외)을 설치할 필요성이 없어진 경우 또는 고시일부터 10년이 지날 때까지 그 사업이 시행되지 아니하는 경우에는 그 현황과 단계별 집행계획을 해당 지방의회에 보고하여야 한다.

② **해제 권고**: 보고를 받은 지방의회는 해당 지방자치단체의 장에게 도시 · 군계획시설결정의 해제를 권고할 수 있다.

#### (2) 해제 결정

지방자치단체의 장은 상위계획과의 연관성, 단계별 집행계획 등을 고려하여 해제할 수 없다고 인정하는 특별한 사유가 있는 경우를 제외하고는 해당 장기미집행 도시 · 군계획시설의 해제권고를 받은 날부터 <u>1년 이내</u>에 해제를 위한 도시 · 군관리계획을 <u>결정</u>하여야 한다.

#### (3) 도시 · 군계획시설결정의 해제 신청 등

① **해제 입안 신청**: 도시 · 군계획시설결정의 고시일부터 10년 이내에 그 사업이 시행되지 아니한 경우로서 단계별 집행계획상 해당 도시 · 군계획시설의 실효 시까지 집행계획이 없는 경우 그 도시 · 군계획시설 부지로 되어 있는 토지의 소유자는 <u>입안권자</u>에게 그 토지의 도시 · 군계획시설결정 해제를 위한 도시 · 군관리계획 입안을 <u>신청할 수 있다</u>. 이 경우 입안권자는 신청을 받은 날부터 <u>3개월 이내</u>에 입안 여부를 결정하여 토지 소유자에게 알려야 한다.

> 🏷️ **기출유형** 시설결정의 고시일부터 10년 이내에 시설사업이 시행되지 아니하는 경우 그 부지 내에 건물만을 소유한 자도 시설결정 해제를 위한 도시 · 군관리계획 입안을 신청할 수 있다.(×)

② **해제 결정 신청**: 입안 신청을 한 토지 소유자는 해당 도시 · 군계획시설결정의 해제를 위한 도시 · 군관리계획이 입안되지 아니하는 등 대통령령으로 정하는 사항에 해당하는 경우에는 <u>결정권자</u>에게 그 도시 · 군계획시설결정의 해제를 신청할 수 있다. 이 경우 결정권자는 신청을 받은 날부터 <u>2개월 이내</u>에 결정 여부를 정하여 토지 소유자에게 알려야 한다.

③ **해제 심사 신청**: 해제 신청을 한 토지소유자는 해당 도시 · 군계획시설 결정이 해제되지 아니하는 등 대통령령으로 정하는 경우에는 <u>국토교통부장관</u>에게 그 도시 · 군계획시설 결정의 해제심사를 신청할 수 있다. 해제신청을 받은 국토교통부장관은 중앙도시계획위원회의 심의를 거쳐 해당 도시 · 군계획시설에 대한 도시 · 군관리계획 결정권자에게 도시 · 군계획시설 결정의 <u>해제를 권고</u>할 수 있다.

#### (4) 실시계획의 실효

① 도시 · 군계획시설결정의 고시일부터 10년 이후에 실시계획을 작성하거나 인가(다른 법률에 따라 의제된 경우는 제외) 받은 도시 · 군계획시설사업의 시행자(장기미집행 도시 · 군계획시설사업의 시행자)가 실시계획 고시일부터 <u>5년</u> 이내에 「공익사업을 위한 토지 등의 취득 및 보상에 관한 법률」에 따른 재결신청을 하지 아니한 경우에는 실시계획 고시일부터 <u>5년이 지난 다음 날</u>에 그 실시계획은 효력을 잃는다.

② 장기미집행 도시 · 군계획시설사업의 시행자가 재결신청을 하지 아니하고 실시계획 고시일부터 5년이 지나기 전에 해당 도시 · 군계획시설사업에 필요한 <u>토지 면적의 3분의 2 이상을 소유</u>하거나 사용할 수 있는 권원을 확보하고 실시계획 고시일부터 <u>7년 이내</u>에 재결신청을 하지 아니한 경우 실시계획 고시일부터 <u>7년이 지난 다음 날</u>에 그 실시계획은 효력을 잃는다.

③ 장기미집행 도시·군계획시설사업의 시행자가 재결신청 없이 도시·군계획시설사업에 필요한 모든 토지·건축물 또는 그 토지에 정착된 물건을 소유하거나 사용할 수 있는 권원을 확보한 경우 그 실시계획은 효력을 유지한다.

### (5) 도시·군계획시설결정의 실효

① **실효사유**: 도시·군계획시설결정이 고시된 도시·군계획시설에 대하여 그 고시일부터 20년이 지날 때까지 그 시설의 설치에 관한 도시·군계획시설사업이 시행되지 아니하는 경우 그 도시·군계획시설결정은 그 고시일부터 <u>20년이 되는 날의 다음 날</u>에 그 효력을 잃는다.

> **기출유형** 도시·군계획시설결정은 고시일부터 10년 이내에 도시·군계획시설사업이 시행되지 아니하는 경우 그 고시일부터 10년이 되는 날의 다음 날에 그 효력을 잃는다.(×)

② **실효고시**: 국토교통부장관, 시·도지사 또는 대도시 시장(시장·군수×)은 도시·군계획시설결정이 효력을 잃으면 대통령령으로 정하는 바에 따라 지체 없이 그 사실을 고시하여야 한다.

## 4. 비용 제21회, 제22회, 제24회

### (1) 시행자 부담(원칙)

광역도시계획 및 도시·군계획의 수립과 도시·군계획시설사업에 관한 비용은 이 법 또는 다른 법률에 특별한 규정이 있는 경우 외에는 국가가 하는 경우에는 국가예산에서, 지방자치단체가 하는 경우에는 해당 지방자치단체가, 행정청이 아닌 자가 하는 경우에는 그 자가 부담함을 원칙으로 한다.

### (2) 수익자 부담(예외) – 부담을 주는 자는 행정청에 한함

① <u>국토교통부장관이나 시·도지사는</u> 그가 시행한 도시·군계획시설사업으로 현저히 이익을 받는 시·도, 시 또는 군이 있으면 사업 비용의 일부를 그 이익을 받는 시·도, 시 또는 군에 <u>부담시킬 수 있다.</u> 다만, 부담하는 비용의 총액은 그 사업에 소요된 비용의 50%를 넘지 못한다. 이 경우 소요 비용에는 조사·측량비, 설계비 및 관리비를 포함하지 아니한다.

② <u>시장이나 군수는</u> 그가 시행한 도시·군계획시설사업으로 현저히 이익을 받는 다른 지방자치단체가 있으면 사업 비용의 일부를 그 이익을 받는 다른 지방자치단체와 협의하여 그 지방자치단체에 <u>부담시킬 수 있다.</u> 다만, 협의가 성립되지 아니하는 경우 다른 지방자치단체가 같은 도에 속할 때에는 관할 도지사가 결정하는 바에 따르며, 다른 시·도에 속할 때에는 <u>행정안전부장관이 결정하는 바에 따른다.</u>

## ⑶ 보조 또는 융자

① 시·도지사, 시장 또는 군수가 수립하는 광역도시·군계획 또는 도시·군계획에 관한 <u>기초조사나 지형도면의 작성에 드는 비용</u>은 <u>80% 이하</u>의 범위로 정하는 바에 따라 그 비용의 전부 또는 일부를 국가예산에서 보조할 수 있다.

② <u>행정청이 시행</u>하는 도시·군계획시설사업에 드는 비용은 조사·측량비, 설계비 및 관리비를 제외한 공사비와 감정비를 포함한 보상비의 <u>50% 이하</u>로 정하는 바에 따라 그 비용의 전부 또는 일부를 국가예산에서 보조하거나 융자할 수 있다.

③ <u>행정청이 아닌 자가 시행</u>하는 도시·군계획시설사업에 드는 비용의 일부는 <u>3분의 1 이하</u>의 범위로 정하는 바에 따라 국가 또는 지방자치단체가 보조하거나 융자할 수 있다.

④ 도로·상하수도 등 기반시설이 인근지역에 비하여 부족한 지역, 광역도시계획에 반영된 광역시설이 설치되는 지역, 개발제한구역(<u>집단취락만 해당한다</u>)에서 해제된 지역, 도시·군계획시설결정의 고시일부터 10년이 지날 때까지 그 도시·군계획시설의 설치에 관한 도시·군계획시설사업이 시행되지 아니한 경우로서 해당 도시·군계획시설의 설치 필요성이 높은 지역은 국가 또는 지방자치단체가 우선지원할 수 있다.

# 개발행위허가

## 1. 허가대상 제23회, 제24회, 제25회, 제30회, 제33회, 제34회, 제35회

### (1) 허가권자 및 허가대상

다음에 해당하는 개발행위를 하려는 자는 특별시장·광역시장·특별자치시장·특별자치도지사·시장 또는 군수의 허가를 받아야 한다. 다만, 도시·군계획사업(도시·군계획시설사업, 도시개발사업, 정비사업)에 의한 행위는 그러하지 아니하다.

| 건축물의 건축 | 「건축법」에 따른 건축물의 건축 |
|---|---|
| 공작물의 설치 | 인공을 가하여 제작한 시설물의 설치<br>① 양식업을 하기 위하여 비닐하우스 안에 설치하는 양식장<br>② 자연환경보전지역 안에서의 농림어업용 비닐하우스 |
| 토지의 형질변경 | ① 절토(땅깎기)·성토(흙쌓기)·정지(땅고르기)·포장 등의 방법으로 토지의 형상을 변경하는 행위와 공유수면의 매립<br>② 경작을 위한 형질변경<br>  ㉠ 인접토지의 관개·배수 및 농작업에 영향을 미치는 경우<br>  ㉡ 지목의 변경을 수반하는 경우<br>  ㉢ 옹벽설치 또는 2m 이상의 절토 및 성토가 수반되는 행위 |
| 토석의 채취 | 흙·모래·자갈·바위 등의 토석을 채취하는 행위(토지의 형질변경을 목적으로 하는 것을 제외) |
| 토지 분할 | 다음에 해당하는 토지의 분할(「건축법」에 따른 건축물이 있는 대지는 제외)<br>① 녹지지역·관리지역·농림지역 및 자연환경보전지역 안에서 관계법령에 따른 허가·인가 등을 받지 아니하고 행하는 토지의 분할<br>② 「건축법」에 따른 분할제한면적 미만으로의 토지의 분할<br>③ 관계 법령에 의한 허가·인가 등을 받지 아니하고 행하는 너비 5m 이하로의 토지의 분할 |
| 물건을 쌓아놓는 행위 | 녹지지역·관리지역 또는 자연환경보전지역 안에서 건축물의 울타리 안(적법한 절차에 의하여 조성된 대지에 한함)에 위치하지 아니한 토지에 물건을 1월 이상 쌓아놓는 행위(주거·상업·공업·농림지역×) |

▶ **기출유형** 경작을 위한 경우라도 전·답 사이의 지목변경을 수반하는 토지의 형질변경은 허가를 받아야 한다.(×)
▶ **기출유형** 농림지역 안에서 건축물의 울타리 안에 위치하지 아니한 토지에 물건을 1월 이상 쌓아놓는 행위는 허가를 받아야 한다.(×)

## (2) 변경허가

개발행위허가를 받은 사항을 변경하는 경우에도 허가를 받아야 한다(경미한 사항을 변경한 때에는 지체 없이 그 사실을 허가권자에게 통지). 다만, 다음에 해당하는 경미한 사항을 변경하는 경우에는 그러하지 아니하다.

> ① 사업기간을 단축하는 경우
> ② 부지면적 또는 건축물 연면적을 5% 범위에서 축소(공작물의 무게, 부피 또는 수평투영면적을 5% 범위에서 축소하는 경우를 포함)하는 경우

## (3) 개발허가의 예외

다음에 해당하는 행위는 개발행위허가를 받지 아니하고 할 수 있다.

① 재해복구나 재난수습을 위한 응급조치. 다만, 응급조치를 한 경우에는 1개월 이내에 특별시장·광역시장·특별자치시장·특별자치도지사·시장 또는 군수에게 신고하여야 한다.

> **기출유형** 허가를 받은 건축물의 연면적을 5퍼센트 범위에서 축소하려는 경우에는 허가권자에게 미리 신고하여야 한다.(×)

> **비교** 도시개발법과 정비법은 신고규정×

② 「건축법」에 따라 신고하고 설치할 수 있는 건축물의 개축·증축 또는 재축과 이에 필요한 범위에서의 토지의 형질 변경(도시·군계획시설사업이 시행되지 아니하고 있는 도시·군계획시설의 부지인 경우만 해당)

③ 그 밖에 대통령령으로 정하는 경미한 행위

| 건축물의 건축 | 「건축법」에 따른 건축허가 또는 건축신고 및 가설건축물의 건축허가 또는 축조신고 대상에 해당하지 아니하는 건축물의 건축 |
|---|---|
| 공작물의 설치 | ㉠ 도시지역 또는 지구단위계획구역에서 무게가 50t 이하, 부피가 $50m^3$ 이하, 수평투영면적이 $50m^2$ 이하인 공작물의 설치<br>㉡ 도시지역·자연환경보전지역 및 지구단위계획구역외의 지역에서 무게가 150톤 이하, 부피가 $150m^3$ 이하, 수평투영면적이 $150m^2$ 이하인 공작물의 설치<br>㉢ 녹지지역·관리지역 또는 농림지역 안에서의 농림어업용 비닐하우스(양식업을 하기 위하여 비닐하우스 안에 설치하는 양식장은 제외)의 설치 |
| 토지의 형질변경 | ㉠ 높이 50cm 이내 또는 깊이 50cm 이내의 절토·성토·정지 등(포장은 제외)<br>㉡ 경작을 위한 경우(지목의 변경이 전·답 사이의 변경 포함)<br>㉢ 조성이 완료된 기존 대지에 건축물이나 그 밖의 공작물을 설치하기 위한 토지의 형질변경(절토 및 성토는 제외)<br>㉣ 국가 또는 지방자치단체가 공익상의 필요에 의하여 직접 시행하는 사업을 위한 토지의 형질변경 |
| 토석의 채취 | ㉠ 도시지역 또는 지구단위계획구역에서 채취면적이 $25m^2$ 이하인 토지에서의 부피 $50m^3$ 이하의 토석채취<br>㉡ 도시지역·자연환경보전지역 및 지구단위계획구역 외의 지역에서 채취면적이 $250m^2$ 이하인 토지에서의 부피 $500m^3$ 이하의 토석채취 |

| | |
|---|---|
| 토지 분할 | ㉠ 「사도법」에 의한 사도개설허가를 받은 토지의 분할<br>㉡ 토지의 일부를 국유지 또는 공유지로 하거나 공공시설로 사용하기 위한 토지의 분할<br>㉢ 행정재산 중 용도폐지되는 부분의 분할 또는 일반재산을 매각·교환 또는 양여하기 위한 분할<br>㉣ 토지의 일부가 도시·군계획시설로 지형도면고시가 된 당해 토지의 분할<br>㉤ 너비 5m 이하로 이미 분할된 토지의 「건축법」에 따른 분할제한면적 이상으로의 분할 양여하기 위한 분할 |
| 물건 쌓기 | ㉠ 녹지지역 또는 지구단위계획구역에서 물건을 쌓아놓는 면적이 $25m^2$ 이하인 토지에 전체무게 50톤 이하, 전체부피 $50m^3$ 이하로 물건을 쌓아놓는 행위<br>㉡ 관리지역(지구단위계획구역으로 지정된 지역을 제외한다)에서 물건을 쌓아놓는 면적이 $250m^2$ 이하인 토지에 전체무게 500톤 이하, 전체부피 $500m^3$ 이하로 물건을 쌓아놓는 행위 |

**기출유형** 도시지역에서 채취면적이 $25m^2$ 이하인 토지에서의 부피 $50m^3$ 이하의 토석채취는 허가를 받아야 한다.(×)

**암기** 숫자 5가 있으면 허가×

## 2. 개발행위허가의 절차 제33회, 제34회, 제35회

### (1) 신청서 제출

개발행위를 하려는 자는 그 개발행위에 따른 기반시설의 설치나 그에 필요한 용지의 확보, 위해(危害) 방지, 환경오염 방지, 경관·조경 등에 관한 계획서를 첨부한 신청서를 개발행위허가권자에게 제출하여야 한다. 다만, 개발밀도관리구역 안에서는 기반시설의 설치나 그에 필요한 용지의 확보에 관한 계획서를 제출하지 아니한다.

### (2) 개발행위허가 기준

① **허가기준**: 특별시장·광역시장·특별자치시장·특별자치도지사·시장 또는 군수는 개발행위허가의 신청 내용이 다음의 기준에 맞는 경우에만 허가 또는 변경허가를 하여야 한다.

> ㉠ 다음에 해당하는 개발행위의 규모(토지의 형질변경면적을 말함)에 적합할 것. 이 경우 개발행위허가의 대상인 토지가 2 이상의 용도지역에 걸치는 때에는 각각의 용도지역의 개발행위의 규모에 관한 규정을 적용한다. 다만, 개발행위허가의 대상인 토지의 총면적이 해당 토지가 걸쳐 있는 용도지역 중 개발행위의 규모가 가장 큰 용도지역의 개발행위의 규모를 초과하여서는 아니 된다.
>
> | | |
> |---|---|
> | 주거지역, 상업지역, 자연녹지지역 및 생산녹지지역 | $1만m^2$ 미만 |
> | 공업지역, 관리지역 및 농림지역 | $3만m^2$ 미만 |
> | 보전녹지지역 및 자연환경보전지역 | $5천m^2$ 미만 |
>
> ㉡ 도시·군관리계획 및 성장관리계획의 내용에 어긋나지 아니할 것
> ㉢ 도시·군계획사업의 시행에 지장이 없을 것
> ㉣ 주변지역의 토지이용실태 또는 토지이용계획, 건축물의 높이, 토지의 경사도, 수목의 상태, 물의 배수, 하천·호소·습지의 배수 등 주변환경이나 경관과 조화를 이룰 것
> ㉤ 해당 개발행위에 따른 기반시설의 설치나 그에 필요한 용지의 확보계획이 적절할 것

② **허가기준의 구분**: 허가의 기준은 지역의 특성, 지역의 개발상황, 기반시설의 현황 등을 고려하여 다음의 구분에 따라 대통령령으로 정한다.

| | |
|---|---|
| 시가화 용도 | 용도지역의 제한에 따라 허가기준을 적용하는 주거지역, 상업지역 및 공업지역 |
| 유보 용도 | 도시계획위원회의 심의를 통하여 허가기준을 강화 또는 완화하여 적용할 수 있는 계획관리지역, 생산관리지역 및 자연녹지지역 |
| 보전 용도 | 도시계획위원회의 심의를 통하여 허가기준을 강화하여 적용할 수 있는 보전관리지역, 농림지역, 자연환경보전지역, 생산녹지지역 및 보전녹지지역 |

### (3) 의견청취

① 특별시장·광역시장·특별자치시장·특별자치도지사·시장 또는 군수는 개발행위허가 또는 변경허가를 하려면 그 개발행위가 도시·군계획사업의 시행에 지장을 주는지에 관하여 해당 지역에서 시행되는 도시·군계획사업의 시행자의 의견을 들어야 한다.

② 특별시장·광역시장·특별자치시장·특별자치도지사·시장 또는 군수는 공공시설의 귀속에 관한 사항이 포함된 개발행위허가를 하려면 미리 해당 공공시설이 속한 관리청의 의견을 들어야 한다.

### (4) 협의·심의

① 관계 행정기관의 장은 대통령령으로 정하는 행위를 허가 또는 변경허가를 하거나 다른 법률에 따라 인가·허가·승인 또는 협의를 하려면 대통령령으로 정하는 바에 따라 중앙도시계획위원회나 지방도시계획위원회의 심의를 거쳐야 한다.

② **도시계획위원회의 심의 예외**

> ㉠ 지구단위계획 또는 성장관리계획을 수립한 지역에서 하는 개발행위
> ㉡ 「농어촌정비법」 농어촌정비사업 중 대통령령으로 정하는 사업을 위한 개발행위
> ㉢ 「도시교통정비 촉진법」에 따라 교통영향평가에 대한 검토를 받은 개발행위
> ㉣ 「환경영향평가법」에 따라 환경영향평가를 받은 개발행위
> ㉤ 「산림자원의 조성 및 관리에 관한 법률」에 따른 산림사업을 위한 개발행위
> ㉥ 「사방사업법」에 따른 사방사업을 위한 개발행위
> ㉦ 도시계획위원회의 심의를 받는 구역에서 하는 개발행위
> ㉧ 주거지역·상업지역·공업지역에서 시행하는 개발행위 중 특별시·광역시·특별자치시·특별자치도·시 또는 군의 조례로 정하는 규모·위치 등에 해당하지 아니하는 개발행위

**암기** 지성농이 교환에게 산사 재심의를 심의 없이 시켰다.

### (5) 허가 또는 불허가

① **의의**: 특별시장·광역시장·특별자치시장·특별자치도지사·시장 또는 군수는 개발행위허가의 신청에 대하여 특별한 사유가 없으면 15일 이내(도시계획위원회의 심의 또는 기타 협의 기간을 제외)에 허가 또는 불허가의 처분을 하여야 한다.

**기출유형** 허가의 신청이 있는 경우 특별한 사유가 없으면 도시계획위원회의 심의 또는 기타 협의 기간을 포함하여 15일 이내에 허가 또는 불허가의 처분을 하여야 한다.(×)

② **통보**: 특별시장·광역시장·특별자치시장·특별자치도지사·시장 또는 군수는 허가 또는 불허가의 처분을 할 때에는 지체 없이 그 신청인에게 허가내용이나 불허가처분의 사유를 서면 또는 국토이용정보체계를 통하여 알려야 한다.

③ **허가의 효과**: 개발행위허가 또는 변경허가를 할 때에 특별시장·광역시장·특별자치시장·특별자치도지사·시장 또는 군수가 그 개발행위에 대한 다른 법률에 따른 인가·허가·승인 또는 심사 등에 관하여 미리 관계 행정기관의 장과 협의한 사항에 대하여는 그 인·허가 등을 받은 것으로 본다(「건축법」에 따른 건축허가는 의제×).

### (6) 조건부허가

특별시장·광역시장·특별자치시장·특별자치도지사·시장 또는 군수는 그 개발행위에 따른 기반시설의 설치 또는 그에 필요한 용지의 확보, 위해 방지, 환경오염 방지, 경관·조경 등에 관한 조치를 할 것을 <u>조건</u>으로 개발행위허가를 할 수 있다. 이 경우 미리 개발행위허가를 <u>신청한 자의 의견을 들어야 한다</u>.

### (7) 이행보증금 등

① **원상회복명령**(서면통지): 특별시장·광역시장·특별자치시장·특별자치도지사·시장 또는 군수는 개발행위허가를 받지 아니하고 개발행위를 하거나 허가내용과 다르게 개발행위를 하는 자에게는 그 토지의 원상회복을 명할 수 있다.

② **이행보증금 예치**

　㉠ 특별시장·광역시장·특별자치시장·특별자치도지사·시장 또는 군수는 다음의 경우에는 이행을 보증하기 위하여 개발행위허가를 받는 자로 하여금 <u>이행보증금을 예치하게 할 수 있다</u>.

> ⓐ 토지의 굴착으로 인하여 인근의 토지가 붕괴될 우려가 있거나 인근의 건축물이나 공작물이 손괴될 우려가 있는 경우
> ⓑ 토지의 형질변경이나 토석의 채취가 완료된 후 비탈면에 조경을 할 필요가 있는 경우
> ⓒ 토석의 발파로 인한 낙석·먼지 등에 의하여 인근지역에 피해가 발생할 우려가 있는 경우
> ⓓ 토석을 운반하는 차량의 통행으로 인하여 통행로 주변의 환경이 오염될 우려가 있는 경우
> ⓔ 건축물의 건축 또는 공작물의 설치, 토지의 형질 변경 및 토석의 채취로 인하여 도로·수도 공급설비·하수도 등 기반시설의 설치가 필요한 경우

> **기출유형** 환경오염 방지, 위해 방지 등을 위하여 필요한 경우 지방자치단체가 시행하는 개발행위에 대하여 이행보증금을 예치하게 할 수 있다.(×)

　㉡ 다음에 해당하는 경우에는 <u>이행보증금을 예치하지 아니한다</u>.

> ⓐ 국가나 지방자치단체가 시행하는 개발행위
> ⓑ 대통령령으로 정하는 공공기관이 시행하는 개발행위
> ⓒ 그 밖에 해당 지방자치단체의 조례로 정하는 공공단체가 시행하는 개발행위

　㉢ 이행보증금의 예치금액은 <u>총공사비의 20% 이내</u>가 되도록 하고, 현금으로 납입하되 이행보증서 등으로 갈음할 수 있다.

　㉣ 이행보증금은 준공검사를 받은 때에는 즉시 이를 반환하여야 한다.

③ **행정대집행**: 특별시장·광역시장·특별자치시장·특별자치도지사·시장 또는 군수는 원상회복의 명령을 받은 자가 원상회복을 하지 아니하면 개발행위허가를 받은 자가 예치한 이행보증금을 사용하여 「행정대집행법」에 따른 행정대집행에 따라 원상회복을 할 수 있다. 이 경우 잔액이 있는 때에는 즉시 이를 이행보증금의 예치자에게 반환하여야 한다.

④ **벌칙**: 개발행위허가 또는 변경허가를 받지 아니하거나, 속임수나 그 밖의 부정한 방법으로 허가 또는 변경허가를 받아 개발행위를 한 자는 3년 이하의 징역 또는 3천만원 이하의 벌금에 처한다.

**(8) 준공검사** 제33회

<u>건축물의 건축 또는 공작물의 설치, 토지의 형질 변경 및 토석의 채취 행위에 대한 허가를 받은 자는</u> 그 개발행위를 마치면 특별시장·광역시장·특별자치시장·특별자치도지사·시장 또는 군수의 <u>준공 검사</u>를 받아야 한다. 다만, 「건축법」에 따른 건축물의 사용승인을 받은 경우에는 그러하지 아니하다.

✔ key point  물건쌓기×, 토지분할×

▰ 기출유형  토지 분할에 대해 개발행위허가를 받은 자가 그 개발행위를 마치면 관할 행정청의 준공검사를 받아야 한다.(×)

## 3. 개발행위허가의 제한 제21회, 제33회, 제34회, 제35회

### (1) 대상지역 및 제한기간

국토교통부장관, 시·도지사, 시장 또는 군수는 다음에 해당되는 지역으로서 도시·군관리계획상 특히 필요하다고 인정되는 지역에 대해서는 <u>중앙도시계획위원회나 지방도시계획위원회의 심의를 거쳐 한 차례만 3년 이내의 기간 동안 개발행위허가를 제한</u>할 수 있다. 다만, <u>③부터 ⑤까지에 해당하는 지역에 대해서는 도시계획위원회의 심의를 거치지 아니하고 한 차례만 2년 이내의 기간 동안 개발행위허가의 제한을 연장할 수 있다.</u>

> ① 녹지지역이나 계획관리지역으로서 수목이 집단적으로 자라고 있거나 조수류 등이 집단적으로 서식하고 있는 지역 또는 우량 농지 등으로 보전할 필요가 있는 지역
> ② 개발행위로 인하여 주변의 환경·경관·미관 및 국가유산 등이 크게 오염되거나 손상될 우려가 있는 지역
> ③ 도시·군기본계획이나 도시·군관리계획을 수립하고 있는 지역으로서 그 도시·군기본계획이나 도시·군관리계획이 결정될 경우 용도지역·용도지구 또는 용도구역의 변경이 예상되고 그에 따라 개발행위허가의 기준이 크게 달라질 것으로 예상되는 지역
> ④ 지구단위계획구역으로 지정된 지역
> ⑤ 기반시설부담구역으로 지정된 지역

▰ 기출유형  개발밀도관리구역으로 지정된 지역은 개발행위제한 대상에 해당한다.(×)

▰ 기출유형  지구단위계획구역으로 지정된 지역은 개발행위 제한시 심의를 거쳐 2년을 연장할 수 있다.(×)

### (2) 제한절차

① **심의 전 의견청취**: 개발행위허가를 제한하려는 자가 국토교통부장관 또는 시·도지사인 경우에는 도시계획위원회의 심의 전에 미리 제한하려는 지역을 관할하는 시장 또는 군수의 의견을 들어야 한다.

② **고시**: 국토교통부장관, 시·도지사, 시장 또는 군수는 해당 지역에서 개발행위를 제한할 사유가 없어진 경우에는 그 제한기간이 끝나기 전이라도 지체 없이 개발행위허가의 제한을 해제하고, 그 사실을 고시하여야 한다.

③ **해제의무**: 개발행위허가를 제한하기 위하여 개발행위허가 제한지역 등을 고시한 국토교통부장관, 시·도지사, 시장 또는 군수는 해당 지역에서 개발행위를 제한할 사유가 없어진 경우에는 <u>그 제한기간이 끝나기 전이라도 지체 없이</u> 개발행위허가의 제한을 해제하여야 한다. 이 경우 해제지역 및 해제시기를 고시하여야 한다.

## 4. 성장관리계획 제29회, 제31회, 제32회, 제33회, 제35회

① **의의**: 성장관리계획이란 성장관리계획구역에서의 난개발을 방지하고 계획적인 개발을 유도하기 위하여 수립하는 계획을 말한다.

② **지정권자**: 특별시장·광역시장·특별자치시장·특별자치도지사·시장 또는 군수는 전부 또는 일부에 대하여 성장관리계획구역을 지정할 수 있다.

③ **대상지역**: 성장관리계획구역을 지정할 수 있는 지역은 <u>녹지지역, 관리지역, 농림지역 및 자연환경보전지역</u>으로서 다음에 해당하는 지역으로 한다.

> ㉠ 개발수요가 많아 무질서한 개발이 진행되고 있거나 진행될 것으로 예상되는 지역
> ㉡ 주변의 토지이용이나 교통여건 변화 등으로 향후 시가화가 예상되는 지역
> ㉢ 주변지역과 연계하여 체계적인 관리가 필요한 지역
> ㉣ 「토지이용규제 기본법」에 따른 지역·지구 등의 변경으로 토지이용에 대한 행위제한이 완화되는 지역

**기출유형** 전용공업지역은 성장관리계획구역을 지정할 수 있는 지역에 해당한다.(×)

④ **내용**: 특별시장·광역시장·특별자치시장·특별자치도지사·시장 또는 군수는 성장관리계획구역을 지정할 때에는 다음의 사항 중 그 성장관리계획구역의 지정목적을 이루는 데 필요한 사항을 포함하여 성장관리계획을 수립하여야 한다.

> ㉠ 도로, 공원 등 기반시설의 배치와 규모에 관한 사항
> ㉡ 건축물의 용도제한, 건축물의 건폐율 또는 용적률
> ㉢ 건축물의 배치·형태·색채·높이(건축선×)
> ㉣ 환경관리계획 또는 경관계획

⑤ <u>**건폐율 완화**</u>: 성장관리계획구역에서는 다음의 구분에 따른 범위에서 성장관리계획으로 정하는 바에 따라 특별시·광역시·특별자치시·특별자치도·시 또는 군의 조례로 정하는 비율까지 건폐율을 완화하여 적용할 수 있다.

> ① 계획관리지역: 50% 이하
> ② 생산관리지역·농림지역 및 대통령령으로 정하는 녹지지역: 30% 이하(보전지역 제외)

**기출유형** 보전녹지지역은 성장관리계획으로 정하는 바에 따라 30%이하의 범위에서 건폐율을 완화하여 적용할 수 있다.(×)

⑥ **용적률 완화**: 성장관리계획구역 내 계획관리지역에서는 125% 이하의 범위에서 성장관리계획으로 정하는 바에 따라 특별시·광역시·특별자치시·특별자치도·시 또는 군의 조례로 정하는 비율까지 용적률을 완화하여 적용할 수 있다.

⑦ 성장관리계획구역에서 개발행위 또는 건축물의 용도변경을 하려면 그 성장관리계획에 맞게 하여야 한다.

⑧ 특별시장·광역시장·특별자치시장·특별자치도지사·시장 또는 군수는 공고를 한 때에는 성장관리계획구역안을 14일 이상 일반이 열람할 수 있도록 해야 한다.

## 5. 공공시설 등의 귀속 <sup>제32회, 제33회</sup>

① **개발행위허가를 받은 자가 행정청인 경우** 개발행위허가를 받은 자는 개발행위가 끝나 <u>준공검사를 마친 때</u>에는 해당 시설의 관리청에 공공시설의 종류와 토지의 <u>세목(細目)을 통지</u>하여야 하고, 개발행위허가를 받은 자가 행정청이 아닌 경우 개발행위가 끝나기 전에 그 시설의 관리청에 그 종류와 토지의 세목을 통지하여야 한다.

② **개발행위허가를 받은 자가 행정청인 경우는** 개발행위허가를 받은 자가 새로 공공시설을 설치하거나 기존의 공공시설에 대체되는 공공시설을 설치한 경우에는「국유재산법」과「공유재산 및 물품 관리법」에도 불구하고 <u>새로 설치된 공공시설</u>은 그 시설을 관리할 관리청에 <u>무상</u>으로 귀속되고, <u>종래의 공공시설</u>은 개발행위허가를 받은 자에게 <u>무상</u>으로 <u>귀속</u>된다(세목통지시).

③ **개발행위허가를 받은 자가 행정청이 아닌 경우는** 개발행위허가를 받은 자가 <u>새로 설치한 공공시설</u>은 그 시설을 관리할 관리청에 <u>무상으로 귀속</u>되고, <u>용도가 폐지되는 공공시설</u>은 새로 설치한 공공시설의 <u>설치비용에 상당하는 범위</u>에서 개발행위허가를 받은 자에게 무상으로 <u>양도</u>할 수 있다(준공검사끝날 때).

| 개발행위 받은 자 | 새로운 공공시설 | 종래(폐지) 공공시설 |
|---|---|---|
| 행정청 | 무상귀속 | 무상귀속 |
| 비행정청 | 무상귀속 | 설치비용에 상당한 범위 무상양도 |

> **기출유형** 개발행위허가를 받은 자가 행정청인 경우, 그가 기존의 공공시설에 대체되는 공공시설을 설치하면 기존의 공공시설은 대체되는 공공시설의 설치비용에 상당하는 범위 안에서 개발행위허가를 받은 자에게 무상으로 양도될 수 있다.(×)

④ 특별시장·광역시장·특별자치시장·특별자치도지사·시장 또는 군수는 공공시설의 귀속에 관한 사항이 포함된 개발행위허가를 하려면 미리 해당 공공시설이 속한 관리청의 의견을 들어야 한다.

⑤ <u>관리청이 불분명한 경우</u>에는 도로 등에 대하여는 국토교통부장관을, 하천에 대하여는 환경부장관을 관리청으로 보고, 그 외의 <u>재산에 대하여는 기획재정부장관</u>을 관리청으로 본다.

# 개발밀도관리구역 & 기반시설부담구역 & 보칙

**1. 개발밀도관리구역** 제32회, 제33회, 제34회, 제35회

(1) **의 의**

개발밀도관리구역이란 개발로 인하여 기반시설이 부족할 것으로 예상되나 기반시설을 설치하기 곤란한 지역을 대상으로 <u>건폐율이나 용적률을 강화</u>하여 적용하기 위하여 지정하는 구역을 말한다.

(2) **지정권자**

특별시장·광역시장·특별자치시장·특별자치도지사·시장 또는 군수는 <u>주거·상업 또는 공업지역</u>에서의 개발행위로 기반시설(도시·군계획시설 포함)의 처리·공급 또는 수용능력이 부족할 것으로 예상되는 지역 중 기반시설의 설치가 곤란한 지역을 개발밀도관리구역으로 <u>지정할 수 있다</u>.

> **기출유형** 수용능력이 부족할 것으로 예상되는 지역 중 기반시설의 설치가 곤란한 지역을 개발밀도관리구역으로 지정하여야 한다.(×)

(3) **지정기준 및 관리방법**

개발밀도관리구역의 지정<u>기준</u>, 관리 등에 관하여 필요한 사항은 다음을 종합적으로 고려하여 <u>국토교통부장관</u>이 정한다.

---

① 개발밀도관리구역은 다음에 해당하는 지역에 대하여 지정할 수 있도록 할 것
  ㉠ 해당 지역의 도로서비스 수준이 매우 낮아 차량통행이 현저하게 지체되는 지역
  ㉡ 해당 지역의 도로율이 국토교통부령이 정하는 용도지역별 도로율에 <u>20% 이상</u> 미달하는 지역
  ㉢ <u>향후 2년 이내</u>에 해당 지역의 수도에 대한 수요량이 수도시설의 시설용량을 초과할 것으로 예상되는 지역
  ㉣ 향후 2년 이내에 해당 지역의 하수발생량이 하수시설의 시설용량을 초과할 것으로 예상되는 지역
  ㉤ 향후 2년 이내에 해당 지역의 학생수가 학교수용능력을 20% 이상 초과할 것으로 예상되는 지역
② 개발밀도관리구역의 경계는 도로·하천 그 밖에 특색 있는 지형지물을 이용하거나 용도지역의 경계선을 따라 설정하는 등 경계선이 분명하게 구분되도록 할 것
③ 용적률의 강화범위는 기반시설의 부족정도를 감안하여 결정할 것
④ 개발밀도관리구역 안의 기반시설의 변화를 <u>주기적(즉시×)</u>으로 검토하여 용적률을 <u>강화 또는 완화</u>하거나 개발밀도관리구역을 해제하는 등 필요한 조치를 취하도록 할 것

---

### (4) 지정절차

① **심의**: 특별시장·광역시장·특별자치시장·특별자치도지사·시장 또는 군수는 개발밀도관리구역을 지정하거나 변경하려면 다음을 포함하여 해당 지방자치단체에 설치된 <u>지방도시계획위원회의 심의</u>를 거쳐야 한다(<u>주민의견청취×</u>).

> ㉠ 개발밀도관리구역의 명칭 또는 범위
> ㉡ 건폐율 또는 용적률의 강화 범위

**기출유형** 군수가 개발밀도관리구역을 지정하려면 지방도시계획위원회의 심의를 거쳐 도지사의 승인을 받아야 한다.(×)

**기출유형** 개발밀도관리구역으로 지정하는 경우에는 주민의 의견을 들어야 한다.(×)

② **고시**: 특별시장·광역시장·특별자치시장·특별자치도지사·시장 또는 군수는 개발밀도관리구역을 지정하거나 변경한 경우에는 그 사실을 해당 지방자치단체의 공보에 게재하여 고시하고, 그 내용을 인터넷 홈페이지에 게재하여야 한다.

### (5) 지정효과

특별시장·광역시장·특별자치시장·특별자치도지사·시장 또는 군수는 개발밀도관리구역에서는 건폐율 또는 용적률을 대통령령으로 정하는 범위(<u>용적률의 최대한도의 50%</u>)에서 <u>강화</u>하여 적용한다.

**기출유형** 개발밀도관리구역에서는 해당 용도지역에 적용되는 건폐율의 최대한도의 50퍼센트 범위에서 건폐율을 강화하여 적용한다.(×)

## 2. 기반시설부담구역 제22회, 제23회, 제24회, 제25회, 제26회, 제27회, 제29회, 제30회, 제32회. 제33회, 제34회, 제35회

### (1) 의 의

기반시설부담구역이란 <u>개발밀도관리구역 외의 지역</u>으로서 개발로 인하여 도로, 공원, 학교(<u>대학×</u>), 녹지 등 대통령령으로 정하는 다음의 기반시설의 설치가 필요한 지역을 대상으로 기반시설을 설치하거나 그에 필요한 용지를 확보하게 하기 위하여 지정·고시하는 구역을 말한다.

**기출유형** 기반시설부담구역은 개발밀도관리구역을 포함한 지역에서 지정된다.(×)

### (2) 지정권자

특별시장·광역시장·특별자치시장·특별자치도지사·시장 또는 군수는 다음에 해당하는 지역에 대하여는 기반시설부담구역으로 <u>지정하여야 한다</u>. 다만, 개발행위가 집중되어 해당 지역의 계획적 관리를 위하여 필요하다고 인정하면 다음에 해당하지 아니하는 경우라도 기반시설부담구역으로 지정할 수 있다. **암기** 개인 20%

> ① 이 법 또는 다른 법령의 제정·개정으로 인하여 행위 제한이 <u>완화</u>되거나 해제되는 지역
> ② 이 법 또는 다른 법령에 따라 지정된 용도지역 등이 변경되거나 해제되어 행위 제한이 완화되는 지역
> ③ 특별시장·광역시장·특별자치시장·특별자치도지사·시장 또는 군수가 기반시설의 설치가 필요하다고 인정하는 다음의 지역
> ㉠ 해당 지역의 전년도 개발행위허가 건수가 전전년도 개발행위허가 건수보다 <u>20% 이상</u> 증가한 지역
> ㉡ 해당 지역의 전년도 인구증가율이 그 지역이 속하는 특별시·광역시·특별자치시·특별자치도·시 또는 군의 전년도 인구증가율보다 <u>20% 이상</u> 높은 지역

### (3) 지정절차

① **주민의견청취 및 심의**: 특별시장·광역시장·특별자치시장·특별자치도지사·시장 또는 군수는 기반시설부담구역을 지정 또는 변경하려면 주민의 의견을 들어야 하며, 해당 지방자치단체에 설치된 지방도시계획위원회의 심의(승인×)를 거쳐야 한다.

② **고시**: 특별시장·광역시장·특별자치시장·특별자치도지사·시장 또는 군수는 기반시설부담구역을 지정하거나 변경하였으면 기반시설부담구역의 명칭·위치·면적 및 지정일자와 관계 도서의 열람방법을 해당 지방자치단체의 공보와 인터넷 홈페이지에 고시하여야 한다.

### (4) 지정기준

기반시설부담구역의 지정기준 등에 관하여 필요한 사항은 국토교통부장관이 정한다.

> ① 기반시설부담구역은 기반시설이 적절하게 배치될 수 있는 규모로서 최소 10만㎡ 이상의 규모가 되도록 지정할 것
> ② 소규모 개발행위가 연접하여 시행될 것으로 예상되는 지역의 경우에는 하나의 단위구역으로 묶어서 기반시설부담구역을 지정할 것
> ③ 기반시설부담구역의 경계는 도로, 하천, 그 밖의 특색 있는 지형지물을 이용하는 등 경계선이 분명하게 구분되도록 할 것

### (5) 기반시설설치계획

① **수립권자**: 특별시장·광역시장·특별자치시장·특별자치도지사·시장 또는 군수는 기반시설부담구역이 지정되면 다음의 내용을 포함하여 기반시설설치계획을 수립하여야 하며, 이를 도시·군관리계획에 반영하여야 한다.

> ㉠ 설치가 필요한 기반시설의 종류, 위치 및 규모
> ㉡ 기반시설의 설치 우선순위 및 단계별 설치계획 등

② **수립시 고려사항**

특별시장·광역시장·특별자치시장·특별자치도지사·시장 또는 군수는 기반시설설치계획을 수립할 때에는 다음의 사항을 종합적으로 고려하여야 한다.

> ㉠ 기반시설의 배치는 해당 기반시설부담구역의 토지이용계획 또는 앞으로 예상되는 개발수요를 감안하여 적절하게 정할 것
> ㉡ 기반시설의 설치시기는 재원조달계획, 시설별 우선순위, 사용자의 편의와 예상되는 개발행위의 완료시기 등을 감안하여 합리적으로 정할 것

③ **기반시설부담구역에 설치가 필요한 기반시설**

다음의 기반시설(해당 시설의 이용을 위하여 필요한 부대시설 및 편의시설을 포함한다)을 말한다.

> ㉠ 도로, 공원, 녹지
> ㉡ 학교(「고등교육법」에 따른 학교는 제외)
>   ❶ 「고등교육법」에 따른 학교: 대학
> ㉢ 수도, 하수도
> ㉣ 폐기물처리 및 재활용시설

## ⑹ 지정해제

기반시설부담구역의 지정·고시일부터 1년이 되는 날까지 기반시설설치계획을 수립하지 아니하면 <u>그 1년이 되는 날의 다음 날에 기반시설부담구역의 지정은 해제된 것으로 본다.</u>

> **기출유형** 기반시설부담구역의 지정·고시일부터 2년이 되는 날까지 기반시설설치계획을 수립하지 아니하면 그 2년이 되는 날의 다음날에 기반시설부담구역의 지정은 해제된 것으로 본다.(×)

## ⑺ 기반시설설치비용의 부과 및 납부

① **부과대상** : 기반시설부담구역에서 기반시설설치비용의 부과대상인 건축행위는 <u>$200m^2$(기존 건축물의 연면적 포함)를 초과</u>하는 건축물의 신축·증축 행위로 한다. 다만, 기존 건축물을 철거하고 신축하는 경우에는 기존 건축물의 연면적을 초과하는 건축행위만 부과대상으로 한다.

> **기출유형** 기반시설부담구역에서 기반시설설치비용의 부과대상인 건축행위는 $200m^2$인 건축물의 신축·증축 행위로 한다.(×)

② **납부의무자** : 기반시설부담구역에서 기반시설설치비용의 부과대상인 <u>건축행위를 하는 자</u>(건축행위의 위탁·도급자, 임차인, 지위의 승계한 자)는 기반시설설치비용을 내야 한다.

> ☑ **key point** 국민임대주택×

③ **부과 및 납부기한** : 특별시장·광역시장·특별자치시장·특별자치도지사·시장 또는 군수는 납부의무자가 국가나 지방자치단체로부터 건축허가를 받은 날부터 <u>2개월 이내에 기반시설설치비용을 부과</u>하여야 하고, 납부의무자는 <u>사용승인 신청 시까지</u> 이를 내야 한다.

④ **사전 통지** : 특별시장·광역시장·특별자치시장·특별자치도지사·시장 또는 군수는 기반시설설치비용을 부과하려면 부과기준시점부터 30일 이내에 납부의무자에게 적용되는 부과기준 및 부과될 기반시설설치비용을 미리 알려야 한다.

⑤ **납부방법** : 기반시설설치비용은 현금, 신용카드 또는 직불카드로 납부하도록 하되, 부과대상 토지 및 이와 비슷한 <u>토지로 하는 납부(물납)</u>를 인정할 수 있다. 이 경우 물납을 신청할 수 있는 토지의 가액은 해당 기반시설설치비용의 부과액을 초과할 수 없다.

> **기출유형** 기반시설설치비용은 부과대상 토지 및 이와 비슷한 토지로 하는 납부는 인정할 수 없다.(×)

⑥ **강제징수** : 특별시장·광역시장·특별자치시장·특별자치도지사·시장 또는 군수는 납부의무자가 기반시설설치비용을 내지 아니하는 경우에는 「지방행정제재·부과금의 징수 등에 관한 법률」에 따라 징수할 수 있다.

⑦ **특별회계설치** : 특별시장·광역시장·특별자치시장·특별자치도지사·시장 또는 군수는 기반시설설치비용의 관리 및 운용을 위하여 기반시설부담구역별로 특별회계를 설치하여야 하며, 그에 필요한 사항은 지방자치단체의 조례로 정한다.

### (8) 기반시설유발계수

| 0.7 | 단독주택, 공동주택, 노유자시설, 운동시설, 교육연구시설, 수련시설, 업무시설, 묘지관련시설, 장례시설 |
|---|---|
| 0.9 | 의료시설 |
| 1.0 | 숙박시설 |
| 1.3 | 제1종 근린생활시설, 판매시설 |
| 1.4 | 문화 및 집회시설, 종교시설, 운수시설 |
| 1.6 | 제2종 근린생활시설 |
| 1.9 | 관광휴게시설 |
| 2.1 | 위락시설 |

**기출유형** 의료시설과 교육연구시설의 기반시설유발계수는 같다.(×)

**암기** 주택, 노, 운, 교, 수, 업, 죽음: 행운(7)바람

## 3. 청 문

국토교통부장관, 시·도지사, <u>시장·군수 또는 구청장</u>은 다음에 해당하는 처분을 하려면 <u>청문</u>을 하여야 한다.

① 개발행위허가의 취소
② 도시·군계획시설사업의 시행자 지정의 취소
③ 실시계획인가의 취소

**기출유형** 개발행위허가와 실시계획인가의 처분을 하려면 청문을 하여야 한다.(×)

### ■ 실효의 비교: 다음 날

| 구 분 | 기 간 | 이 유 |
|---|---|---|
| 시가화조정구역 | 5-20년 | 유보기간 만료(실효) |
| 도시·군계획시설 | 20년 | 도시·군계획시설사업 시행×(실효) |
| 지구단위계획 | 3년 | 지구단위계획결정·고시×(실효) |
| 지구단위계획(주민제안) | 5년 | 사업·공사착수×(실효) |
| 기반시설부담구역 | 1년 | 기반시설설치계획 수립×(해제) |

## 4. 도시계획위원회 제33회, 제34회

중앙도시계획위원회(국토교통부), 지방도시계획위원회(시·도, 시·군·구)로 구분하고, 분과위원회의 심의는 중앙도시계획위원회의 심의로 본다. 다만, 중앙도시계획위원회에서 위임하는 사항의 경우에는 <u>중앙도시계획위원회가 분과위원회의 심의를 중앙도시계획위원회의 심의로 보도록 하는 경우만 해당</u>한다.

## (1) 공통점

① 도시계획위원회는 위원장·부위원장 각 1명을 포함한 25명 이상 30명 이하의 위원으로 구성한다.

② 도시계획위원의 임기는 2년으로 한다.

③ 도시계획위원회 회의는 재적위원 과반수의 출석으로 개의하고, 출석위원 과반수의 찬성으로 의결한다.

④ 도시계획위원회는 분과위원회를 둘 수 있다.

⑤ 회의록은 1년의 범위에서 대통령령으로 정하는 기간이 지난 후에는 공개 요청이 있는 경우 대통령령으로 정하는 바에 따라 공개하여야 한다.

**기출유형** 중앙도시계획위원회 회의록의 공개는 열람하는 방법으로 하며 사본을 제공할 수는 없다.(×)

## (2) 차이점

중앙도시계획위원회의 위원장과 부위원장은 위원 중에서 국토교통부장관이 임명하거나 위촉하지만 시·도도시계획위원회의 위원장은 위원 중에서 해당 시·도지사가 임명 또는 위촉하며, 부위원장은 위원 중에서 호선한다.

## 5. 시범도시

### (1) 시범도시의 지정권자 및 지정분야

국토교통부장관은 도시의 경제·사회·문화적인 특성을 살려 개성 있고 지속가능한 발전을 촉진하기 위하여 필요하면 직접 또는 관계 중앙행정기관의 장이나 시·도지사의 요청에 의하여 경관, 생태, 정보통신, 과학, 문화, 관광, 그 밖에 대통령령으로 정하는 분야(교육·안전·교통 및 도시정비)별로 시범도시(시범지구나 시범단지를 포함)를 지정할 수 있다.

### (2) 시범도시의 공모

국토교통부장관은 직접 시범도시를 지정함에 있어서 필요한 경우에는 국토교통부령이 정하는 바에 따라 그 대상이 되는 도시를 공모할 수 있다. 이 경우 공모에 응모할 수 있는 자는 특별시장·광역시장·특별자치시장·특별자치도지사·시장·군수 또는 구청장으로 한다.

### (3) 시범도시사업계획의 수립

시범도시를 관할하는 특별시장·광역시장·특별자치시장·특별자치도지사·시장·군수 또는 구청장은 시범도시사업의 시행에 관한 계획인 시범도시사업계획을 수립·시행하여야 한다.

### (4) 시범도시의 지원기준

국토교통부장관, 관계 중앙행정기관의 장 또는 시·도지사는 시범도시에 대하여 다음의 범위에서 보조 또는 융자를 할 수 있다. 관계 중앙행정기관의 장 또는 시·도지사는 시범도시에 대하여 예산·인력 등을 지원한 때에는 그 지원내역을 국토교통부장관에게 통보하여야 한다.

① 시범도시사업계획의 수립에 소요되는 비용의 80% 이하
② 시범도시사업의 시행에 소요되는 비용(보상비는 제외)의 50% 이하

# 건축법

# 총칙 & 건축행위 등

## 01 총칙

### 1. 용어정의 제20회, 제23회, 제24회, 제26회, 제27회, 제28회, 제29회, 제30회, 제31회, 제32회

| | |
|---|---|
| 지하층 | 건축물의 바닥이 지표면 아래에 있는 층으로서 바닥에서 지표면까지 평균높이가 해당 층 높이의 2분의 1 이상인 것<br>**기출유형** 지하층이란 건축물의 바닥이 지표면 아래에 있는 층으로서 바닥에서 지표면까지 평균높이가 해당 층 높이의 3분의 1 이상인 것을 말한다.(×) |
| 거 실 | 건축물 안에서 거주, 집무, 작업, 집회, 오락, 그 밖에 이와 유사한 목적을 위하여 사용되는 방 |
| 주요구조부 | 내력벽, 기둥, 바닥, 보, 지붕틀 및 주계단. 다만, 사이 기둥, 최하층 바닥, 작은 보, 차양, 옥외 계단, 그 밖에 이와 유사한 것으로 건축물의 구조상 중요하지 아니한 부분은 제외<br>**기출유형** 사이 기둥, 최하층 바닥은 주요구조부에 해당한다.(×) |
| 리모델링 | 건축물의 노후화를 억제하거나 기능 향상 등을 위하여 대수선하거나 건축물의 일부를 증축 또는 개축하는 행위 |
| 설계도서 | 건축물의 건축등에 관한 공사용 도면, 구조 계산서, 시방서(示方書), 그 밖에 국토교통부령으로 정하는 공사에 필요한 서류<br>**기출유형** 구조 계산서는 설계도서에 해당하지만 시방서는 설계도서에 해당하지 않는다.(×) |
| 공사감리자 | 자기의 책임(보조자의 도움을 받는 경우 포함)으로 이 법으로 정하는 바에 따라 건축물, 건축설비 또는 공작물이 설계도서의 내용대로 시공되는지를 확인하고, 품질관리·공사관리·안전관리 등에 대하여 지도·감독하는 자 |
| 고층건축물 | 층수가 30층 이상이거나 높이가 120m 이상인 건축물 |
| 초고층건축물 | 층수가 50층 이상이거나 높이가 200m 이상인 건축물<br>**기출유형** 층수가 50층 이상이고 높이가 200m 이상인 건축물을 초고층건축물이라고 한다.(×) |
| 준초고층건축물 | 고층건축물 중 초고층건축물이 아닌 것 |
| 부속구조물 | 건축물의 안전·기능·환경 등을 향상시키기 위하여 건축물에 추가적으로 설치하는 환기시설물 등 |
| 부속건축물 | 같은 대지에서 주된 건축물과 분리된 부속용도의 건축물로서 주된 건축물을 이용 또는 관리하는 데에 필요한 건축물<br>**기출유형** 같은 대지에서 주된 건축물과 분리되지 않은 부속용도의 건축물을 부속건축물이라 한다.(×) |
| 부속용도 | 건축물의 주된 용도의 기능에 필수적인 용도로서 다음에 해당하는 용도<br>① 건축물의 설비, 대피, 위생, 그 밖에 이와 비슷한 시설의 용도<br>② 사무, 작업, 집회, 물품저장, 주차, 그 밖에 이와 비슷한 시설의 용도<br>③ 구내식당·직장어린이집·구내운동시설 등 종업원 후생복리시설, 구내소각시설, 그 밖에 이와 비슷한 시설의 용도 |

| 특별건축구역 | 조화롭고 창의적인 건축물의 건축을 통하여 도시경관의 창출, 건설기술 수준향상 및 건축 관련 제도개선을 도모하기 위하여 이 법 또는 관계 법령에 따라 일부 규정을 적용하지 아니하거나 <u>완화 또는 통합</u>하여 적용할 수 있도록 특별히 지정하는 구역 |
|---|---|
| 결합건축 | 용적률을 개별 대지마다 적용하지 아니하고, 2개 이상의 대지를 대상으로 통합 적용하여 건축물을 건축하는 것(<u>빌려주는 것</u>) |
| 건축협정 | 토지 또는 건축물의 소유자(공유자 포함), 지상권자 등 대통령령으로 정하는 자는 전원의 합의로 지역 또는 구역에서 건축물의 건축·대수선 또는 리모델링에 관한 협정을 체결할 수 있다(<u>건물을 하나로 통합</u>). |
| 내화구조 | 화재에 견딜 수 있는 성능을 가진 구조로서 국토교통부령으로 정하는 기준에 적합한 구조 |
| 불연재료 | 불에 타지 아니하는 성질을 가진 재료로서 국토교통부령으로 정하는 기준에 적합한 재료 |
| 발코니 | <u>건축물의 내부와 외부를 연결하는 완충공간</u>으로서 전망이나 휴식 등의 목적으로 건축물 외벽에 접하여 부가적으로 설치되는 공간. 이 경우 주택에 설치되는 발코니로서 국토교통부장관이 정하는 기준에 적합한 발코니는 필요에 따라 거실·침실·창고 등의 용도로 사용할 수 있다. |
| 다중이용 건축물 | 다음에 해당하는 건축물<br>1. 바닥면적의 합계가 <u>5천m² 이상</u>인 건축물[① 문화 및 집회시설(<u>동물원 및 식물원은 제외</u>) ② 종교시설 ③ 판매시설 ④ 운수시설 중 여객용 시설 ⑤ 의료시설 중 종합병원 ⑥ 숙박시설 중 관광숙박시설]<br>2. 16층 이상인 건축물<br><br>▎**기출유형** 16층인 동물원은 다중이용건축물에 제외된다.(×) |
| 준다중이용 건축물 | 다중이용 건축물 외의 건축물로서 바닥면적의 합계가 <u>1천m² 이상</u>인 건축물[① 문화 및 집회시설(동물원 및 식물원은 제외) ② 종교시설 ③ 판매시설 ④ 운수시설 중 여객용 시설 ⑤ 의료시설 중 종합병원 ⑥ 숙박시설 중 관광숙박시설 ⑦ <u>교</u>육연구시설 ⑧ <u>장</u>례시설 ⑨ <u>위</u>락시설 ⑩ <u>관</u>광·휴게시설 ⑪ <u>노</u>유자시설 ⑫ <u>운</u>동시설]<br><br>▎**암기** 교·장·위·관·노·운 준다.<br><br>▎**기출유형** 숙박시설로 사용하는 바닥면적의 합계가 4천m²인 16층의 관광호텔은 다중이용건축물에 해당하지 않는다.(×) |
| 특수구조 건축물 | ① 한쪽 끝은 고정되고 다른 끝은 지지(支持)되지 아니한 구조로 된 보·차양 등이 외벽(외벽이 없는 경우에는 외곽 기둥)의 중심선으로부터 <u>3m 이상 돌출</u>된 건축물<br>② <u>기둥과 기둥 사이의 거리</u>(기둥의 중심선 사이의 거리를 말하며, 기둥이 없는 경우에는 내력벽과 내력벽의 중심선 사이의 거리를 말함)가 <u>20m 이상</u>인 건축물<br>③ 건축물의 구조, 재료, 형식, 공법 등이 특수구조 건축물은 건축위원회, 대지의 안전, 건축허가, 건축신고, 용도변경, 착공신고, 사용승인, 공사감리, 구조내력, 피난시설, 마감자료, 지하층, 승강기, 면적·높이·층수산정을 적용할 때 대통령령으로 정하는 바에 따라 <u>강화 또는 변경</u>하여 적용할 수 있다.<br>④ 건축주는 착공신고 전에 허가권자에게 해당 건축물의 구조안전에 관하여 지방건축위원회 심의를 신청하여야 한다.<br>⑤ 특수한 설계·시공·공법 등이 필요한 건축물로서 국토교통부장관이 정하여 고시하는 구조로 된 건축물<br><br>▎**기출유형** 기둥과 기둥 사이의 거리가 15미터인 건축물은 특수구조 건축물로서 건축물 내진등급의 설정에 관한 규정을 강화하여 적용할 수 있다.(×) |

## 02 건축법 적용대상 및 지역

### 1. 적용대상 제26회, 제27회, 제28회, 제30회, 제31회

(1) **건축물**

① **의 의**

토지에 정착하는 공작물 중 <u>지붕과 기둥</u> 또는 벽이 있는 것과 이에 딸린 시설물, 지하나 <u>고가</u>의 공작물에 설치하는 사무소·공연장·점포·차고·창고, 그 밖에 대통령령으로 정하는 것을 말한다.

> **기출유형** 고가의 공작물에 설치하는 사무소·공연장·점포는 「건축법」상 건축물에 해당하지 않는다.(×)

② **적용제외**

다음에 해당하는 건축물에는 「건축법」을 적용하지 아니한다.

> ㉠ 「문화유산의 보존 및 활용에 관한 법률」에 따른 지정문화유산이나 임시지정문화유산 또는 「자연유산의 보존 및 활용에 관한 법률」에 따라 지정된 천연기념물등이나 임시지정천연기념물, 임시지정명승, 임시지정시·도자연유산, 임시자연유산자료
> ㉡ 철도나 궤도의 선로 부지에 있는 시설[운전보안시설, 철도 선로의 위나 아래를 가로지르는 보행시설, 플랫폼, 해당 철도 또는 궤도사업용 급수(給水)·급탄(給炭) 및 급유(給油) 시설]
> ㉢ 고속도로 통행료 징수시설
> ㉣ 컨테이너를 이용한 간이창고(「산업집적활성화 및 공장설립에 관한 법률」에 따른 공장의 대지에 설치하는 것으로서 이동이 쉬운 것만 해당)
> ㉤ 「하천법」에 따른 하천구역 내의 수문조작실

> ✔ **key point** 전통건조물, 철도역사는 건축법을 적용

> **기출유형** 철도 선로의 아래를 가로지르는 보행시설은 「건축법」상 건축물에 해당한다.(×)

(2) **대 지**

「공간정보의 구축 및 관리 등에 관한 법률」에 따라 각 필지로 나눈 토지를 말한다. 다만, 둘 이상의 필지를 하나의 대지로 하거나 하나 이상의 필지의 일부를 하나의 대지로 할 수 있다.

(3) **건축설비**

건축물에 설치하는 전기·전화 설비, 초고속 정보통신 설비, 지능형 홈네트워크 설비, 가스·급수·배수·배수·환기·난방·소화·배연 및 오물처리의 설비, 굴뚝, 승강기, 피뢰침, 국기 게양대, 공동시청 안테나, 유선방송 수신시설, 우편함, 저수조, 방범시설, 그 밖에 국토교통부령으로 정하는 설비를 말한다.

### (4) 공작물

공작물을 축조(건축물과 분리하여 축조)하려는 자는 특별자치시장·특별자치도지사 또는 시장·군수·구청장에게 신고하여야 한다.

| 신고규모 | 신고대상 공작물 |
|---|---|
| 높이 2m를 넘는 것 | 옹벽 또는 담장 |
| 높이 4m를 넘는 것 | 기념탑, 장식탑, 광고탑, 광고판, 첨탑 |
| 높이 5m를 넘는 것 | 「신에너지 및 재생에너지 개발·이용·보급 촉진법」에 따른 태양에너지를 이용하는 발전설비 |
| 높이 6m를 넘는 것 | 굴뚝, 골프연습장 등의 운동시설을 위한 철탑, 주거지역·상업지역에 설치하는 통신용 철탑 |
| 높이 8m를 넘는 것 | 고가수조 |
| 높이 8m를 이하인 것 | 기계식 주차장 및 철골 조립식 주차장으로서 외벽이 없는 것 |
| 바닥면적 30m²를 넘는 것 | 지하대피호 |

**암기** 2옹담이 4기장광과 5태에게 6골굴을 8고 지하30m²에 숨었다.

**key point** 신고 : 첨탑은 4m 넘음, 철탑은 6m 넘음 - 철이가 60점맞게 해준다고 했지

**기출유형** 건축물과 분리되지 않은 높이 5m의 옹벽을 축조하려면 따로 공작물 축조신고를 하여야 한다.(×)

## 2. 적용대상지역 제22회

### (1) 전면적 적용대상지역

다음에 해당하는 지역은 「건축법」의 규정을 모두 적용한다.

① 「국토의 계획 및 이용에 관한 법률」에 따른 도시지역 및 도시지역 외의 지역에 지정된 지구단위계획구역
② 동이나 읍(섬의 경우에는 인구가 500명 이상인 경우만 해당)인 지역

**기출유형** 「국토의 계획 및 이용에 관한 법률」에 따른 도시지역 외의 지역에 지정된 지구단위계획구역은 「건축법」상 건축선의 지정을 적용하지 아니한다.(×)

### (2) 제한적 적용대상지역

「국토의 계획 및 이용에 관한 법률」에 따른 도시지역 및 도시지역 외의 지역에 지정된 지구단위계획구역 외의 지역으로서 동이나 읍(섬의 경우에는 인구가 500명 이상인 경우만 해당)이 아닌 지역은 다음의 규정을 적용하지 아니한다.

① 대지와 도로의 관계
② 도로의 지정·폐지 또는 변경
③ 건축선의 지정
④ 건축선에 따른 건축제한
⑤ 방화지구 안의 건축물
⑥ 대지의 분할 제한

**key point** 적용지역상 건폐율이나 용적률은 완화대상이 아님.

## 03 건축행위와 대수선

### 1. 건 축 제25회, 제28회, 제31회

건축물을 신축·증축·개축·재축 또는 건축물을 이전하는 것을 말한다.

| 신 축 | 건축물이 없는 대지(기존 건축물이 해체되거나 멸실된 대지 포함)<br>① 새로 건축물을 축조하는 것<br>② 부속건축물만 있는 대지에 새로 주된 건축물을 축조(개축·재축 제외) |
|---|---|
| 증 축 | 기존 건축물이 있는 대지에서 건축물의 건축면적, 연면적, 층수 또는 높이를 늘리는 것 |
| 개 축 | 기존 건축물의 전부 또는 일부[내력벽·기둥·보·지붕틀(한옥의 경우에는 지붕틀의 범위에서 서까래는 제외) 중 셋 이상이 포함되는 경우를 말함]를 해체하고 그 대지에 종전과 같은 규모의 범위에서 건축물을 다시 축조하는 것 |
| 재 축 | 건축물이 천재지변이나 그 밖의 재해(災害)로 멸실된 경우 그 대지에 다음의 요건을 모두 갖추어 다시 축조하는 것<br>① 연면적 합계는 종전 규모 이하로 할 것<br>② 동(棟)수, 층수 및 높이가 모두 종전 규모 이하일 것. 다만, 동수, 층수 또는 높이의 어느 하나가 종전 규모를 초과하는 경우에는 건축법령 등에 모두 적합할 것 |
| 이 전 | 건축물의 주요구조부를 해체하지 아니하고 같은 대지의 다른 위치로 옮기는 것 |

**기출유형** 기존 5층의 건축물이 있는 대지에서 건축물의 층수를 7층으로 늘리는 것은 신축에 해당한다.(×)

**기출유형** 건축물이 천재지변으로 멸실된 경우 그 대지에 종전 규모보다 연면적의 합계를 늘려 건축물을 다시 축조하는 것은 재축에 해당한다.(×)

**기출유형** 기존 건축물의 일부를 해체하고 그 대지에 종전과 같은 규모의 범위에서 건축물을 다시 축조하는 것은 재축에 해당한다.(×)

**기출유형** 건축물의 주요구조부를 해체하고 같은 대지에서 옆으로 5m 옮기는 것은 이전에 해당한다.(×)

### 2. 대수선 제20회, 제23회, 제35회

건축물의 기둥, 보, 내력벽, 주계단 등의 구조나 외부 형태를 수선·변경하거나 증설하는 것으로서 증축·개축 또는 재축에 해당하지 아니하는 행위

① 내력벽을 증설 또는 해체하거나, 그 벽면적을 30m² 이상 수선 또는 변경하는 것
② 기둥을 증설 또는 해체하거나, 세 개 이상 수선 또는 변경하는 것
③ 방화벽 또는 방화구획을 위한 바닥 또는 벽을 증설 또는 해체하거나 수선 또는 변경하는 것
④ 보를 증설 또는 해체하거나, 세 개 이상 수선 또는 변경하는 것
⑤ 지붕틀을 증설 또는 해체하거나, 세 개 이상 수선 또는 변경하는 것
⑥ 주계단·피난계단 또는 특별피난계단을 증설 또는 해체하거나 수선 또는 변경하는 것
⑦ 다가구주택의 가구 간 경계벽 또는 다세대주택의 세대 간 경계벽을 증설 또는 해체하거나 수선 또는 변경하는 것
⑧ 건축물의 외벽에 사용하는 마감재료를 증설 또는 해체하거나, 벽면적 30m² 이상 수선 또는 변경하는 것

**암기** 내, 기, 바, 보, 지, 주, 경, 마(숫자: 내기보지마3 변수)

**기출유형** 지붕틀을 2개 증설하는 것은 대수선에 해당하지 않는다.(×)

**기출유형** 기존 건축물이 있는 대지에서 건축물의 내력벽을 증설하여 건축면적을 늘리는 것은 대수선에 해당한다.(×)

**기출유형** 보를 두 개 변경하는 것은 대수선에 해당한다.(×)

## 1. 용도변경 제20회, 제22회, 제23회, 제24회, 제25회, 제29회, 제33회, 제34회

### (1) 시설군과 건축물의 세부 용도

시설군(9개)은 다음과 같고 각 시설군에 속하는 용도군(29개)의 세부 용도는 대통령령으로 정한다.

| ① **자동차 관련 시설군** | 자동차관련시설 | |
|---|---|---|
| ② **산업 등 시설군** | ㉠ 운수시설<br>㉢ 창고시설<br>㉤ 자원순환 관련 시설<br>㉦ 장례시설 | ㉡ 공장<br>㉣ 위험물저장 및 처리시설<br>㉥ 묘지 관련 시설 |
| ③ **전기통신시설군** | ㉠ 방송통신시설 | ㉡ 발전시설 |
| ④ **문화 및 집회시설군** | ㉠ 문화 및 집회시설<br>㉢ 관광휴게시설 | ㉡ 위락시설<br>㉣ 종교시설 |
| ⑤ **영업시설군** | ㉠ 운동시설<br>㉢ 판매시설 | ㉡ 숙박시설<br>㉣ 다중생활시설(제2종 근린생활시설) |
| ⑥ **교육 및 복지시설군** | ㉠ 의료시설<br>㉢ 교육연구시설<br>㉤ 야영장 시설 | ㉡ 노유자시설<br>㉣ 수련시설 |
| ⑦ **근린생활시설군** | ㉠ 제1종 근린생활시설<br>㉡ 제2종 근린생활시설(다중생활시설은 제외) | |
| ⑧ **주거업무시설군** | ㉠ 단독주택<br>㉢ 업무시설<br>㉤ 국방·군사시설 | ㉡ 공동주택<br>㉣ 교정시설 |
| ⑨ **기타 시설군** | 동물 및 식물 관련 시설 | |

> **암기** 자 산(묘,장) 전 문(문화,위,관,종) 영(운,숙,판,다) 교(의사, 노,교,수,야영) 근(1종,2종) 주(단독,공동) 기
> **기출유형** 장례식장을 종교시설로 용도변경하는 경우에는 허가대상에 해당한다.(×)
> **기출유형** 공장을 자동차 관련 시설로 변경하는 경우에는 신고대상에 해당한다.(×)

### (2) 용도변경의 허가·신고

사용승인을 받은 건축물의 용도를 변경하려는 자는 다음의 구분에 따라 <u>특별자치시장·특별자치도지사 또는 시장·군수·구청장</u>의 허가를 받거나 신고를 하여야 한다.

> ① 허가 대상: 건축물의 용도를 상위군에 해당하는 용도로 변경하는 경우(↑방향)
> ② 신고 대상: 건축물의 용도를 하위군에 해당하는 용도로 변경하는 경우(↓방향)

### (3) 건축물대장 기재내용의 변경 신청

같은 시설군 안에서 용도를 변경하려는 자는 특별자치시장·특별자치도지사 또는 시장·군수·구청장에게 건축물대장 기재내용의 변경을 신청하여야 한다. 다만, 다만, 다음 건축물 상호 간의 변경의 경우에는 그러하지 아니하다.

> ① 같은 용도에 속하는 건축물 상호 간의 변경(例> 동일 의료시설)
> ② 「국토의 계획 및 이용에 관한 법률」이나 그 밖의 관계 법령에서 정하는 용도제한에 적합한 범위에서 제1종 근린생활시설과 제2종 근린생활시설 상호 간의 용도변경

### (4) 건축법의 준용규정

① **사용승인의 준용**: 허가나 신고 대상인 경우로서 용도변경하려는 부분의 바닥면적의 합계가 $100m^2$ 이상인 경우의 사용승인에 관하여는 건축물의 사용승인를 준용(용도변경하려는 부분의 바닥면적의 합계가 $500m^2$ 미만으로서 대수선에 해당되는 공사를 수반하지 아니하는 경우에는 그러하지 아니하다).

② **건축사의 설계의 준용**: 허가 대상인 경우로서 용도변경하려는 부분의 바닥면적의 합계가 $500m^2$ 이상인 용도변경의 설계에 관하여는 건축사의 설계를 준용(다만, 1층인 축사를 공장으로 용도변경하는 경우로서 증축·개축 또는 대수선이 수반되지 아니하고 구조안전·피난 등에 지장이 없는 경우는 제외)

**기출유형** 용도변경하려는 부분의 바닥면적의 합계가 100m² 이상인 경우라도 신고대상인 용도변경을 하는 경우에는 건축물의 사용승인을 받을 필요가 없다.(×)

**기출유형** 신고 대상인 경우로서 용도변경하려는 부분의 바닥면적의 합계가 1,000m²인 용도변경의 설계에 관하여는 건축사의 설계를 준용한다.(×)

### (5) 건축물의 용도

건축물의 용도란 건축물의 종류를 유사한 구조, 이용 목적 및 형태별로 묶어 분류한다.

| | |
|---|---|
| 단독주택 | ① 단독주택<br>② 다중주택: 다음의 요건을 모두 갖춘 주택<br>　㉠ 학생 또는 직장인 등 여러 사람이 장기간 거주할 수 있는 구조로 되어 있는 것<br>　㉡ 독립된 주거의 형태를 갖추지 아니한 것(각 실별로 욕실은 설치할 수 있으나, 취사시설은 설치하지 아니한 것을 말함)<br>　㉢ 1개 동의 주택으로 쓰이는 바닥면적의 합계가 $660m^2$ 이하이고 주택으로 쓰는 층수(지하층은 제외)가 3개 층 이하일 것<br>③ 다가구주택: 다음의 요건을 모두 갖춘 주택으로서 공동주택에 해당하지 아니하는 것<br>　㉠ 주택으로 쓰는 층수(지하층은 제외)가 3개 층 이하일 것<br>　㉡ 1개 동의 주택으로 쓰이는 바닥면적(부설 주차장 면적은 제외)의 합계가 $660m^2$ 이하일 것<br>　㉢ 19세대 이하가 거주할 수 있을 것<br>④ 공관(公館) |

| 공동주택 | ① 아파트 : 주택으로 쓰는 층수가 <u>5개 층 이상</u>인 주택<br>② 연립주택 : 주택으로 쓰는 1개 동의 바닥면적 합계가 $660m^2$ 초과하고, 층수가 <u>4개 층 이하</u>인 주택<br>③ 다세대주택 : 주택으로 쓰는 1개 동의 바닥면적 합계가 $660m^2$ 이하이고, 층수가 <u>4개 층 이하</u>인 주택<br>④ 기숙사 : 학교 또는 공장 등의 학생 또는 종업원 등을 위하여 쓰는 것으로서 1개 동의 공동취사시설 이용 세대 수가 전체의 50% 이상인 것(「교육기본법」에 따른 학생복지주택 포함) |
|---|---|
| 제1종<br>근린생활시설 | ① 이용원, 미용원, 목욕장, 세탁소<br>② <u>의원</u>, 치과의원, 한의원, 침술원, 접골원(接骨院), 조산원, 안마원, <u>산후조리원</u><br>③ 마을회관, 마을공동작업소, 마을공동구판장, 공중화장실, 대피소, 지역아동센터<br>④ 부동산중개사무소($30m^2$ 미만)<br>⑤ 동물병원·동물미용실($300m^2$ 미만), 탁구장($500m^2$ 미만)<br>⑥ 서적·지구대·전기자동차충전소($1,000m^2$ 미만) |
| 제2종<br>근린생활시설 | ① 총포판매소, 사진관, 표구점, 일반음식점, 장의사, 독서실, 기원, <u>안마시술소</u>, <u>노래연습장</u>, 동물병원·동물미용실<br>② 단란주점($150m^2$ 미만)<br>③ 공연장·종교집회장·직업훈련소·당구장·다중생활시설($500m^2$ 미만)<br>④ 자동차영업소($1,000m^2$ 미만) |
| 문화 및 집회시설 | 전시장, <u>동물원</u>, 식물원, 수족관 |
| 운수시설 | 공항시설 |
| 의료시설 | 종합병원, 병원, 치과병원, 한방병원, 정신병원, 요양병원, 격리병원(전염병원·마약진료소) |
| 교육연구시설 | 학교(유치원포함), 학원, 연구소, 도서관 |
| 수련시설 | 유스호스텔 |
| 업무시설 | 오피스텔 |
| 위락시설 | 무도장, <u>무도학원</u>, <u>카지노영업소</u> |
| 위험물 저장 및 처리시설 | 주유소, 석유판매소 |
| 자동차 관련 시설 | <u>운전학원</u> 및 정비학원 |
| 동물 및 식물 관련시설 | <u>축사</u>, <u>도축장</u>, 작물재배사 |
| 묘지관련시설 | 봉안당, 수목장, 화장시설, 동물화장시설, 동물건조장 |
| 관광휴게시설 | 야외극장, 어린이회관 |
| 장례시설 | 장례식장, 동물전용의 장례식장 |

**기출유형** 자동차운전학원, 무도학원은 교육연구시설이다.(×)

**기출유형** 동물장례식장은 건축법상 장례시설에 해당하지 않는다.(×)

**key point** 용도변경은 특별자치시장·특별자치도지사 또는 시장·군수·구청장 권한

# 건축절차

## 1. 건축 관련 입지 및 규모의 사전결정 제20회, 제28회, 제30회, 제32회, 제33회

### (1) 사전결정의 신청

건축허가 대상 건축물을 건축하려는 자는 건축허가를 신청하기 전에 허가권자에게 그 건축물의 건축에 관한 다음의 사항에 대한 사전결정을 신청할 수 있다. 이 경우 건축위원회 심의와 「도시교통정비촉진법」에 따른 교통영향평가서의 검토를 동시에 신청할 수 있다.

> ① 해당 대지에 건축하는 것이 이 법이나 관계 법령에서 허용되는지 여부
> ② 이 법 또는 관계 법령에 따른 건축기준 및 건축제한, 그 완화에 관한 사항 등을 고려하여 해당 대지에 건축 가능한 건축물의 규모
> ③ 건축허가를 받기 위하여 신청자가 고려하여야 할 사항

### (2) 사전결정절차

① **환경영향평가 협의**: 허가권자는 사전결정이 신청된 건축물의 대지면적이 「환경영향평가법」에 따른 소규모 환경영향평가 대상사업인 경우 환경부장관이나 지방환경관서의 장과 소규모 환경영향평가에 관한 협의를 하여야 한다.

② **사전결정 후 통지**: 허가권자는 사전결정의 신청을 받으면 입지, 건축물의 규모, 용도 등을 사전결정한 후 사전결정일로부터 7일 이내에 사전결정신청자에게 알려야 한다.

### (3) 허가등의 의제규정

사전결정 통지를 받은 경우에는 다음의 허가를 받거나 신고 또는 협의를 한 것으로 본다.

> ① 「국토의 계획 및 이용에 관한 법률」에 따른 개발행위허가
> ② 「산지관리법」에 따른 산지전용허가와 산지전용신고, 산지일시사용허가·신고. 다만, 보전산지인 경우에는 도시지역만 해당된다.
> ③ 「농지법」에 따른 농지전용허가·신고 및 협의
> ④ 「하천법」에 따른 하천점용허가

**기출유형** 농림지역 안의 보전산지에 대한 산지전용허가인 경우는 허가권자의 사전결정통지를 받은 경우 그 허가를 받은 것으로 볼 수 있다.(×)

### (4) 실 효

사전결정신청자는 사전결정을 통지받은 날부터 2년 이내에 건축허가를 신청하여야 하며, 이 기간에 건축허가를 신청하지 아니하면 사전결정의 효력이 상실된다.

**기출유형** 사전결정신청자는 사전결정을 통지받은 날부터 2년 이내에 착공신고를 신청하여야 한다.(×)

## 2. 건축허가(대물적 허가) 제21회, 제22회, 제23회, 제25회, 제26회, 제28회, 제32회, 제35회

### (1) 허가권자

① **원칙** : 건축물을 건축하거나 대수선하려는 자는 <u>특별자치시장·특별자치도지사 또는 시장·군수·구청장</u>의 허가를 받아야 한다.

② **예외** : <u>특별시나 광역시에 건축하려면 특별시장이나 광역시장의 허가</u>(도지사×)

　　㉠ 층수가 <u>21층 이상</u>이거나 연면적의 합계가 <u>10만$m^2$ 이상</u>인 건축물

　　㉡ 연면적의 <u>10분의 3 이상을 증축</u>하여 층수가 21층 이상으로 되거나 연면적의 합계가 10만$m^2$인 건축물

　　㉢ <u>공장·창고 등은 제외</u>한다.

> **기출유형** 연면적의 10분의 2를 증축하여 층수가 21층이 되는 공장은 특별시나 광역시에 건축하려면 특별시장이나 광역시장의 허가대상에 해당한다.(×)

### (2) 도지사의 사전승인

시장·군수는 다음에 해당하는 건축물의 건축을 허가하려면 미리 건축계획서와 기본설계도서를 첨부하여 도지사의 승인을 받아야 한다.

> ① 층수가 21층 이상이거나 연면적의 합계가 10만$m^2$ 이상인 건축물(연면적의 10분의 3 이상을 증축하여 층수가 21층 이상으로 되거나 연면적의 합계가 10만$m^2$ 이상으로 되는 경우 포함). 다만, 공장·창고 등은 제외한다.
> ② 교육환경이나 주거환경 등 주변 환경을 보호하기 위하여 필요하다고 인정하여 도지사가 지정·공고한 구역에 건축하는 위락시설 및 숙박시설에 해당하는 건축물(층수×, 면적×)
> ③ 자연환경이나 수질을 보호하기 위하여 도지사가 지정·공고한 구역에 건축하는 <u>3층 이상</u> 또는 연면적의 합계가 <u>1천$m^2$ 이상</u>인 다음에 해당하는 건축물 : 공동주택, 제2종 근린생활시설(일반음식점만 해당), 업무시설(일반업무시설만 해당), 위락시설 및 숙박시설

> **기출유형** 교육환경 주변을 보호하기 위하여 필요하다고 인정하여 도지사가 지정·공고한 구역에 건축하는 위락시설에 해당하는 건축물은 도지사의 허가를 받아야 한다.(×)

### (3) 대지의 소유권 확보 및 매도청구

① **대지소유권 확보** : 건축허가를 받으려는 자는 해당 대지의 소유권을 확보하여야 한다.

② 다음에 해당하는 경우에는 그러하지 아니하다(소유권 확보 안 해도 됨).

> ㉠ 건축주가 대지의 소유권을 확보하지 못하였으나 그 대지를 사용할 수 있는 권원을 확보한 경우. 다만, <u>분양을 목적으로 하는 공동주택은 제외</u>한다.
> ㉡ 건축주가 건축물의 노후화 또는 구조안전 문제 등 대통령령으로 정하는 사유로 건축물을 신축·개축·재축 및 리모델링을 하기 위하여 건축물 및 해당 대지의 공유자 수의 100분의 80 이상의 동의를 얻고 동의한 공유자의 지분 합계가 전체 지분의 100분의 80 이상인 경우
> ㉢ 건축하려는 대지에 포함된 국유지 또는 공유지에 대하여 허가권자가 해당 토지의 관리청이 해당 토지를 건축주에게 매각하거나 양여할 것을 확인한 경우
> ㉣ 건축주가 집합건물의 공용부분을 변경하기 위하여 「집합건물의 소유 및 관리에 관한 법률」에 따른 결의가 있었음을 증명한 경우

> **기출유형** 분양을 목적으로 하는 건축주가 그 대지를 사용할 수 있는 권원을 확보한 경우에도 건축허가를 받으려는 자는 해당 대지의 소유권을 확보하지 않아도 된다.(×)

③ **매도청구**: 건축허가를 받은 건축주는 동의하지 아니한 공유자에게 그 공유지분을 <u>시가(市價)</u>로 매도할 것을 청구할 수 있다. 이 경우 매도청구를 하기 전에 매도청구 대상이 되는 공유자와 <u>3개월 이상 협의</u>를 하여야 한다(매도청구에 관하여는 「집합건물의 소유 및 관리에 관한 법률」을 준용한다).

> **기출유형** 건축허가를 받은 건축주는 동의하지 아니한 공유자에게 그 공유지분을 공시지가로 매도할 것을 청구할 수 있다.(×)

④ **소유자를 확인하기 곤란한 공유지분 등 처분**: 공유지분의 감정평가액은 허가권자가 추천하는 「감정평가 및 감정평가사에 관한 법률」에 따른 감정평가법인 등 2인 이상이 평가한 금액을 산술평균하여 산정한다.

### (4) 건축허가의 필수적 취소

허가권자는 허가를 받은 자가 다음에 해당하면 허가를 취소하여야 한다.

> ① 허가를 받은 날부터 2년(「산업집적활성화 및 공장설립에 관한 법률」에 따라 공장의 신설·증설 또는 업종변경의 승인을 받은 <u>공장은 3년</u>) 이내에 공사에 착수하지 아니한 경우. 다만, 정당한 사유가 있다고 인정되면 1년의 범위에서 공사의 착수기간을 연장할 수 있다.
> ② ①의 기간 이내에 공사에 착수하였으나 공사의 완료가 불가능하다고 인정되는 경우
> ③ 착공신고 전에 경매 또는 공매 등으로 건축주가 대지의 소유권을 상실한 때부터 6개월이 경과한 이후 공사의 착수가 불가능하다고 판단되는 경우

### (5) 건축허가의 거부

허가권자는 건축허가를 하려는 때에 「건축기본법」에 따른 한국건축규정의 준수 여부를 확인하여야 한다. 다만, 다음에 해당하는 경우에는 건축위원회의 심의를 거쳐 건축허가를 하지 아니할 수 있다.

> ① 위락시설이나 숙박시설에 해당하는 건축물의 건축을 허가하는 경우 해당 대지에 건축하려는 건축물의 용도·규모 또는 형태가 주거환경이나 교육환경 등 주변 환경을 고려할 때 부적합하다고 인정되는 경우
> ② 「국토의 계획 및 이용에 관한 법률」에 따른 방재지구 및 「자연재해대책법」에 따른 자연재해위험개선지구 등 상습적으로 침수되거나 침수가 우려되는 지역에 건축하려는 건축물에 대하여 일부 공간에 거실을 설치하는 것이 부적합하다고 인정되는 경우

### (6) 건축허가 착공제한

① **제한권자 및 제한사유**

  ㉠ <u>국토교통부장관</u>은 국토관리를 위하여 특히 필요하다고 인정하거나 <u>주무부장관</u>이 국방, 국가유산 보존, 환경보전 또는 국민경제를 위하여 특히 필요하다고 인정하여 <u>요청</u>하면 <u>허가권자</u>의 건축허가나 허가를 받은 <u>건축물의 착공을 제한</u>할 수 있다.

> **기출유형** 국토교통부장관은 국토관리를 위하여 특히 필요하다고 인정하더라도 시장·군수·구청장의 건축허가를 제한할 수 없다.(×)

  ㉡ <u>특별시장·광역시장·도지사</u>는 <u>지역계획</u>이나 도시·군계획에 특히 필요하다고 인정하면 <u>시장·군수·구청장</u>의 건축허가나 허가를 받은 <u>건축물의 착공을 제한</u>할 수 있다.

  ㉢ 특별시장·광역시장·도지사는 즉시 국토교통부장관에게 보고하여야 하며, 보고를 받은 국토교통부장관은 제한 내용이 지나치다고 인정하면 해제를 명할 수 있다.

② **의견청취 및 심의**

국토교통부장관이나 시·도지사는 건축허가나 건축허가를 받은 건축물의 착공을 제한하려는 경우에는 「토지이용규제기본법」에 따라 주민의견을 청취한 후 건축위원회의 심의를 거쳐야 한다.

③ **통보 및 공고**

국토교통부장관이나 특별시장·광역시장·도지사는 건축허가나 건축물의 착공을 제한하는 경우 제한 목적·기간, 대상 건축물의 용도와 대상 구역의 위치·면적·경계 등을 상세하게 정하여 허가권자에게 통보하여야 하며, 통보를 받은 허가권자는 지체 없이 이를 공고하여야 한다.

> **기출유형** 건축허가를 제한하는 경우 국토교통부장관은 제한 목적·기간 등을 상세하게 정하여 지체 없이 공고하여야 한다.(×)

④ **제한기간**

건축허가나 건축물의 착공을 제한하는 경우 제한기간은 2년 이내로 한다. 다만, 1회에 한하여 1년 이내의 범위에서 제한기간을 연장할 수 있다.

> **비교** 「국토의 계획 및 이용에 관한 법률」상 개발행위허가제한: 1회 3년 이내(2년 연장 가능)

## 3. 건축신고 제23회, 제24회, 제29회, 제32회

### (1) 신고대상 및 신고권자

허가대상 건축물이라 하더라도 다음에 해당하는 경우에는 미리 특별자치시장·특별자치도지사 또는 시장·군수·구청장에게 신고를 하면 건축허가를 받은 것으로 본다.

---

① 바닥면적의 합계가 $85m^2$ 이내의 증축·개축 또는 재축. 다만, 3층 이상 건축물인 경우에는 증축·개축 또는 재축하려는 부분의 바닥면적의 합계가 건축물 연면적의 10분의 1 이내인 경우로 한정한다.

② 관리지역, 농림지역 또는 자연환경보전지역에서 연면적이 $200m^2$ 미만이고 3층 미만인 건축물의 건축. 다만, 지구단위계획구역이나 방재지구 등 재해취약지역으로서 대통령령으로 정하는 구역에서의 건축은 제외한다.

③ 연면적이 $200m^2$ 미만이고 3층 미만인 건축물의 대수선

④ 주요구조부의 해체가 없는 등 대통령령으로 정하는 대수선
 ㉠ 내력벽의 면적을 $30m^2$ 이상 수선하는 것
 ㉡ 기둥, 보 또는 지붕틀을 각각 세 개 이상 수선하는 것
 ㉢ 방화벽 또는 방화구획을 위한 바닥 또는 벽을 수선하는 것
 ㉣ 주계단·피난계단 또는 특별피난계단을 수선하는 것

⑤ 그 밖에 소규모 건축물로서 대통령령으로 정하는 건축물의 건축
 ㉠ 연면적의 합계가 $100m^2$ 이하인 건축물의 건축
 ㉡ 건축물의 높이를 3m 이하의 범위에서 증축
 ㉢ 표준설계도서에 따라 건축하는 건축물로서 건축조례로 정하는 건축물
 ㉣ 「국토의 계획 및 이용에 관한 법률」에 따른 공업지역, 도시지역 외의 지역에 지정된 지구단위계획구역(산업·유통형만 해당) 및 「산업입지 및 개발에 관한 법률」에 따른 산업단지에서 건축하는 2층 이하인 건축물로서 연면적 합계 $500m^2$ 이하인 공장 **암기** 52공장
 ㉤ 농업이나 수산업을 경영하기 위하여 읍·면지역에서 건축하는 연면적 $200m^2$ 이하의 창고 및 연면적 $400m^2$ 이하의 축사, 작물재배사 **암기** 창2축4

---

> **기출유형** 연면적 $150m^2$인 3층 건축물의 피난계단 증설은 신고사항이다.(×)

> **기출유형** 바닥면적의 합계가 $60m^2$ 이내인 단층의 건축물의 신축은 허가의 대상이다.(×)

### ⑵ 실 효

신고를 한 자가 신고일부터 <u>1년 이내</u>에 공사에 착수하지 아니하면 그 신고의 효력은 없어진다. 다만, 건축주의 요청에 따라 허가권자가 정당한 사유가 있다고 인정하면 <u>1년의 범위에서 착수기한을 연장할</u> 수 있다.

> **기출유형** 신고를 한 자가 신고일부터 2년 이내에 공사에 착수하지 아니하면 그 신고의 효력은 없어진다.(×)

### ⑶ 허가·신고사항의 변경

① 건축주가 건축허가를 받았거나 신고한 사항을 변경하려면 변경하기 전에 다음의 구분에 따라 허가권 자의 허가를 받거나 특별자치시장·특별자치도지사 또는 시장·군수·구청장에게 <u>신고</u>하여야 한다.

> ㉠ 바닥면적의 합계가 $85m^2$를 초과하는 부분에 대한 신축·증축·개축에 해당하는 변경인 경우에는 허가를 받고, 그 밖의 경우에는 신고할 것
> ㉡ 건축주·설계자·공사시공자 또는 공사감리자(건축관계자)를 변경하는 경우에는 신고할 것 등

② 신축·증축·개축·재축·이전·대수선 또는 용도변경에 해당하지 아니하는 경미한 사항의 변경은 그러하지 아니하다.

③ 허가나 신고사항 중 대통령령으로 정하는 사항의 변경은 사용승인을 신청할 때 허가권자에게 일괄하여 신고할 수 있다.

# Chapter 14 가설건축물 & 건축설비

## 01 가설건축물

### 1. 가설건축물 건축허가 제21회

① 도시·군계획시설 및 도시·군계획시설예정지에서 가설건축물을 건축하려는 자는 특별자치시장·특별자치도지사 또는 시장·군수·구청장의 허가를 받아야 한다.

② 특별자치시장·특별자치도지사 또는 시장·군수·구청장은 해당 가설건축물의 건축이 「국토의 계획 및 이용에 관한 법률」 도시·군계획시설 부지에서의 개발행위에 위배되는 경우나 4층 이상인 경우가 아니면(3층 이하) 허가를 하여야 한다.

③ 기 준

> ㉠ 철근콘크리트조 또는 철골철근콘크리트조가 아닐 것
> ㉡ 존치기간은 3년 이내일 것(단, 도시·군계획사업이 시행될 때까지 그 기간을 연장할 수 있다)
> ㉢ 전기·수도·가스 등 새로운 간선 공급설비의 설치를 필요로 하지 아니할 것
> ㉣ 공동주택·판매시설·운수시설 등으로서 분양을 목적으로 건축하는 건축물이 아닐 것

> **기출유형** 가설건축물인 경우 5층 이상인 경우가 아니면 허가를 하여야 한다.(×)
> **기출유형** 가설건축물은 철근콘크리트조 또는 철골철근콘크리트조 구조이어야 한다.(×)
> **기출유형** 가설건축물의 존치기간은 2년 이내이어야 한다.(×)

### 2. 가설건축물 건축신고 제28회

① 허가대상 가설건축물 외에 재해복구, 흥행, 전람회, 공사용 가설건축물을 축조하려는 자는 특별자치시장·특별자치도지사 또는 시장·군수·구청장에게 신고한 후 착공하여야 한다.

> ㉠ 전시를 위한 견본주택이나 그 밖에 이와 비슷한 것
> ㉡ 공사에 필요한 규모의 공사용 가설건축물 및 공작물
> ㉢ 조립식 경량구조로 된 외벽이 없는 임시 자동차 차고
> ㉣ 조립식 구조로 된 경비용으로 쓰는 가설건축물로서 연면적이 $10m^2$ 이하인 것
> ㉤ 도시지역 중 주거지역·상업지역 또는 공업지역에 설치하는 농업·어업용 비닐하우스로서 연면적이 $100m^2$ 이상인 것
> ㉥ 야외흡연실 용도로 쓰는 가설건축물로서 연면적이 $50m^2$ 이하인 것

> **기출유형** 조립식 구조로 된 경비용으로 쓰는 가설건축물로서 연면적이 $20m^2$인 것은 축조신고대상에 해당한다.(×)

② **존치기간**: 신고하여야 하는 가설건축물의 존치기간은 3년 이내(연장 3년 범위)로 한다. 다만, 공사용 가설건축물 및 공작물의 경우에는 해당 공사의 완료일까지의 기간을 말한다.

### 3. 가설건축물의 존치기간 연장

① 특별자치시장·특별자치도지사 또는 시장·군수·구청장은 가설건축물의 존치기간 만료일 30일 전까지 해당 가설건축물의 건축주에게 존치기간 만료일과 연장 가능 여부 등을 알려야 한다.

> **기출유형** 구청장은 가설건축물의 존치기간 만료일 15일 전까지 건축주에게 존치기간 만료일과 연장 가능 여부 등을 알려야 한다.(×)

② 존치기간을 연장하려는 가설건축물의 건축주는 다음에 따라 허가를 신청하거나 신고하여야 한다.

> ㉠ 허가대상 가설건축물: 존치기간 만료일 14일 전까지 허가 신청
> ㉡ 신고대상 가설건축물: 존치기간 만료일 7일 전까지 신고

> **기출유형** 허가대상 가설건축물인 경우는 존치기간 만료일 7일 전까지 연장허가를 신청하여야 한다.(×)

---

## 02 건축절차

### 1. 건축물의 설계

건축허가를 받아야 하거나 건축신고를 하여야 하는 건축물 또는 「주택법」에 따른 리모델링을 하는 건축물의 건축 등을 위한 설계는 건축사가 아니면 할 수 없다. 다만, 다음의 경우에는 그러하지 아니하다.

> ① 바닥면적의 합계가 $85m^2$ 미만인 증축·개축 또는 재축
> ② 연면적이 $200m^2$ 미만이고 층수가 3층 미만인 건축물의 대수선
> ③ 신고대상 가설건축물로서 건축조례로 정하는 가설건축물

### 2. 착공신고

① 건축허가, 건축신고 및 허가대상 가설건축물을 허가 받거나 신고를 한 건축물의 공사를 착수하려는 건축주는 허가권자에게 공사계획을 신고하여야 한다(건축물의 철거를 신고할 때 착공 예정일을 기재한 경우는 제외).

② 허가권자는 신고를 받은 날부터 3일 이내에 신고수리 여부 또는 민원 처리 관련 법령에 따른 처리기간의 연장 여부를 신고인에게 통지하여야 하며, 통지하지 아니하면 그 기간이 끝난 날의 다음 날에 신고를 수리한 것으로 본다.

> **기출유형** 통지하지 아니하면 그 기간이 끝난 날에 신고를 수리한 것으로 본다.(×)

## 3. 건축공사현장 안전관리예치금 <sup></sup>제30회, 제32회

### (1) 조치의무

건축허가를 받은 자는 건축물의 건축공사를 중단하고 장기간 공사현장을 방치할 경우 공사현장의 미관 개선과 안전관리 등 필요한 조치를 하여야 한다.

### (2) 안전관리예치금의 예치

① 허가권자는 연면적이 <u>1천m$^2$ 이상</u>으로서 해당 지방자치단체의 조례로 정하는 건축물에 대하여는 착공신고를 하는 건축주(한국토지주택공사 또는 지방공사는 제외)에게 장기간 건축물의 공사현장이 방치되는 것에 대비하여 미리 미관 개선과 안전관리에 필요한 비용을 <u>건축공사비의 1%의 범위에서 예치</u>하게 할 수 있다.

> **기출유형** 허가권자는 안전관리에 필요한 비용을 건축공사비의 2%의 범위에서 예치하게 할 수 있다.(×)
> **기출유형** 허가권자는 연면적이 1천m$^2$ 이상으로서 건축주인 한국토지주택공사에게 건축공사비의 1%의 범위에서 예치하게 할 수 있다.(×)

② 허가권자가 예치금을 반환할 때에는 대통령령으로 정하는 이율로 산정한 이자를 포함하여 반환(보증서를 예치한 경우에는 제외)하여야 한다.

### (3) 개선명령

허가권자는 공사현장이 방치되어 도시미관을 저해하고 안전을 위해한다고 판단되면 건축허가를 받은 자에게 건축물 공사현장의 미관과 안전관리를 위한 다음의 개선을 명할 수 있다.

> ① 안전울타리 설치 등 안전조치
> ② 공사재개 또는 철거 등 정비

### (4) 행정대집행

허가권자는 개선명령을 받은 자가 개선을 하지 아니하면 「행정대집행법」으로 정하는 바에 따라 대집행을 할 수 있다. 이 경우 건축주가 예치한 예치금을 행정대집행에 필요한 비용에 사용할 수 있으며, 행정대집행에 필요한 비용이 이미 납부한 예치금보다 많을 때에는 그 차액을 추가로 징수할 수 있다.

### (5) 허가권자의 조치

허가권자는 방치되는 공사현장의 안전관리를 위하여 긴급한 필요가 있다고 인정하는 경우(공사 중단 기간이 2년을 경과한 경우를 말함)에는 건축주에게 서면으로 고지한 후 건축주가 예치한 예치금을 사용하여 공사현장의 미관과 안전관리 개선을 위한 다음의 조치를 할 수 있다.

> ① 공사현장 안전울타리의 설치
> ② 대지 및 건축물의 붕괴 방지 조치
> ③ 공사현장의 미관 개선을 위한 조경 또는 시설물 등의 설치

## 4. 건축물 안전영향평가 제32회, 제35회

① 허가권자는 초고층 건축물 등 대통령령으로 정하는 주요 건축물에 대하여 건축허가를 하기 전에 건축물의 구조, 지반 및 풍환경(風環境) 등이 건축물의 구조안전과 인접 대지의 안전에 미치는 영향 등을 평가하는 건축물 안전영향평가를 안전영향평가기관에 의뢰하여 실시하여야 한다.

> ㉠ 초고층 건축물
> ㉡ 연면적이 10만m$^2$ 이상일 것 + 16층 이상일 것

**기출유형** 높이가 250m인 건축물은 안전영향평가를 받아야 하는 주요건축물에 해당하지 않는다.(×)

② 안전영향평가 대상 건축물의 건축주는 건축허가 신청 시 제출하여야 하는 도서에 안전영향평가 결과를 반영하여야 하며, 건축물의 계획상 반영이 곤란하다고 판단되는 경우에는 그 근거 자료를 첨부하여 허가권자에게 건축위원회의 재심의를 요청할 수 있다.

③ 안전영향평가를 실시하여야 하는 건축물이 다른 법률에 따라 구조안전과 인접 대지의 안전에 미치는 영향 등을 평가 받은 경우에는 안전영향평가의 해당 항목을 평가 받은 것으로 본다.

## 5. 건축물의 사용승인

### (1) 사용승인의 대상

건축주가 건축허가, 건축신고 및 허가대상 가설건축물의 규정에 따라 허가를 받았거나 신고를 한 건축물의 건축공사를 완료[하나의 대지에 둘 이상의 건축물을 건축하는 경우 동(棟)별 공사를 완료한 경우 포함]한 후 그 건축물을 사용하려면 공사감리자가 작성한 감리완료보고서(공사감리자를 지정한 경우만 해당)와 공사완료도서를 첨부하여 허가권자에게 사용승인을 신청하여야 한다.

**기출유형** 건축주가 건축공사를 완료한 후 그 건축물을 사용하려면 건축공사 완료 이전에 허가권자에게 사용승인을 신청하여야 한다.(×)

### (2) 사용승인서의 교부 등

허가권자는 사용승인신청을 받은 경우 국토교통부령으로 정하는 기간(신청서를 받은 날부터 7일 이내)에 다음의 사항에 대한 검사를 실시하고, 검사에 합격된 건축물에 대하여는 사용승인서를 내주어야 한다. 다만, 해당 지방자치단체의 조례로 정하는 건축물은 사용승인을 위한 검사를 실시하지 아니하고 사용승인서를 내줄 수 있다.

> ① 사용승인을 신청한 건축물이 이 법에 따라 허가 또는 신고한 설계도서대로 시공되었는지의 여부
> ② 감리완료보고서, 공사완료도서 등의 서류 및 도서가 적합하게 작성되었는지의 여부

### (3) 건축물의 사용

건축주는 사용승인을 받은 후가 아니면 건축물을 사용하거나 사용하게 할 수 없다. 다만, 다음에 해당하는 경우에는 그러하지 아니하다.

> ① 허가권자가 7일 이내에 사용승인서를 교부하지 아니한 경우
> ② 사용승인서를 교부받기 전에 공사가 완료된 부분이 건폐율, 용적률, 설비, 피난·방화 등 국토교통부령으로 정하는 기준에 적합한 경우로서 기간을 정하여 대통령령으로 정하는 바에 따라 임시로 사용의 승인을 한 경우

**기출유형** 건축주는 사용승인을 받은 후가 아니면 어떠한 경우일지라도 건축물을 사용하거나 사용하게 할 수 없다.(×)

## ⑷ **임시사용승인**

① 건축주는 사용승인서를 받기 전에 공사가 완료된 부분에 대한 임시사용의 승인을 받으려는 경우에는 임시사용승인신청서를 허가권자에게 제출하여야 한다.

② 허가권자가 지정하는 시기까지 식수(植樹) 등 조경에 필요한 조치를 할 것을 조건으로 임시사용을 승인할 수 있다.

③ 임시사용승인의 기간은 2년 이내로 한다. 다만, 허가권자는 대형 건축물 또는 암반공사 등으로 인하여 공사기간이 긴 건축물에 대하여는 그 기간을 연장할 수 있다(연장기간×).

> **기출유형** 임시사용승인의 기간은 1년 이내로 한다. 다만, 허가권자는 대형 건축물 또는 암반공사 등으로 인하여 공사기간이 긴 건축물에 대하여는 그 기간을 연장할 수 있다.(×)

## 6. **공용건축물에 대한 특례** 제22회

① **사전협의**: 국가나 지방자치단체는 건축물을 건축·대수선·용도변경하거나 가설건축물을 건축하거나 공작물을 축조하려는 경우에는 대통령령으로 정하는 바에 따라 미리 건축물의 소재지를 관할하는 허가권자와 협의하여야 한다.

② **간주**: 국가나 지방자치단체가 건축물의 소재지를 관할하는 허가권자와 협의한 경우에는 허가를 받았거나 신고한 것으로 본다.

③ **사후통보**: 협의한 건축물에는 사용승인의 규정을 적용하지 아니한다. 다만, 건축물의 공사가 끝난 경우에는 지체 없이 허가권자에게 통보하여야 한다.

④ **주민편의시설**: 국가나 지방자치단체가 소유한 대지의 지상 또는 지하 여유공간에 구분지상권을 설정하여 주민편의시설 등 대통령령으로 정하는 시설을 설치하고자 하는 경우 허가권자는 구분지상권자를 건축주로 보고 구분지상권이 설정된 부분을 대지로 보아 건축허가를 할 수 있다. 이 경우 구분지상권 설정의 대상 및 범위, 기간 등은 「국유재산법」 및 「공유재산 및 물품 관리법」에 적합하여야 한다.

> ㉠ 제1종 근린생활시설
> ㉡ 제2종 근린생활시설(총포판매소, 장의사, 다중생활시설, 제조업소, 단란주점, 안마시술소 및 노래연습장은 제외)
> ㉢ 문화 및 집회시설(공연장 및 전시장으로 한정)
> ㉣ 의료시설
> ㉤ 교육연구시설
> ㉥ 노유자시설
> ㉦ 운동시설
> ㉧ 업무시설(오피스텔은 제외)

> **기출유형** 업무시설 중 오피스텔은 구분지상권자를 건축주로 보고 구분지상권이 설정된 부분을 대지로 보아 건축허가를 할 수 있는 시설에 해당한다.(×)

## 03 건축물의 구조 및 재료

### 1. 구조안전의 확인 제29회, 제34회, 제35회

#### (1) 구조내력

① **구조기준에 따른 구조안전의 확인**: 허가대상인 건축물을 건축하거나 대수선하는 경우 해당 건축물의 설계자는 국토교통부령으로 정하는 구조기준 등에 따라 구조의 안전을 확인하여야 한다.

② **구조안전확인서류의 제출**: 구조 안전을 확인한 건축물 중 다음에 해당하는 건축물의 건축주는 설계자로부터 구조 안전의 확인 서류를 받아 착공신고를 하는 때에 그 확인 서류를 허가권자에게 제출하여야 한다. 다만, 표준설계도서에 따라 건축하는 건축물은 제외한다.

> ㉠ 층수가 2층(주요구조부인 기둥과 보를 설치하는 건축물로서 그 기둥과 보가 목재인 <u>목구조 건축물의 경우에는 3층</u>) 이상인 건축물
>
> ㉡ 연면적이 $200m^2$(<u>목구조 건축물의 경우에는 $500m^2$</u>) 이상인 건축물. 다만, 창고, 축사, 작물 재배사는 제외한다.
>
> ㉢ 높이가 13m 이상인 건축물
>
> ㉣ 처마높이가 9m 이상인 건축물
>
> ㉤ 기둥과 기둥 사이의 거리가 10m 이상인 건축물
>
> ㉥ 단독주택 및 공동주택
>
> ㉦ 건축물의 용도 및 규모를 고려한 중요도가 높은 건축물로서 <u>국토교통부령</u>으로 정하는 건축물
>
> ㉧ 국가적 문화유산으로 보존할 가치가 있는 건축물로서 <u>국토교통부령</u>으로 정하는 것
>
> ㉨ 한쪽 끝은 고정되고 다른 끝은 지지되지 아니한 구조로 된 보·차양 등이 외벽의 중심선으로부터 3m 이상 돌출된 건축물 및 특수한 설계·시공·공법 등이 필요한 건축물로서 <u>국토교통부장관</u>이 정하여 고시하는 구조로 된 건축물

**기출유형** 목구조 건축물의 경우에는 연면적이 $300m^2$ 이상인 경우 설계자로부터 구조 안전의 확인 서류를 받아 착공신고를 하는 때에 그 확인 서류를 허가권자에게 제출하여야 한다.(×)

#### (2) 내진능력 공개

건축물을 건축하고자 하는 자는 사용승인을 받는 즉시 건축물이 지진 발생 시에 견딜 수 있는 능력을 공개하여야 한다.<(1)②표 참조>

**기출유형** 국가적 문화유산으로 보존할 가치가 있는 것으로 문화체육관광부령으로 정하는 건축물은 건축허가 대상 건축물로서 내진능력을 공개하여야 하는 건축물에 해당한다.(×)

#### (3) 건축구조기술사의 협력대상 건축물

다음에 해당하는 건축물의 설계자는 건축물에 대한 구조의 안전을 확인하는 경우에는 건축구조기술사의 협력을 받아야 한다.

> ① 6층 이상인 건축물
>
> ② 특수구조 건축물
>
> ③ 다중이용 건축물
>
> ④ 준다중이용 건축물
>
> ⑤ 3층 이상의 필로티형식 건축물

### ⑷ 범죄예방

다음의 어느 하나에 해당하는 건축물은 국토교통부장관이 정하여 고시하는 범죄예방 기준에 따라 건축하여야 한다.

① 다가구, 다세대주택, 연립주택, 아파트(단독×, 다중×)

② 제1종 근린생활시설 중 일용품을 판매하는 소매점

③ 제2종 근린생활시설 중 다중생활시설

④ 문화 및 집회시설(동·식물원은 제외)

⑤ 교육연구시설(연구소 및 도서관은 제외)

⑥ 노유자시설, 수련시설

⑦ 업무시설 중 오피스텔

⑧ 숙박시설 중 다중생활시설

> **기출유형** 다가구주택을 제외한 공동주택에 한하여 범죄예방기준에 따라 건축하여야 한다.(×)

### ⑸ 소음방지용 경계벽의 설치

① 단독주택 중 다가구주택의 각 가구 간 또는 공동주택(기숙사는 제외)의 각 세대 간 경계벽

② 공동주택 중 기숙사의 침실, 의료시설의 병실, 학교의 교실 또는 숙박시설의 객실 간 경계벽

③ 제2종 근린생활시설 중 다중생활시설의 호실 간 경계벽

④ 노유자시설 중 「노인복지법」에 따른 노인복지주택의 각 세대 간 경계벽

⑤ 노유자시설 중 노인요양시설의 호실 간 경계벽

> **기출유형** 판매시설 중 상점 간에는 건축물의 가구·세대 등 소음 방지를 위한 경계벽을 설치하여야 한다.(×)

### ⑹ 층간(소음 방지용)바닥의 설치

① 단독주택 중 다가구주택

② 공동주택(「주택법」에 따른 주택건설사업계획승인 대상은 제외)

③ 업무시설 중 오피스텔

④ 제2종 근린생활시설 중 다중생활시설

⑤ 숙박시설 중 다중생활시설

> **기출유형** 노유자시설 중 노인요양시설에는 소음 방지용 바닥을 설치하여야 한다.(×)

## 2. 건축물의 피난시설 제22회, 제27회

| | |
|---|---|
| 직통계단 | 건축물의 피난층(직접 지상으로 통하는 출입구가 있는 층 및 피난안전구역을 말함) 외의 층에서는 피난층 또는 지상으로 통하는 직통계단(경사로 포함)을 거실의 각 부분으로부터 계단에 이르는 보행거리가 30m 이하가 되도록 설치하여야 한다. |
| 피난안전구역 | ① 초고층 건축물에는 피난층 또는 지상으로 통하는 직통계단과 직접 연결되는 피난안전구역(건축물 중간층에 설치하는 대피공간을 말함)을 지상층으로부터 최대 30개 층마다 1개소 이상 설치하여야 한다.<br>② 준초고층 건축물에는 피난층 또는 지상으로 통하는 직통계단과 직접 연결되는 피난안전구역을 해당 건축물 전체 층수의 2분의 1에 해당하는 층으로부터 상하 5개층 이내에 1개소 이상 설치하여야 한다. |
| 난간설치 | 옥상광장 또는 2층 이상인 층에 있는 노대(露臺)나 그 밖에 이와 비슷한 것의 주위에는 높이 1.2m 이상의 난간을 설치하여야 한다. |
| 옥상광장 | 5층 이상인 층이 제2종 근린생활시설 중 공연장·종교집회장·인터넷컴퓨터게임시설제공업소(해당 용도로 쓰는 바닥면적의 합계가 각각 300m² 이상), 문화 및 집회시설(전시장 및 동·식물원은 제외), 종교시설, 판매시설, 위락시설 중 주점영업 또는 장례시설의 용도로 쓰는 경우에는 피난 용도로 쓸 수 있는 광장을 옥상에 설치하여야 한다. |
| 헬리포트 | 층수가 11층 이상인 건축물로서 11층 이상인 층의 바닥면적의 합계가 1만m² 이상인 건축물의 옥상에는 다음의 구분에 따른 공간을 확보<br>① 평지붕으로 하는 경우: 헬리포트를 설치하거나 헬리콥터를 통하여 인명 등을 구조할 수 있는 공간<br>② 경사지붕으로 하는 경우: 경사지붕 아래에 설치하는 대피공간 |
| 승강기 | ① 건축주는 6층 이상으로서 연면적이 2천제곱미터 이상인 건축물을 건축하려면 승강기를 설치하여야 한다(층수가 6층인 건축물로서 각 층 거실의 바닥면적 300제곱미터 이내마다 1개소 이상의 직통계단을 설치한 건축물 제외).<br>② 높이 31미터를 초과하는 건축물에는 승강기뿐만 아니라 비상용승강기를 추가로 설치하여야 한다.<br>③ 고층건축물에는 건축물에 설치하는 승용승강기 중 1대 이상을 피난용승강기로 설치하여야 한다. |

▶ **기출유형** 층수가 63층이고 높이가 190m인 초고층건축물에는 피난층 또는 지상으로 통하는 직통계단과 직접 연결되는 피난안전구역을 지상층으로부터 최대 30개 층마다 2개소 이상 설치하여야 한다.(×)

▶ **기출유형** 옥상광장 또는 2층 이상인 층에 있는 노대나 그 밖에 이와 비슷한 것의 주위에는 높이 1.5m 이상의 난간을 설치하여야 한다.(×)

## 3. 일반 구조

| | |
|---|---|
| 창문의 설치 | 단독주택 및 공동주택의 거실, 학교의 교실, 의료시설의 병실 및 숙박시설의 객실에는 국토교통부령으로 정하는 기준에 따라 채광(거실바닥면적의 1/10 이상) 및 환기(거실바닥면적의 1/20 이상)를 위한 창문 등이나 설비를 설치하여야 한다. |
| 차면시설 | 인접 대지경계선으로부터 직선거리 <u>2m 이내</u>에 이웃 주택의 내부가 보이는 창문 등을 설치하는 경우에는 차면시설(遮面施設)을 설치하여야 한다. |
| 지하층 | 지하층이란 건축물의 바닥이 지표면 아래에 있는 층으로서 바닥에서 지표면까지 평균 높이가 해당 층 높이의 <u>2분의 1 이상</u>인 것을 말한다.<br>① 지하층은 건축물의 층수에 산입하지 아니한다.<br>② 지하층의 바닥면적은 연면적에 포함한다. 다만, 용적률을 산정할 때에는 연면적에서 제외한다.<br>③ 단독주택, 공동주택은 건축물의 지하층에는 거실을 설치할 수 없다. 다만, 침수위험 정도를 비롯한 지역적 특성, 피난 및 대피 가능성을 고려하여 해당 지방자치단체의 조례로 정하는 경우에는 그러하지 아니하다.<br><br><br>지표면<br>$\frac{1}{2}$h 이상<br>바닥 |

**기출유형** 인접 대지경계선으로부터 직선거리 3미터에 이웃 주택의 내부가 보이는 창문 등을 설치하는 경우에는 차면시설을 설치하여야 한다.(×)

## 4. 건축물의 대지가 지역·지구 또는 구역에 걸치는 경우의 조치 제22회, 제26회

| | |
|---|---|
| 원 칙 | 대지가 이 법이나 다른 법률에 따른 지역·지구(녹지지역과 방화지구는 제외) 또는 구역에 걸치는 경우에는 대통령령으로 정하는 바에 따라 그 <u>건축물과 대지의 전부</u>에 대하여 대지의 과반(過半)이 속하는 지역·지구 또는 구역 안의 건축물 및 대지 등에 관한 이 법의 규정을 적용한다. |
| 방화지구 특례 | ① 하나의 건축물이 방화지구와 그 밖의 구역에 걸치는 경우에는 그 전부에 대하여 <u>방화지구 안의 건축물</u>에 관한 이 법의 규정을 적용한다.<br>② 다만, 건축물의 방화지구에 속한 부분과 그 밖의 구역에 속한 부분의 경계가 방화벽으로 구획되는 경우 그 밖의 구역에 있는 부분에 대하여는 그러하지 아니하다. |
| 녹지지역 특례 | ① 대지가 녹지지역과 그 밖의 지역·지구 또는 구역에 걸치는 경우에는 각 지역·지구 또는 구역 안의 <u>건축물과 대지</u>에 관한 이 법의 규정을 적용한다.<br>② 다만, 녹지지역 안의 건축물이 방화지구에 걸치는 경우에는 방화지구 특례에 따른다. |

**기출유형** 하나의 건축물이 방화지구와 그 밖의 구역에 걸치는 경우에는 건축물과 대지의 전부에 대하여 방화지구 안의 건축물에 관한 이 법의 규정을 적용한다.(×)

## 1. 대 지 제22회, 제24회, 제25회, 제26회, 제27회, 제34회, 제35회

### (1) 대지의 안전

① **대지와 도로**: 대지는 <u>인접한 도로면보다 낮아서는 아니 된다</u>. 다만, 대지의 배수에 지장이 없거나 건축물의 용도상 방습(防濕)의 필요가 없는 경우에는 인접한 도로면보다 낮아도 된다.

② **습지 · 매립지**: 습한 토지, 물이 나올 우려가 많은 토지, 쓰레기, 그 밖에 이와 유사한 것으로 매립된 토지에 건축물을 건축하는 경우에는 성토(盛土), 지반 개량 등 필요한 조치를 하여야 한다.

③ **옹벽설치**: 손궤의 우려가 있는 토지에 대지를 조성하려면 옹벽을 설치하거나 그 밖에 필요한 조치를 하여야 한다.

> ㉠ 성토 또는 절토하는 부분의 경사도가 1 : 1.5 이상으로서 높이가 1m 이상인 부분에는 옹벽을 설치할 것
> ㉡ 옹벽의 높이가 2m 이상인 경우에는 이를 콘크리트구조로 할 것
> ㉢ <u>옹벽의 외벽면에는 이의 지지 또는 배수를 위한 시설 외의 구조물이 밖으로 튀어 나오지 아니하게 할 것</u>

**기출유형** 대지의 배수에 지장이 없고 건축물의 용도상 방습의 필요가 없는 경우에도 대지는 인접한 도로면보다 낮아서는 안 된다.(×)

### (2) 대지의 조경

① **원칙**: <u>면적이 200m² 이상인 대지</u>에 건축을 하는 건축주는 용도지역 및 건축물의 규모에 따라 해당 지방자치단체의 조례로 정하는 기준에 따라 대지에 조경이나 그 밖에 필요한 조치를 하여야 한다.

② **조경대상 제외**: 다음의 건축물에 대하여는 조경 등의 조치를 하지 아니할 수 있다.

> ㉠ 이미나무존재: 녹지지역에 건축하는 건축물, 자연환경보전지역 · 농림지역 또는 관리지역(지구단위계획구역지정지역 제외)의 건축물
> ㉡ 볼 사람 없음: 면적 5천m² 미만인 대지에 건축하는 공장, 연면적의 합계가 1,500m² 미만인 공장, 산업단지의 공장, 연면적의 합계가 1,500m² 미만인 물류시설(주거지역 또는 상업지역 제외), 축사
> ㉢ 나무죽음: 대지에 염분이 함유되어 있는 경우 또는 건축물 용도의 특성상 조경 등의 조치를 하기가 곤란하거나 불합리한 경우로서 건축조례로 정하는 건축물,
> ㉣ 건축물 금방 사라짐: 허가대상 가설건축물

**기출유형** 면적 5천m² 미만인 대지에 건축하는 공장에 대하여는 조경 등의 조치를 하여야 한다.(×)

**기출유형** 상업지역인 대지에 건축하는 연면적이 1,000m²인 물류시설은 조경설치를 면제할 수 있다.(×)

③ **옥상조경**: 옥상부분 조경면적의 <u>3분의 2</u>에 해당하는 면적을 대지의 조경면적으로 산정할 수 있다. 이 경우 조경면적으로 산정하는 면적은 대지의 <u>조경면적의 100분의 50</u>을 초과할 수 없다.

## (3) 공개공지 등의 확보

① **설치대상**: 다음에 해당하는 지역의 환경을 쾌적하게 조성하기 위하여 대통령령으로 정하는 용도와 규모의 건축물은 일반이 사용할 수 있도록 소규모 휴식시설(긴의자 등) 등의 공개공지(공터) 또는 공개공간을 설치하여야 한다.

> ㉠ 일반주거지역, 준주거지역(전용주거지역×)
> ㉡ 상업지역
> ㉢ 준공업지역
> ㉣ 특별자치시장·특별자치도지사 또는 시장·군수·구청장이 도시화의 가능성이 크거나 노후 산업단지의 정비가 필요하다고 인정하여 지정·공고하는 지역

> **기출유형** 전용주거지역, 일반공업지역, 전용공업지역, 보전녹지지역은 공개공지를 설치하여야 하는 대상 지역이다.(×)

② **설치대상규모**: 문화 및 집회시설, 종교시설, 판매시설(<u>농수산물유통시설은 제외</u>), 운수시설(여객용 시설만 해당), 업무시설 및 숙박시설로서 해당 용도로 쓰는 바닥면적의 합계가 5천m² 이상인 건축물

> **기출유형** 바닥면적의 합계가 5천m² 이상인 농수산물유통시설의 경우에는 공개공지를 설치하여야 한다.(×)

③ **설치기준**: 공개공지 등의 면적은 <u>대지면적의 100분의 10 이하</u>의 범위에서 건축조례로 정한다. 이 경우 조경면적과 매장문화재의 현지보존 조치 면적을 공개공지 등의 면적으로 할 수 있으며, 공개공지는 필로티의 구조로 설치할 수 있다.

> **기출유형** 일반주거지역의 건축물에 설치하는 공개공지 등의 건축면적은 100분의 10 이하에 해당하여야 한다.(×)

④ **건축기준의 완화적용**: 공개공지 등을 설치하는 경우에는 대지면적에 대한 공개공지 등 면적 비율에 따라 <u>용적률 및 건축물의 높이제한을 완화(1.2배 이하)</u>하여 적용한다(건폐율×).

> **기출유형** 공개공지 등을 설치하는 경우에는 대지면적에 대한 공개공지 등 면적 비율에 따라 용적률 1.5배 이하에서 완화하여 적용한다.(×)

⑤ **문화행사 등**: 공개공지 등에는 <u>연간 60일 이내</u>의 기간 동안 건축조례로 정하는 바에 따라 주민들을 위한 문화행사를 열거나 판촉활동을 할 수 있다. 다만, 울타리를 설치하는 등 공중이 해당 공개공지 등을 이용하는데 지장을 주는 행위를 해서는 아니 된다.

## (4) 대지의 분할제한

① **분할제한 면적**: 건축물이 있는 대지는 대통령령으로 정하는 다음에 해당하는 규모 이상의 범위에서 해당 지방자치단체의 조례로 정하는 <u>면적에 못 미치게 분할할 수 없다.</u>

> ㉠ 주거지역: 60m² 미만
> ㉡ 상업지역·공업지역: 150m² 미만
> ㉢ 녹지지역: 200m² 미만
> ㉣ 그 밖의 지역: 60m² 미만

> **기출유형** 제1종 일반주거지역은 최소면적기준은 150m²이다.(×)

② **분할제한 기준**: 건축물이 있는 대지는 다음에 따른 기준에 못 미치게 분할할 수 없다.

> ⊙ 대지와 도로의 관계
> ⓒ 건축물의 건폐율
> ⓒ 건축물의 용적률
> ⓔ 대지 안의 공지
> ⓜ 건축물의 높이 제한
> ⓗ 일조 등의 확보를 위한 건축물의 높이 제한

## 2. 도 로 제21회, 제22회, 제23회, 제25회, 제28회, 제34회

### (1) 의 의

도로란 보행과 자동차 통행이 가능한 너비 4m 이상의 도로로서 다음에 해당하는 도로나 그 예정도로를 말한다.

> ⊙ 「국토의 계획 및 이용에 관한 법률」, 「도로법」, 「사도법」, 그 밖의 관계 법령에 따라 신설 또는 변경에 관한 고시가 된 도로
> ⓒ 건축허가 또는 신고 시에 시·도지사 또는 시장·군수·구청장이 위치를 지정하여 공고한 도로

**기출유형** 건축법상 모든 도로는 도로라는 특성상 도로법에 따른 신설·변경 고시가 되어야 한다.(×)

### (2) 예 외

① **차량통행이 불가능**: 특별자치시장·특별자치도지사 또는 시장·군수·구청장이 지형적 조건으로 인하여 차량 통행을 위한 도로의 설치가 곤란하다고 인정하여 그 위치를 지정·공고하는 구간의 너비 3m 이상인 도로

| 막다른 도로의 길이 | 도로의 너비 |
| --- | --- |
| 10m 미만 | 2m 이상 |
| 10m 이상 35m 미만 | 3m 이상 |
| 35m 이상 | 6m(도시지역이 아닌 읍·면지역은 4m) 이상 |

② 막다른 도로로서 그 너비가 길이에 따라 각각 다음 표에 정하는 기준 이상인 도로

### (3) 도로의 지정·폐지·변경

① **지정**: 허가권자는 도로의 위치를 지정·공고하려면 그 도로에 대한 이해관계인의 동의를 받아야 한다. 다만, 다음에 해당하면 이해관계인의 동의를 받지 아니하고 건축위원회의 심의를 거쳐 도로를 지정할 수 있다.

> ⊙ 허가권자가 이해관계인이 해외에 거주하는 등의 사유로 이해관계인의 동의를 받기가 곤란하다고 인정하는 경우
> ⓒ 주민이 오랫동안 통행로로 이용하고 있는 사실상의 통로로서 해당 지방자치단체의 조례로 정하는 것인 경우

② **폐지·변경**: 허가권자는 지정한 도로를 폐지하거나 변경하려면 그 도로에 대한 이해관계인의 동의를 받아야 한다.

**기출유형** 허가권자는 도로의 위치를 지정·공고하려면 반드시 그 도로에 대한 이해관계인의 동의를 받아야 한다.(×)

## ⑷ 대지와 도로의 관계

### ① 접도의무

건축물의 대지는 2m 이상이 도로(자동차만의 통행에 사용되는 도로는 제외)에 접하여야 한다.

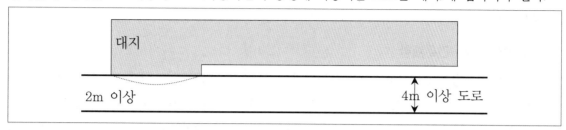

▶ **기출유형** 건축물의 대지는 4m 이상이 보행과 자동차의 통행이 가능한 도로에 접하여야 한다.(×)

### ② 적용제외

ㄱ 해당 건축물의 출입에 지장이 없다고 인정되는 경우

ㄴ 건축물의 주변에 광장, 공원, 유원지, 그 밖에 관계 법령에 따라 건축이 금지되고 공중의 통행에 지장이 없는 공지로서 허가권자가 인정한 공지가 있는 경우

ㄷ 「농지법」에 따른 농막을 건축하는 경우

▶ **기출유형** 농막을 건축하는 경우에는 도로에 2m 이상 접하여야 한다.(×)

### ③ 강화 : 연면적의 합계가 2천m$^2$(공장인 경우에는 3천m$^2$) 이상인 건축물(축사, 작물재배사 제외)의 대지는 너비 6m 이상의 도로에 4m 이상 접하여야 한다.

▶ **기출유형** 연면적의 합계가 2천m$^2$ 이상인 공장인 경우 대지는 너비 6m 이상의 도로에 4m 이상 접하여야 한다.(×)

## 3. 건축선 제21회, 제22회, 제23회, 제25회, 제34회

## ⑴ 원 칙

대지가 소요너비(4m) 이상의 도로에 접하였을 때 원칙적으로 대지와 도로의 경계선으로 한다.

## ⑵ 예 외

① **소요 너비 미달도로** : 소요 너비에 못 미치는 너비의 도로인 경우에는 그 <u>중심선</u>으로부터 그 <u>소요 너비의 2분의 1</u>의 수평거리만큼 물러난 선을 건축선으로 한다.

② 그 도로의 반대쪽에 경사지, 하천, 철도, 선로부지, 그 밖에 이와 유사한 것이 있는 경우에는 그 경사지 등이 있는 쪽의 도로경계선에서 <u>소요 너비</u>에 해당하는 수평거리의 선을 건축선으로 한다.

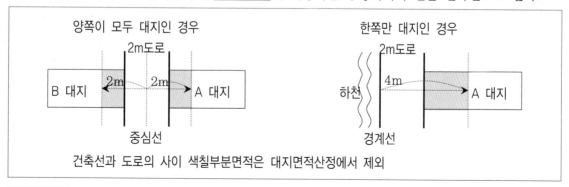

▶ **기출유형** 소요 너비에 못 미치는 너비의 도로인 경우에는 그 중심선으로부터 그 소요 너비에 해당하는 수평거리만큼 물러난 선을 건축선으로 한다.(×)

### (3) 지정건축선

특별자치시장·특별자치도지사 또는 시장·군수·구청장은 시가지 안에서 건축물의 위치나 환경을 정비하기 위하여 필요하다고 인정하면 도시지역에서 4m 이하의 범위에서 건축선을 따로 지정할 수 있다.

### (4) 건축선에 따른 건축제한

① 건축물과 담장은 건축선의 수직면을 넘어서는 아니 된다. 다만, 지표 아래 부분은 그러하지 아니하다.

**기출유형** 지표 아래 부분을 포함한 건축물과 담장은 건축선의 수직면을 넘어서는 아니 된다.(×)

② 도로면으로부터 높이 4.5m 이하에 있는 출입구, 창문, 그 밖에 이와 유사한 구조물은 열고 닫을 때 건축선의 수직면을 넘지 아니하는 구조로 하여야 한다.

**기출유형** 건축물의 높이가 도로면으로부터 높이 4m인 건축물에서는 출입구나 창문을 열고 닫을 때 건축선의 수직면을 넘는 구조로 설치하여도 된다.(×)

# 면적 등

## 01 면 적

### 1. 대지면적 제20회, 제21회, 제23회, 제24회, 제25회, 제29회, 제31회

① **원칙**: 대지의 <u>수평투영면적</u>으로 한다.

② 다음에 해당하는 면적은 제외한다.

> ㉠ 소요 너비에 못 미치는 너비의 도로와 도로의 모퉁이에서 대지에 건축선이 정하여진 경우 그 건축선과 도로 사이의 대지면적
>
> ㉡ 대지에 도시·군계획시설인 도로·공원 등이 있는 경우 그 도시·군계획시설에 포함되는 대지면적

### 2. 건축면적 제33회

### (1) 원 칙

① 건축물의 외벽(외벽이 없는 경우에는 외곽 부분의 기둥)의 <u>중심선</u>으로 둘러싸인 부분의 수평투영면적으로 한다.

② 처마, 차양, 부연(附椽) 등으로서 외벽의 중심선으로부터 수평거리 <u>1m 이상</u> 돌출된 부분이 있는 건축물의 건축면적은 그 돌출된 끝부분으로부터 다음의 구분에 따른 수평거리를 후퇴한 선으로 둘러싸인 부분의 수평투영면적으로 한다.

> ㉠ 전통<u>사찰</u>: 4m 이하의 범위에서 외벽의 중심선까지의 거리
>
> ㉡ 사료 투여, 가축 이동 및 가축 분뇨 유출 방지 등을 위하여 상부에 한쪽 끝은 고정되고 다른 쪽 끝은 지지되지 아니한 구조로 된 돌출차양이 설치된 축사: 3m 이하의 범위에서 외벽의 중심선까지의 거리
>
> ㉢ <u>한옥</u>과 충전시설(그에 딸린 충전 전용 주차구획 포함)의 설치를 목적으로 처마, 차양, 부연 등이 설치된 공동주택(「주택법」에 따른 사업계획승인 대상으로 한정): <u>2m</u> 이하의 범위에서 외벽의 중심선까지의 거리
>
> ㉣ 그 밖의 건축물: 1m

**기출유형** 전통사찰은 2m 이하의 범위에서 외벽의 중심선까지의 거리를 건축면적에서 제외한다.(×)

**기출유형** 한옥은 3m 이하의 범위에서 외벽의 중심선까지의 거리를 건축면적에서 제외한다.(×)

### (2) 예 외

다음의 경우에는 건축면적에 산입하지 아니한다.

> ① 지표면으로부터 1m 이하에 있는 부분
> ② 건축물 지상층에 일반인이나 차량이 통행할 수 있도록 설치한 보행통로나 차량통로
> ③ 지하주차장의 경사로
> ④ 건축물 지하층의 출입구 상부
> ⑤ 생활폐기물 보관함(음식물쓰레기, 의류 등의 수거함) 등

## 3. 바닥면적

### (1) 원 칙

건축물의 각 층 또는 그 일부로서 벽, 기둥, 그 밖에 이와 비슷한 구획의 중심선으로 둘러싸인 부분의 수평투영면적으로 한다.

① 벽·기둥의 구획이 없는 건축물은 그 지붕 끝부분으로부터 수평거리 1m를 후퇴한 선으로 둘러싸인 수평투영면적으로 한다.

② 건축물의 노대 등의 바닥은 난간 등의 설치 여부에 관계없이 노대 등의 면적에서 노대등이 접한 가장 긴 외벽에 접한 길이에 1.5m를 곱한 값을 뺀 면적을 바닥면적에 산입한다.

③ 건축물의 경우에는 단열재가 설치된 외벽 중 내측 내력벽의 중심선을 기준으로 산정한 면적을 바닥면적으로 한다.

### (2) 예 외

다음의 경우에는 바닥면적에 산입하지 아니한다.

> ① 필로티 구조(벽면적의 2분의 1 이상이 그 층의 바닥면에서 위층 바닥 아래면까지 공간으로 된 것만 해당)의 부분은 그 부분이 공중의 통행이나 차량의 통행 또는 주차에 전용되는 경우와 공동주택의 경우에는 바닥면적에 산입하지 아니한다.
> ② 승강기탑(옥상 출입용 승강장 포함), 계단탑, 장식탑, 다락[층고가 1.5m(경사진 형태의 지붕인 경우에는 1.8m) 이하인 것만 해당], 건축물의 외부 또는 내부에 설치하는 굴뚝, 더스트슈트, 설비덕트, 그 밖에 이와 비슷한 것과 옥상·옥외 또는 지하에 설치하는 물탱크, 기름탱크, 냉각탑, 정화조, 도시가스 정압기, 그 밖에 이와 비슷한 것을 설치하기 위한 구조물과 건축물 간에 화물의 이동에 이용되는 컨베이어벨트만을 설치하기 위한 구조물은 바닥면적에 산입하지 아니한다.
> ③ 공동주택으로서 지상층에 설치한 기계실, 전기실, 어린이놀이터, 조경시설 및 생활폐기물 보관함의 면적은 바닥면적에 산입하지 아니한다.
> ④ 건축물을 리모델링하는 경우로서 미관 향상, 열의 손실 방지 등을 위하여 외벽에 부가하여 마감재 등을 설치하는 부분은 바닥면적에 산입하지 아니한다.
> ⑤ 대피공간에 설치하는 경우 또는 대체시설을 발코니(발코니의 외부에 접하는 경우를 포함)에 설치하는 경우에는 해당 구조 또는 시설이 설치되는 대피공간 또는 발코니의 면적 중 인접세대와 공동으로 설치하는 경우($4m^2$), 각 세대별로 설치하는 경우($3m^2$)의 구분에 따른 면적까지를 바닥면적에 산입하지 않는다.

✔ key point 층고란 방의 바닥구조체 윗면으로부터 위층 바닥구조체의 윗면까지의 높이로 한다. 다만, 한 방에서 층의 높이가 다른 부분이 있는 경우에는 그 각 부분 높이에 따른 면적에 따라 가중평균한 높이로 한다.

**기출유형** 주택의 노대 등의 바닥은 전체가 바닥면적에 산입된다.(×)

**기출유형** 공동주택으로서 지상층에 설치한 조경시설은 바닥면적에 산입한다.(×)

## 4. 연면적

하나의 건축물 각 층의 바닥면적의 합계(지하층 포함)로 하되, 용적률을 산정할 때에는 다음에 해당하는 면적은 제외한다.

> ① 지하층의 면적
> ② 지상층의 주차용(해당 건축물의 부속용도인 경우만 해당)으로 쓰는 면적
> ③ 초고층 건축물과 준초고층 건축물에 설치하는 피난안전구역의 면적
> ④ 건축물(헬리포트 기준)의 경사지붕 아래에 설치하는 대피공간의 면적

**기출유형** 지하층은 연면적에서 제외한다.(×)

**기출유형** 대지면적이 160m²이고 각층의 바닥면적이 동일한 지하 1층, 지상3층인 용적률이 150%라 할 때 바닥면적은 60m²이다.(×)

**기출유형** 용적률을 산정할 때에는 해당 건축물의 부속용도로서 지상층의 주차장으로 쓰는 면적은 연면적에 포함한다.(×)

## 02 | 높이(층수)

### 1. 건축물의 크기제한 제23회, 제24회, 제34회

#### (1) 건축물의 건폐율

대지면적에 대한 건축면적(대지에 건축물이 둘 이상 있는 경우에는 이들 건축면적의 합계)의 비율의 최대한도는 「국토의 계획 및 이용에 관한 법률」에 의한 용도지역별 건폐율에 따른다. 다만, 이 법에서 기준을 완화하거나 강화하여 적용하도록 규정한 경우에는 그에 따른다.

$$\text{건폐율} = \frac{\text{건축면적}}{\text{대지면적}} \times 100$$

#### (2) 건축물의 용적률

대지면적에 대한 연면적(대지에 건축물이 둘 이상 있는 경우에는 이들 연면적의 합계)의 비율의 최대한도는 「국토의 계획 및 이용에 관한 법률」에 의한 용도지역별 용적률에 따른다. 다만, 이 법에서 기준을 완화하거나 강화하여 적용하도록 규정한 경우에는 그에 따른다.

$$\text{용적률} = \frac{\text{연면적}}{\text{대지면적}} \times 100$$

## 2. 건축물의 높이

지표면으로부터 그 건축물의 상단까지의 높이로 한다.

> ① 건축물의 높이제한에 따른 건축물의 높이는 전면도로의 중심선으로부터의 높이로 산정한다.
> ② 건축물의 옥상에 설치되는 승강기탑·계단탑·망루·장식탑·옥탑 등으로서 그 수평투영면적의 합계가 해당 건축물 건축면적의 8분의 1(「주택법」에 따른 사업계획승인 대상인 공동주택 중 세대별 전용면적이 85m² 이하인 경우에는 6분의 1) 이하인 경우로서 그 부분의 높이가 12m를 넘는 경우에는 그 넘는 부분만 해당 건축물의 높이에 산입한다.

## 3. 건축물의 층수

### (1) 원 칙

① 층의 구분이 명확하지 아니한 건축물은 그 건축물의 높이 4m마다 하나의 층으로 보고 그 층수를 산정한다.

② 건축물이 부분에 따라 그 층수가 다른 경우에는 그 중 가장 많은 층수를 그 건축물의 층수로 본다.

### (2) 예 외

① 승강기탑(옥상 출입용 승강장 포함), 계단탑, 망루, 장식탑, 옥탑, 그 밖에 이와 비슷한 건축물의 옥상 부분으로서 그 수평투영면적의 합계가 해당 건축물 건축면적의 8분의 1(「주택법」에 따른 사업계획승인 대상인 공동주택 중 세대별 전용면적이 85m² 이하인 경우에는 6분의 1) 이하인 것은 건축물의 층수에 산입하지 아니한다.

② 지하층은 건축물의 층수에 산입하지 아니한다.

> **기출유형** 층의 구분이 명확하지 아니한 건축물은 그 건축물의 높이 3m마다 하나의 층으로 보고 그 층수를 산정한다.(×)
>
> **기출유형** 지하층은 건축물의 층수에 산입한다.(×)
>
> **기출유형** 지하층이 2개층이고 지상층의 전체가 층의 구분이 명확하지 아니한 건축물로서 전체바닥면적이 600m²이며, 바닥면적 300m²은 높이가 12m, 나머지는 16m인 경우 층수는 3층 건축물이다.(×)

## 4. 건축물의 높이제한 제25회

### (1) 가로구역에서의 높이 제한

① **건축물의 높이 지정**: 허가권자는 가로구역(도로로 둘러싸인 일단의 지역)을 단위로 건축물의 높이를 지정·공고할 수 있다.

> **key point** 허가권자는 가로구역별 건축물의 높이를 지정하려면 지방건축위원회의 심의를 거쳐야 한다.

② 특별자치시장·특별자치도지사 또는 시장·군수·구청장은 가로구역의 높이를 완화하여 적용할 필요가 있다고 판단되는 대지에 대하여는 건축위원회의 심의를 거쳐 높이를 완화하여 적용할 수 있다.

③ 특별시장이나 광역시장은 도시의 관리를 위하여 필요하면 가로구역별 건축물의 높이를 특별시나 광역시의 조례로 정할 수 있다.

④ 허가권자는 같은 가로구역에서 건축물의 용도 및 형태에 따라 건축물의 높이를 다르게 정할 수 있다.

> **기출유형** 시장은 건축물의 용도 및 형태에 관계없이 동일한 가로구역 안에서는 건축물의 높이를 동일하게 정해야 한다.(×)

## (2) 일조(日照) 등의 확보를 위한 건축물의 높이 제한

### ① 전용주거지역과 일반주거지역

㉠ 원칙: 전용주거지역이나 일반주거지역에서 건축물을 건축하는 경우에는 건축물의 각 부분을 정북방향으로의 인접 대지경계선으로부터 다음범위에서 건축조례로 정하는 거리 이상을 띄어 건축하여야 한다.

> ⓐ 높이 10m 이하인 부분: 인접 대지경계선으로부터 1.5m 이상
>
> ⓑ 높이 10m를 초과하는 부분: 인접 대지경계선으로부터 해당 건축물 각 부분 높이의 2분의 1 이상

**기출유형** 주거지역에서 건축물을 건축하는 경우에는 건축물의 각 부분을 정북방향으로의 인접 대지경계선으로부터 건축조례로 정하는 거리 이상을 띄어 건축하여야 한다.(×)

**기출유형** 높이 12m인 부분인 경우에는 인접 대지경계선으로부터 1.5m 이상 띄어 건축하여야 한다.(×)

㉡ 예외: 다음에 해당하면 건축물의 높이를 정남(正南)방향의 인접 대지경계선으로부터의 거리에 따라 대통령령으로 정하는 높이 이하로 할 수 있다.

> ⓐ 택지개발지구, 대지조성사업지구, 도시개발구역, 정비구역인 경우
>
> ⓑ 국가산업단지, 일반산업단지, 도시첨단산업단지 및 농공단지인 경우
>
> ⓒ 정북방향으로 도로, 공원, 하천 등 건축이 금지된 공지에 접하는 대지인 경우
>
> ⓓ 정북방향으로 접하고 있는 대지의 소유자와 합의한 경우 등

### ② 공동주택

인접 대지경계선 등의 방향으로 채광을 위한 창문 등을 두는 경우, 하나의 대지에 두 동(棟) 이상을 건축하는 경우 공동주택(중심상업지역과 일반상업지역에 건축하는 것은 제외)은 채광(採光) 등의 확보를 위하여 대통령령으로 정하는 높이 이하로 하여야 한다.

**기출유형** 일반상업지역에서 건축하는 공동주택으로서 하나의 대지에 두 동이상을 건축하는 경우에는 채광(採光) 등의 확보를 위한 높이제한이 적용된다.(×)

### ③ 적용배제

2층 이하로서 높이가 8m 이하인 건축물에는 해당 지방자치단체의 조례로 정하는 바에 따라 일조 등의 확보를 위한 건축물의 높이제한을 적용하지 아니할 수 있다.

**기출유형** 3층 이하로서 높이가 12m 이하인 건축물에는 일조 등의 확보를 위한 건축물의 높이제한에 관한 규정을 적용하지 아니할 수 있다.(×)

# 건축특칙 & 이행강제금 & 보칙

## 01 특별건축구역

## 1. 특별건축구역의 지정

특별건축구역이란 조화롭고 창의적인 건축물의 건축을 통하여 도시경관의 창출, 건설기술 수준향상 및 건축 관련 제도개선을 도모하기 위하여 이 법 또는 관계 법령에 따라 일부 규정을 적용하지 아니하거나 완화 또는 통합하여 적용할 수 있도록 특별히 지정하는 구역을 말한다.

## 2. 지정권자 및 지정대상 제32회

### (1) 원 칙

국토교통부장관 또는 시·도지사는 다음에 따라 도시나 지역의 일부가 특별건축구역으로 특례 적용이 필요하다고 인정하는 경우에는 특별건축구역을 지정할 수 있다.

> ① 국토교통부장관이 지정하는 경우
>    ㉠ 국가가 국제행사 등을 개최하는 도시 또는 지역의 사업구역
>    ㉡ 관계법령에 따른 국가정책사업으로서 사업구역(행정중심복합도시, 혁신도시의 사업구역, 경제자유구역, 택지개발사업구역, 공공주택지구, 도시개발구역)
> ② 시·도지사가 지정하는 경우
>    ㉠ 지방자치단체가 국제행사 등을 개최하는 도시 또는 지역의 사업구역
>    ㉡ 관계법령에 따른 도시개발·도시재정비 및 건축문화 진흥사업으로서 건축물 또는 공간환경을 조성하기 위한 사업구역(경제자유구역, 택지개발사업구역, 정비구역, 도시개발구역, 재정비촉진구역, 관광특구, 문화지구)

> **기출유형** 국토교통부장관은 지방자치단체가 국제행사 등을 개최하는 도시 또는 지역의 사업구역은 특별건축구역을 지정할 수 있다.(×)

> **기출유형** 시·도지사는 행정중심복합도시에 특별건축구역을 지정할 수 있다.(×)

### (2) 지정제외

다음에 해당하는 지역·구역 등에 대하여는 특별건축구역으로 지정할 수 없다.

> ① 「개발제한구역의 지정 및 관리에 관한 특별조치법」에 따른 개발제한구역
> ② 「자연공원법」에 따른 자연공원
> ③ 「도로법」에 따른 접도구역
> ④ 「산지관리법」에 따른 보전산지

> **기출유형** 개발제한구역에는 특별건축구역을 지정할 수 있다.(×)
> **기출유형** 정비구역에는 특별건축구역을 지정할 수 없다.(×)

## 3. 지정절차

① **지정신청**: 중앙행정기관의 장, 사업구역을 관할하는 시·도지사 또는 시장·군수·구청장(이하 "지정신청기관")은 특별건축구역의 지정이 필요한 경우에는 중앙행정기관의 장 또는 시·도지사는 국토교통부장관에게, 시장·군수·구청장은 특별시장·광역시장·도지사에게 각각 특별건축구역의 지정을 신청할 수 있다.

② **건축위원회 심의**: 국토교통부장관 또는 특별시장·광역시장·도지사는 지정신청이 접수된 경우에는 특별건축구역 지정의 필요성, 타당성 및 공공성 등과 피난·방재 등의 사항을 검토하고, 지정 여부를 결정하기 위하여 지정신청을 받은 날부터 30일 이내에 국토교통부장관은 중앙건축위원회, 특별시장·광역시장·도지사가 지정신청을 받은 경우에는 각각 특별시·광역시·도에 두는 건축위원회의 심의를 거쳐야 한다.

③ **도시·군관리계획결정 의제**: 특별건축구역을 지정하거나 변경한 경우에는 「국토의 계획 및 이용에 관한 법률」에 따른 도시·군관리계획의 결정(용도지역·지구·구역의 지정 및 변경은 제외)이 있는 것으로 본다.

> ▰ **기출유형** 특별건축구역을 지정하는 경우 국토의 계획 및 이용에 관한 법률에 따른 용도지역·지구·구역의 지정이 있는 것으로 본다.(×)

④ **지정 해제**: 국토교통부장관 또는 시·도지사는 다음에 해당하는 경우에는 특별건축구역의 전부 또는 일부에 대하여 지정을 해제할 수 있다. 이 경우 지정신청기관의 의견을 청취하여야 한다.

> ㉠ 지정신청기관의 요청이 있는 경우
> ㉡ 거짓이나 그 밖의 부정한 방법으로 지정을 받은 경우
> ㉢ 특별건축구역 지정일부터 5년 이내에 특별건축구역 지정목적에 부합하는 건축물의 착공이 이루어지지 아니하는 경우
> ㉣ 특별건축구역 지정요건 등을 위반하였으나 시정이 불가능한 경우

> ▰ **기출유형** 국토교통부장관 또는 시·도지사는 특별건축구역 지정일부터 3년 이내에 특별건축구역 지정목적에 부합하는 건축물의 착공이 이루어지지 아니하는 경우에는 특별건축구역의 전부 또는 일부에 대하여 지정을 해제할 수 있다.(×)

## 4. 적용 배제 <sup>제33회</sup>

특별건축구역에 건축하는 건축물에 대하여는 다음의 규정을 적용하지 아니할 수 있다.

> ① 대지의 조경, 대지 안의 공지
> ② 건축물의 건폐율·용적률
> ③ 건축물의 높이 제한
> ④ 일조 등의 확보를 위한 건축물의 높이 제한

> ▰ **기출유형** 특별건축구역에는 건축선도 배제한다.(×)

## 5. 통합 적용

특별건축구역에서는 다음규정에 대하여는 개별 건축물마다 적용하지 아니하고 특별건축구역 전부 또는 일부를 대상으로 통합하여 적용할 수 있다.

> ① 「문화예술진흥법」에 따른 건축물에 대한 미술작품의 설치
> ② 「주차장법」에 따른 부설주차장의 설치
> ③ 「도시공원 및 녹지 등에 관한 법률」에 따른 공원의 설치

**기출유형** 특별건축구역에서는 「주차장법」에 따른 부설주차장의 설치에 관한 규정은 개별건축물마다 적용하여야 한다.(×)

**기출유형** 특별건축구역에서는 「문화예술진흥법」에 따른 건축물에 대한 미술작품의 설치에 관한 규정은 개별건축물마다 적용하여야 한다.(×)

---

## 02 건축협정 등

### 1. 건축협정 제27회

#### (1) 건축협정의 체결

토지 또는 건축물의 소유자(공유자 포함), 지상권자 등 대통령령으로 정하는 자(소유자등)는 <u>전원의 합의</u>로 지구단위계획구역, 정비구역, 도시재생활성화지역 등에서 건축물의 건축 · 대수선 또는 리모델링에 관한 협정(건축협정)을 체결할 수 있다.

**기출유형** 해당지역의 토지 또는 건축물의 소유자 전원이 합의하면 지상권자가 반대하는 경우에도 건축협정을 체결할 수 있다.(×)

#### (2) 건축협정의 인가

① 협정체결자 또는 건축협정운영회의 대표자는 건축협정서를 작성하여 해당 건축협정인가권자의 인가를 받아야 한다. 이 경우 인가신청을 받은 건축협정인가권자는 인가를 하기 전에 건축위원회의 심의를 거쳐야 한다.

② 건축협정 체결 대상 토지가 둘 이상의 특별자치시 또는 시 · 군 · 구에 걸치는 경우 건축협정 체결 대상 토지면적의 과반(過半)이 속하는 건축협정인가권자에게 인가를 신청할 수 있다. 이 경우 인가신청을 받은 건축협정인가권자는 건축협정을 인가하기 전에 다른 특별자치시장 또는 시장 · 군수 · 구청장과 협의하여야 한다.

#### (3) 건축협정의 변경

협정체결자 또는 건축협정운영회의 대표자는 인가받은 사항을 변경하려면 변경인가를 받아야 한다. 다만, 대통령령이 정하는 경미한 사항을 변경하는 경우에는 그러하지 아니하다.

**기출유형** 건축협정운영회의 대표자는 인가받은 건축협정을 변경하려면 협정체결자 과반수 동의를 받아 건축협정인가권자에게 신고하여야 한다.(×)

⑷ **건축협정의 폐지**

협정체결자 또는 건축협정운영회의 대표자는 건축협정을 폐지하려는 경우에는 협정체결자 <u>과반수의</u> <u>동의</u>를 받아 건축협정인가권자의 인가를 받아야 한다. 다만, 건축협정에 따른 특례를 적용하여 착공신고를 한 경우에는 착공신고를 한 날부터 20년이 경과한 후에 건축협정의 폐지인가를 신청할 수 있다.

⑸ **통합적용의 특례** 제28회, 제34회

① 건축협정의 인가를 받은 건축협정구역에서 연접한 대지에 대하여는 다음의 관계 법령의 규정을 개별 건축물마다 적용하지 아니하고 건축협정구역의 전부 또는 일부를 대상으로 통합하여 적용할 수 있다.

> ㉠ 대지의 조경, 대지와 도로와의 관계, 지하층의 설치, 건폐율
> ㉡ 「주차장법」에 따른 부설주차장의 설치
> ㉢ 「하수도법」에 따른 개인하수처리시설의 설치

**기출유형** 건축협정의 인가를 받은 건축협정구역에서 연접한 대지에 대하여는 「주차장법」에 따른 부설주차장의 설치의 규정을 개별 건축물마다 적용할 수 있다.(×)

② 건축협정구역에 건축하는 건축물에 대하여는 대지의 조경면적, 건폐율, 용적률(건축위원회 + 지방도시계획위원회심의 통합), 높이제한, 일조권 등의 확보를 위한 건축물의 높이 제한을 완화하여 적용한다.

## 2. 결합건축 제30회, 제33회

⑴ **결합건축 대상지역**

① **원칙** : 대지간의 최단거리가 100m 이내의 범위에서 대통령령으로 정하는 범위(2개의 대지 모두가 너비 12m 이상인 도로로 둘러싸인 하나의 구역 안에 있을 것. 이 경우 그 구역 안에 너비 12m 이상인 도로로 둘러싸인 더 작은 구역이 있어서는 안됨)에 있는 2개의 대지의 건축주가 서로 합의한 경우 용적률을 개별 대지마다 적용하지 아니하고, 2개의 대지를 대상으로 통합적용하여 건축물을 건축(결합건축)할 수 있다.

> ㉠ 「국토의 계획 및 이용에 관한 법률」에 따라 지정된 상업지역
> ㉡ 「역세권의 개발 및 이용에 관한 법률」에 따라 지정된 역세권개발구역
> ㉢ 「도시 및 주거환경정비법」에 따른 주거환경개선사업의 시행을 위한 정비구역
> ㉣ 건축협정구역, 특별건축구역, 리모델링 활성화 구역, 도시재생활성화지역, 건축자산진흥구역

② **예외** : 도시경관의 형성, 기반시설 부족 등의 사유로 해당 지방자치단체의 조례로 정하는 지역 안에서는 결합건축을 할 수 없다.

**기출유형** 특별가로구역은 결합건축을 할 수 있는 지역·구역에 해당한다.(×)

## ⑵ 결합건축의 절차

① 결합건축을 하고자 하는 건축주는 건축허가를 신청하는 때에는 다음의 사항을 명시한 결합건축협정서를 첨부하여야 하며 국토교통부령으로 정하는 도서를 제출하여야 한다.

> ㉠ 결합건축 대상 대지의 위치 및 용도지역
> ㉡ 결합건축협정서를 체결하는 자의 성명, 주소 및 생년월일
> ㉢ 「국토의 계획 및 이용에 관한 법률」에 따라 조례로 정한 용적률과 결합건축으로 조정되어 적용되는 대지별 용적률
> ㉣ 결합건축 대상 대지별 건축계획서

② 허가권자는 건축허가를 하기 전에 건축위원회의 심의를 거쳐야 한다. 다만, 결합건축으로 조정되어 적용되는 대지별 용적률이 「국토의 계획 및 이용에 관한 법률」에 따라 해당 대지에 적용되는 도시계획조례의 용적률의 100분의 20을 초과하는 경우에는 대통령령으로 정하는 바에 따라 건축위원회 심의와 도시계획위원회 심의를 공동으로 하여 거쳐야 한다.

③ 결합건축협정서에 따른 협정체결 유지기간은 최소 30년으로 한다. 다만, 결합건축협정서의 용적률 기준을 종전대로 환원하여 신축·개축·재축하는 경우에는 그러하지 아니한다.

④ 결합건축협정서를 폐지하려는 경우에는 결합건축협정체결자 전원이 동의하여 허가권자에게 신고하여야 하며, 허가권자는 용적률을 이전받은 건축물이 멸실된 것을 확인한 후 결합건축의 폐지를 수리하여야 한다.

## 3. 특별가로구역의 지정

국토교통부장관 및 허가권자는 도로에 인접한 건축물의 건축을 통한 조화로운 도시경관의 창출을 위하여 이 법 및 관계 법령에 따라 일부 규정을 적용하지 아니하거나 완화하여 적용할 수 있도록 경관지구 또는 지구단위계획구역 중 미관유지를 위하여 필요하다고 인정하는 구역에서 대통령령으로 정하는 도로에 접한 대지의 일정 구역을 특별가로구역으로 지정할 수 있다.

> ① 건축선을 후퇴한 대지에 접한 도로로서 허가권자(허가권자가 구청장인 경우에는 특별시장이나 광역시장을 말한다)가 건축조례로 정하는 도로
> ② 허가권자가 리모델링 활성화가 필요하다고 인정하여 지정·공고한 지역 안의 도로
> ③ 보행자전용도로로서 도시미관 개선을 위하여 허가권자가 건축조례로 정하는 도로
> ④ 지역문화진흥법에 따른 문화지구 안의 도로
> ⑤ 그 밖에 조화로운 도시경관 창출을 위하여 필요하다고 인정하여 국토교통부장관이 고시하거나 허가권자가 건축조례로 정하는 도로

## 03 이행강제금

### 1. 이행강제금의 부과 제29회

① **의의**: 위반사항에 대한 시정명령을 받은 후 시정기간 내에 이행하지 않을 경우 반복하여 부과·징수함으로써 1회만 부과·징수할 수 있는 벌금·과태료의 지닌 결함을 보완할 수 있도록 마련된 제도를 말한다.

② **부과금액**: 허가권자는 위반 건축물에 대한 시정명령을 받은 후 시정기간 내에 시정명령을 이행하지 아니한 건축주등에 대하여는 그 시정명령의 이행에 필요한 상당한 이행기한을 정하여 그 기한까지 시정명령을 이행하지 아니하면 다음의 이행강제금을 부과한다.

    ㉠ 건축물이 건폐율이나 용적률을 초과하여 건축된 경우 또는 허가를 받지 아니하거나 신고를 하지 아니하고 건축된 경우:「지방세법」에 따라 해당 건축물에 적용되는 <u>$1m^2$의 시가표준액의 100분의 50에 해당하는 금액에 위반면적을 곱한 금액</u> 이하의 범위에서 위반 내용에 따라 다음의 구분에 따른 비율을 곱한 금액이어야 한다.

> ⓐ 허가를 받지 아니하고 건축한 경우: 100분의 100
> ⓑ 용적률을 초과하여 건축한 경우: 100분의 90
> ⓒ 건폐율을 초과하여 건축한 경우: 100분의 80
> ⓓ 신고를 하지 아니하고 건축한 경우: 100분의 70
> 　다만, 건축조례로 다음의 비율을 낮추어 정할 수 있되, 낮추는 경우에도 그 비율은 100분의 60 이상이어야 한다.

> **암기** 허용건신 − 100에서 70까지
> **기출유형** 이행강제금의 산정에 관한 기준은 공시지가로 계산한다.(×)

    ㉡ 건축물이 ㉠외의 위반 건축물에 해당하는 경우에는「지방세법」에 따라 그 건축물에 적용되는 <u>시가표준액</u>에 해당하는 금액의 100분의 10의 범위에서 위반내용에 따라 대통령령으로 정하는 금액을 부과한다.

③ **가중**: 허가권자는 영리목적을 위한 위반이나 상습적 위반 등 다음의 경우 부과금액을 <u>100분의 100의 범위</u>에서 해당 지방자치단체의 <u>조례</u>로 정하는 바에 따라 가중하여야 한다.

> ㉠ 임대 등 영리를 목적으로 용도변경 규정을 위반하여 용도변경을 한 경우(위반면적이 $50m^2$를 초과하는 경우로 한정)
> ㉡ 임대 등 영리를 목적으로 허가나 신고 없이 신축 또는 증축한 경우(위반면적이 $50m^2$를 초과하는 경우로 한정)
> ㉢ 임대 등 영리를 목적으로 허가나 신고 없이 다세대주택의 세대수 또는 다가구주택의 가구수를 증가시킨 경우(5세대 또는 5가구 이상 증가시킨 경우로 한정)
> ㉣ 동일인이 <u>최근 3년 내에 2회 이상</u> 법 또는 명령이나 처분을 위반한 경우

> **기출유형** 허가권자는 영리목적을 위한 위반이나 상습적 위반 등 대통령령으로 정하는 경우에 부과금액을 100분의 90의 범위에서 해당 지방자치단체의 조례로 정하는 바에 따라 가중할 수 있다.(×)

④ **감경**: 연면적이 <u>$60m^2$ 이하인 주거용</u> 건축물에 해당하는 경우에는 대통령령으로 정하는 금액의 <u>2분의 1의 범위</u>에서 해당 지방자치단체의 조례로 금액을 부과한다.

## 2. 부과 · 징수 절차

① **사전계고** : 허가권자는 이행강제금을 부과하기 전에 이행강제금을 부과 · 징수한다는 뜻을 <u>미리 문서로써 계고</u>하여야 한다.

② **부과처분** : 허가권자는 이행강제금을 부과하는 경우 부과 금액, 사유, 납부기한, 수납기관, 이의제기 방법 및 이의제기 기관 등을 구체적으로 밝힌 문서로 하여야 한다.

③ **반복징수** : 허가권자는 최초의 시정명령이 있었던 날을 기준으로 하여 <u>1년에 2회</u> 이내의 범위에서 해당 지방자치단체의 조례로 정하는 횟수만큼 그 시정명령이 이행될 때까지 반복하여 이행강제금을 부과 · 징수할 수 있다.

> **기출유형** 허가대상건축물을 허가 받지 아니하고 건축하여 벌금이 부과된 자에게 이행강제금을 부과할 수 없다.(×)

④ **부과중지** : 허가권자는 시정명령을 받은 자가 이를 이행하면 새로운 이행강제금의 부과를 즉시 중지하되, <u>이미 부과된 이행강제금은 징수</u>하여야 한다.

> **기출유형** 허가권자는 시정명령을 받은 자가 이를 이행하면 이미 부과된 이행강제금의 부과를 즉시 중지하여야 한다.(×)

⑤ **강제징수** : 허가권자는 이행강제금 부과처분을 받은 자가 이행강제금을 납부기한까지 내지 아니하면 「지방행정제재 · 부과금의 징수 등에 관한 법률」에 따라 징수한다.

## 3. 부과에 관한 특례

허가권자는 이행강제금을 다음에서 정하는 바에 따라 감경할 수 있다. 다만, 지방자치단체의 조례로 정하는 기간까지 위반내용을 시정하지 아니한 경우는 제외

---

① 축사 등 농업용 · 어업용 시설로서 $500m^2$(수도권정비계획법에 따른 수도권 외의 지역에서는 $1000m^2$)이하인 경우는 5분의 1을 감경

② 위반 동기, 위반 범위 및 위반 시기 등을 고려하여 100분의 75의 범위에서 대통령령으로 정하는 비율을 감경

---

## 04 보칙

### 1. 행정대집행법 적용의 특례

허가권자는 건축허가, 건축신고, 토지 굴착 부분에 대한 조치 등와 위반 건축물 등에 대한 조치 등에 따라 필요한 조치를 할 때 다음에 해당하는 경우로서 「행정대집행법」에 따른 절차에 의하면 그 목적을 달성하기 곤란한 때에는 해당 절차를 거치지 아니하고 대집행할 수 있다. 이 경우 대집행은 건축물의 관리를 위하여 필요한 최소한도에 그쳐야 한다.

> ① 재해가 발생할 위험이 절박한 경우
> ② 건축물의 구조 안전상 심각한 문제가 있어 붕괴 등 손괴의 위험이 예상되는 경우
> ③ 허가권자의 공사중지명령을 받고도 불응하여 공사를 강행하는 경우
> ④ 도로통행에 현저하게 지장을 주는 불법건축물인 경우

### 2. 건축분쟁전문위원회 제28회, 제32회

건축등과 관련된 다음의 분쟁(「건설산업기본법」에 따른 조정의 대상이 되는 분쟁은 제외)의 조정 또는 재정을 하기 위하여 <u>국토교통부에 건축분쟁전문위원회를 둔다.</u>

> ① 건축관계자와 해당 건축물의 건축등으로 피해를 입은 인근주민 간의 분쟁
> ② 관계전문기술자와 해당 건축물의 건축등으로 피해를 입은 인근주민 간의 분쟁
> ③ 건축관계자와 관계전문기술자 간의 분쟁
> ④ 건축관계자 간의 분쟁
> ⑤ 인근주민 간의 분쟁
> ⑥ 관계전문기술자 간의 분쟁

✔ key point 건축관계자 : 건축주, 설계자, 공사감리자, 공사시공자, 제조업자, 유통업자

⚑ 기출유형 건축관계자와 해당 건축물의 건축등으로 피해를 입지 않은 인근주민 간의 분쟁을 포함하여 조정을 하기 위하여 국토교통부에 건축분쟁전문위원회를 둔다.(×)

박문각 공인중개사

주택법

# 용어정의

## 1. 주 택 제22회, 제29회, 제30회

### (1) 주택의 의의

주택이란 세대(世帶)의 구성원이 장기간 독립된 주거생활을 할 수 있는 구조로 된 건축물의 <u>전부 또는</u> <u>일부 및 그 부속토지</u>를 말하며, 단독주택과 공동주택으로 구분한다.

| 단독주택 | ① 단독주택 ② 다중주택 ③ 다가구주택 | 공관× |
|---|---|---|
| 공동주택 | ① 아파트 ② 연립주택 ③ 다세대주택 | 기숙사× |

### (2) 준주택

준주택이란 주택 외의 건축물과 그 부속토지로서 주거시설로 이용 가능한 시설 등으로서 <u>오</u>피스텔, <u>기</u>숙사, <u>다</u>중생활시설, <u>노</u>인복지주택을 말한다.

**암기** 오 기 다 노주택

## 2. 국민주택 제20회, 제22회, 제29회, 제32회

① **국민주택의 의의**: 다음에 해당하는 주택으로서 <u>국민주택규모 이하인 주택</u>

> ㉠ 국가·지방자치단체, 한국토지주택공사 또는 지방공사가 건설하는 주택
> ㉡ 국가·지방자치단체의 재정 또는 「주택도시기금법」에 따른 주택도시기금으로부터 <u>자금을 지</u> <u>원받아 건설되거나 개량되는 주택</u>

② **국민주택의 규모**: 주거의 용도로만 쓰이는 면적(주거전용면적)이 1호(戶) 또는 1세대당 <u>85m$^2$ 이하</u> <u>(수도권을 제외한 도시지역이 아닌 읍 또는 면 지역은 1호 또는 1세대당 주거전용면적이 100m$^2$ 이하)</u> 인 주택을 말한다.

**기출유형** 한국토지주택공사가 수도권에 건설한 주거전용면적이 1세대당 70제곱미터인 아파트는 국민주택 에 해당하지 않는다.(×)

③ **주거전용면적의 산정방법**

> ㉠ 단독주택: 바닥면적에서 지하실(거실로 사용되는 면적은 제외), 본 건축물과 분리된 창고·차 고 및 화장실의 면적을 제외한 면적
> 다만, 다가구주택은 복도, 계단, 현관 등 2세대 이상이 공동으로 사용하는 부분의 면적도 제외한다.
> ㉡ 공동주택: <u>외벽의 내부선을 기준</u>으로 산정한 면적
> 다만, 복도, 계단, 현관 등 공동주택의 지상층에 있는 공용면적과 지하층, 관리사무소 등 그 밖의 공용면적은 제외하며, 이 경우 바닥면적에서 주거전용면적을 제외하고 남는 외벽면적은 공용면적에 가산한다.

**기출유형** 아파트의 경우 복도, 계단 등 아파트의 지상층에 있는 공용면적은 주거전용면적에 포함한다.(×)

## 3. 민영주택 제29회, 제32회

국민주택을 제외한 주택을 말한다.

✔ key point ╲ 국민주택규모 이하든 초과든 상관 없다.


## 4. 세대구분형 공동주택 제27회, 제34회

### (1) 의 의

공동주택의 주택 내부 공간의 일부를 세대별로 구분하여 생활이 가능한 구조로 하되, 그 구분된 공간의 일부를 구분소유를 할 수 없는 주택으로서 다음 요건을 충족하는 공동주택을 말한다.

① 사업계획의 승인을 받아 건설하는 공동주택의 경우 : 다음의 요건을 모두 충족할 것
  ㉠ 세대별로 구분된 각각의 공간마다 별도의 욕실, 부엌과 현관을 설치할 것
  ㉡ 하나의 세대가 통합하여 사용할 수 있도록 세대 간에 연결문 또는 경량구조의 경계벽 등을 설치할 것
  ㉢ 세대구분형 공동주택의 세대수가 해당 주택단지 안의 공동주택 전체 세대수의 3분의 1을 넘지 않을 것
  ㉣ 세대별로 구분된 각각의 공간의 주거전용면적 합계가 해당 주택단지 전체 주거전용면적 합계의 3분의 1을 넘지 않는 등 국토교통부장관이 정하여 고시하는 주거전용면적의 비율에 관한 기준을 충족할 것
② 「공동주택관리법」에 따른 행위의 허가를 받거나 신고를 하고 설치하는 공동주택의 경우 : 다음의 요건을 모두 충족할 것
  ㉠ 구분된 공간의 세대수는 기존 세대를 포함하여 2세대 이하일 것
  ㉡ 세대별로 구분된 각각의 공간마다 별도의 욕실, 부엌과 구분 출입문을 설치할 것
  ㉢ 세대구분형 공동주택의 세대수가 해당 주택단지 안의 공동주택 전체 세대수의 10분의 1과 해당 동의 전체 세대수의 3분의 1을 각각 넘지 않을 것. 다만, 시장·군수·구청장이 부대시설의 규모 등 해당 주택단지의 여건을 고려하여 인정하는 범위에서 세대수의 기준을 넘을 수 있다.
  ㉣ 구조, 화재, 소방 및 피난안전 등 관계 법령에서 정하는 안전 기준을 충족할 것

▟ 기출유형 ╲ 하나의 세대가 통합하여 사용할 수 있도록 세대 간에 연결문 또는 경량구조의 경계벽 등을 설치할 것은 허가를 받거나 신고를 하고 설치하는 공동주택의 경우의 요건에 해당한다.(×)


### (2) 하나의 세대

건설 또는 설치되는 주택과 관련하여 주택건설기준 등을 적용하는 경우 세대구분형 공동주택의 세대수는 그 구분된 공간의 세대수에 관계없이 하나의 세대로 산정한다.

▟ 기출유형 ╲ 세대구분형 공동주택이란 공동주택의 주택내부 공간의 일부를 세대별로 구분하여 생활이 가능한 구조로 하되 그 구분된 공간의 일부를 구분소유할 수 있는 주택이다.(×)

### 5. 도시형 생활주택 제22회, 제23회, 제32회, 제33회, 제35회

#### (1) 의 의

300세대 미만의 국민주택규모에 해당하는 주택으로서 도시지역에 건설하는 주택을 말한다.

✔️ key point  도시형 생활주택에 대하여는 감리와 분양가 상한제를 적용하지 아니한다.

📝 기출유형  300세대인 국민주택규모의 단지형 다세대주택은 도시형 생활주택에 해당한다.(×)

#### (2) 종 류

| | |
|---|---|
| 소형주택 | 다음의 요건을 모두 갖춘 공동주택(아파트, 다세대주택, 연립주택)<br>① 세대별 주거전용면적은 $60m^2$ 이하일 것<br>② 세대별로 독립된 주거가 가능하도록 욕실 및 부엌을 설치할 것<br>③ 지하층에는 세대를 설치하지 아니할 것 |
| 단지형<br>연립주택 | 소형주택이 아닌 연립주택. 다만, 「건축법」에 따른 건축위원회의 심의를 받은 경우에는 주택으로 쓰는 층수를 5개층까지 건축할 수 있다. |
| 단지형<br>다세대주택 | 소형주택이 아닌 다세대주택. 다만, 「건축법」에 따른 건축위원회의 심의를 받은 경우에는 주택으로 쓰는 층수를 5개층까지 건축할 수 있다. |

📝 기출유형  소형주택은 주거전용면적이 $40m^2$ 이하인 경우 욕실 및 보일러실을 제외한 부분을 한 개의 공간으로 구성해야 한다.(×)

#### (3) 복합건축제한

① 하나의 건축물에는 도시형생활주택과 그 밖의 주택을 함께 건축할 수 없으며, 단지형 연립주택 또는 단지형 다세대주택과 소형주택을 함께 건축할 수 없다.

② **소형주택의 예외**

> ㉠ 소형주택과 주거전용면적이 $85m^2$를 초과하는 주택 1세대를 함께 건축하는 경우
> ㉡ 준주거지역 또는 상업지역에서 소형 주택과 도시형생활주택 외의 주택을 함께 건축하는 경우

📝 기출유형  하나의 건축물에는 단지형 연립주택 또는 단지형 다세대주택과 소형 주택을 함께 건축할 수 있다.(×)

### 6. 주택단지 등 제20회, 제21회, 제27회, 제32회, 제34회

① **주택단지**: 주택건설사업계획 또는 대지조성사업계획의 승인을 받아 주택과 그 부대시설 및 복리시설을 건설하거나 대지를 조성하는 데 사용되는 일단(一團)의 토지. 다만, 다음의 시설로 분리된 토지는 각각 별개의 주택단지로 본다.

> ㉠ 철도·고속도로·자동차전용도로
> ㉡ 폭 20m 이상인 일반도로
> ㉢ 폭 8m 이상인 도시계획예정도로
> ㉣ 도로법에 따른 일반국도·특별시도·광역시도 또는 지방도

📝 암기  8도 구경하려면 20일 이상 걸린다.

📝 기출유형  폭 10m인 일반도로로 분리된 토지는 각각 별개의 주택단지이다.(×)

② **부대시설과 복리시설** 제30회, 제32회, 제35회

| 부대시설 | 주택에 딸린 다음의 시설 또는 설비(필요시설)<br>㉠ 주차장, 경비실 및 자전거보관소, 관리사무소, 담장 및 주택단지 안의 도로, 조경시설, 방범설비 등<br>㉡ 「건축법」에 따른 건축설비 |
|---|---|
| 복리시설 | 주택단지의 입주자 등의 생활복리를 위한 다음의 공동시설(편리시설)<br>㉠ 어린이놀이터, 근린생활시설, 유치원, 주민운동시설 및 경로당<br>㉡ 제1종 근린생활시설, 제2종 근린생활시설(총포판매소, 장의사, 다중생활시설, 단란주점 및 안마시술소는 제외) 등 |
| 기간시설 | 도로 · 상하수도 · 전기시설 · 가스시설 · 통신시설 및 지역난방시설 등 |
| 간선시설 | 주택단지 안의 기간시설을 그 주택단지 밖에 있는 같은 종류의 기간시설에 <u>연결시키는</u> 시설(가스시설 · 통신시설 및 지역난방시설의 경우에는 주택단지 안의 기간시설을 포함) |

## 7. 공공택지 제28회

공공택지란 다음에 해당하는 공공사업에 의하여 개발 · 조성되는 공동주택이 건설되는 용지를 말한다.

① 국민주택건설사업 또는 대지조성사업, 택지개발사업, 산업단지개발사업, 공공주택지구조성사업, 혁신도시개발사업, 행정중심복합도시건설사업
② 도시개발사업(<u>공공사업시행자가 수용 또는 사용의 방식으로 시행하는 사업과 혼용방식 중 수용 또는 사용의 방식이 적용되는 구역에서 시행하는 사업만 해당</u>)
③ 경제자유구역개발사업(<u>수용 또는 사용의 방식으로 시행하는 사업과 혼용방식 중 수용 또는 사용의 방식이 적용되는 구역에서 시행하는 사업만 해당</u>)
④ 「공익사업을 위한 토지 등의 취득 및 보상에 관한 법률」에 따른 공익사업으로서 대통령령으로 정하는 사업 등

✔ **key point** 〉 사적주체(민간사업자 · 조합)×, 환지방식×

▶ **기출유형** 도시개발조합이 시행하는 도시개발사업에 의해 개발 · 조성하는 공동주택건설용지(환지방식으로 시행하는 사업)는 공공택지에 해당한다.(×)

## 8. 리모델링 등 제25회, 제28회, 제33회, 제35회

건축물의 노후화 억제 또는 기능 향상 등을 위한 다음에 해당하는 행위

① 대수선(사용검사일로부터 10년)

② 사용검사일 또는 「건축법」에 따른 사용승인일부터 15년(15년 이상 20년 미만의 연수 중 특별시·광역시·특별자치시·도 또는 특별자치도의 조례로 정하는 경우에는 그 연수)이 경과된 공동주택을 각 세대의 주거전용면적의 30% 이내(세대의 주거전용면적이 85m$^2$ 미만인 경우에는 40% 이내)에서 증축하는 행위. 이 경우 공동주택의 기능향상 등을 위하여 공용부분에 대하여도 별도로 증축할 수 있다.

③ 각 세대의 증축 가능 면적을 합산한 면적의 범위에서 기존 세대수의 15% 이내에서 세대수를 증가하는 증축 행위(세대수 증가형 리모델링). 다만, 수직으로 증축하는 행위(수직증축형 리모델링)는 다음의 요건을 모두 충족하는 경우로 한정한다.

㉠ 건축물의 층수가 15층 이상인 경우: 3개층 이하 범위내 증축(14층 이하인 경우: 2개층)

㉡ 수직증축형 리모델링의 대상이 되는 기존 건축물의 신축 당시 구조도를 보유하고 있을 것

**기출유형** 수직증축형 리모델링의 대상이 되는 기존 건축물의 층수가 15층 이상인 경우에는 2개층까지 증축할 수 있다.(×)

## 9. 공구 제24회, 제26회, 제28회, 제35회

공구란 하나의 주택단지에서 다음의 기준에 따라 둘 이상으로 구분되는 일단의 구역으로, 착공신고 및 사용검사를 별도로 수행할 수 있는 구역을 말한다.

① 다음에 해당하는 시설을 설치하거나 공간을 조성하여 6m 이상의 너비로 공구 간 경계를 설정할 것: 주택단지 안의 도로, 지상에 설치되는 부설주차장, 옹벽 또는 축대 등

② 공구별 세대수는 300세대 이상으로 할 것(공구별 분할시행: 600세대 이상)

**기출유형** 공구란 하나의 주택단지에서 둘 이상으로 구분되는 일단의 구역으로서 공구별 세대수는 200세대 이상으로 해야 한다.(×)

# 사업주체 & 주택조합 & 주택상환사채

## 01 사업주체

### 1. 사업주체

사업주체란 주택건설사업계획 또는 대지조성사업계획의 승인을 받아 그 사업을 시행하는 다음의 자를 말한다.

> ① 국가·지방자치단체, 한국토지주택공사 또는 지방공사
> ② 등록한 주택건설사업자 또는 대지조성사업자
> ③ 그 밖에 이 법에 따라 주택건설사업 또는 대지조성사업을 시행하는 자

### 2. 등록사업자 제26회, 제33회, 제34회

#### (1) 주택건설사업 등의 등록

① **등록대상**: 연간 단독주택은 20호, 공동주택은 20세대[도시형 생활주택(소형 주택과 주거전용면적이 85m²를 초과하는 주택 1세대를 함께 건축하는 경우 포함)은 30세대] 이상의 주택건설사업을 시행하려는 자 또는 연간 1만m² 이상의 대지조성사업을 시행하려는 자는 국토교통부장관에게 등록하여야 한다. 다만, 다음의 사업주체의 경우에는 그러하지 아니하다.

> ㉠ 국가·지방자치단체, 한국토지주택공사 또는 지방공사
> ㉡ 주택건설사업을 목적으로 설립된 공익법인(공익법인)
> ㉢ 주택조합(등록사업자와 공동으로 주택건설사업을 하는 주택조합만 해당)
> ㉣ 근로자를 고용하는 자(등록사업자와 공동으로 주택건설사업을 시행하는 고용자만 해당)

**기출유형** 한국토지주택공사가 대지조성사업을 시행하고자 하는 경우에는 국토교통부장관에게 등록하여야 한다.(×)

② **변경신고**: 등록사업자는 등록사항에 변경이 있으면 변경 사유가 발생한 날부터 30일 이내에 국토교통부장관에게 신고하여야 한다. 다만, 국토교통부령으로 정하는 경미한 변경은 그러하지 아니하다.

③ **등록기준**: 주택건설사업 또는 대지조성사업의 등록을 하려는 자는 다음의 요건을 갖추어야 한다.

> ㉠ 자본금 3억원(개인인 경우에는 자산평가액 6억원) 이상
> ㉡ 다음의 구분에 따른 기술인력
> ⓐ 주택건설사업:「건설기술 진흥법 시행령」에 따른 건축 분야 기술인 1명 이상
> ⓑ 대지조성사업:「건설기술 진흥법 시행령」에 따른 토목 분야 기술인 1명 이상
> ㉢ 사무실 면적: 사업의 수행에 필요한 사무장비를 갖출 수 있는 면적

④ **6개층 이상 주택건설**: 다음에 해당하는 등록사업자는 주택으로 쓰는 층수가 <u>6개층 이상</u>인 주택을 건설할 수 있다.

> ⊙ 주택으로 쓰는 층수가 6개층 이상인 아파트를 건설한 실적이 있는 자
> ⓒ 최근 3년간 300세대 이상의 공동주택을 건설한 실적이 있는 자

**기출유형** 최근 3년간 300세대 이상의 공동주택을 건설한 실적이 있는 등록사업자는 주택으로 쓰는 층수가 6개층 이상인 주택을 건설할 수 없다. (×)

## (2) 결격사유

다음에 해당하는 자는 주택건설사업 등의 등록을 할 수 없다.

> ① 미성년자·피성년후견인 또는 피한정후견인
> ② 파산선고를 받은 자로서 복권되지 아니한 자
> ③ 「부정수표 단속법」 또는 이 법을 위반하여 금고 이상의 실형을 선고받고 그 집행이 끝나거나 집행이 면제된 날부터 2년이 지나지 아니한 자
> ④ 「부정수표 단속법」 또는 이 법을 위반하여 금고 이상의 형의 집행유예를 선고받고 그 유예기간 중에 있는 자
> ⑤ 등록이 말소된 후 2년이 지나지 아니한 자(①, ② 제외)

**기출유형** 파산선고를 받은 자로서 복권된 후 2년이 경과되지 아니한 자는 등록을 할 수 없다.(×)
**기출유형** 피한정후견인의 후견종료심판이 있는 자는 등록을 할 수 없다.(×)

## (3) 등록사업자의 직접시공

등록사업자가 사업계획승인(「건축법」에 따른 공동주택건축허가 포함)을 받아 분양 또는 임대를 목적으로 주택을 건설하는 경우로서 다음의 요건을 <u>모두 갖춘 경우</u>에는 그 등록사업자를 「건설산업기본법」에 따른 건설업자로 보며 주택건설공사를 시공할 수 있다.

> ① 자본금이 <u>5억원</u>(개인인 경우에는 자산평가액 10억원) 이상일 것
> ② 「건설기술진흥법시행령」에 따른 건축 분야 및 토목 분야 기술인 3명 이상을 보유하고 있을 것 (건축기사 및 토목 분야 기술인 각 1명이 포함)
> ③ 최근 5년간의 주택건설 실적이 100호 또는 100세대 이상일 것

## (4) 등록말소 등

① **처분사유**: 국토교통부장관은 등록사업자가 다음에 해당하면 그 등록을 말소하거나 1년 이내의 기간을 정하여 영업의 정지를 명할 수 있다. 다만, <u>거짓이나 그 밖의 부정한 방법으로 등록, 등록증의 대여에 해당하는 경우에는 그 등록을 말소하여야 한다.</u>

② **처분효과**: 등록말소 또는 영업정지 처분을 받은 등록사업자는 그 처분 전에 사업계획승인을 받은 사업은 계속 수행할 수 있다. 다만, 등록말소 처분을 받은 등록사업자가 그 사업을 계속 수행할 수 없는 중대하고 명백한 사유가 있을 경우에는 그러하지 아니하다.

## 3. 공동사업주체 제34회

### (1) 공동사업주체

① **토지소유자 + 등록사업자**(임의적): 토지소유자가 주택을 건설하는 경우에는 등록을 한 자(등록사업자)와 공동으로 사업을 시행할 수 있다. 이 경우 토지소유자와 등록사업자를 공동사업주체로 본다.

> **기출유형** 토지소유자가 등록사업자가 공동으로 주택건설사업을 시행하는 경우 토지소유자와 등록사업자는 공동사업주체로 추정된다.(×)

② **주택조합 + 등록사업자**(임의적): 주택조합(세대수를 증가하지 아니하는 리모델링주택조합은 제외)이 그 구성원의 주택을 건설하는 경우에는 등록사업자(지방자치단체·한국토지주택공사 및 지방공사 포함)와 공동으로 사업을 시행할 수 있다. 이 경우 주택조합과 등록사업자를 공동사업주체로 본다.

> **기출유형** 세대수를 증가하는 리모델링주택조합이 그 구성원의 주택을 건설하는 경우에는 등록사업자와 공동으로 사업을 시행할 수 없다.(×)

③ **고용자 + 등록사업자**(의무적): 고용자가 그 근로자의 주택을 건설하는 경우에는 등록사업자와 공동으로 사업을 시행하여야 한다. 이 경우 고용자와 등록사업자를 공동사업주체로 본다.

> **기출유형** 고용자가 그 근로자의 주택을 건설하는 경우에는 등록사업자와 공동으로 사업을 시행할 수 있다.(×)

> **기출유형** 등록사업자와 공동으로 주택건설사업을 하는 조합은 국토교통부장관에게 주택건설사업 등록을 하여야 한다.(×)

### (2) 협약

공동사업주체 간의 구체적인 업무·비용 및 책임의 분담 등에 관하여는 대통령령으로 정하는 범위에서 당사자 간의 협약에 따른다.

---

## 02 | 주택조합

## 1. 의 의

주택조합이란 많은 수의 구성원이 주택을 마련하거나 리모델링하기 위하여 결성하는 지역주택조합(수도권, 대전·충남·세종권, 충북권, 광주·전남권. 전북권, 대구·경북권, 부산·울산·경남권, 강원권, 제주권), 직장주택조합(동일직장), 리모델링조합(공동주택의 소유자)을 말한다.

## 2. 조합원의 모집 및 교체 등 제27회, 제28회, 제34회

### (1) 조합원 모집 신고 및 공개모집

① **모집방법**: 지역주택조합 또는 직장주택조합의 설립인가를 받기 위하여 조합원을 모집하려는 자는 해당 주택건설대지의 50% 이상에 해당하는 토지의 사용권원을 확보하여 관할 특별자치시장, 특별자치도지사, 시장, 군수 또는 구청장에게 신고하고, 공개모집의 방법으로 조합원을 모집하여야 한다. 조합 설립인가를 받기 전에 신고한 내용을 변경하는 경우에도 같다.

> **기출유형** 지역주택조합의 설립인가를 받기 위하여 조합원을 모집하려는 자는 해당 주택건설대지의 50% 이상에 해당하는 토지의 사용권원을 확보하여 시장·군수·구청장에게 신고하지 않고, 공개모집의 방법으로 조합원을 모집하여야 한다.(×)

② **충원**(재모집) : 공개모집 이후 조합원의 사망·자격상실·탈퇴 등으로 인한 결원을 충원하거나 미달 된 조합원을 재모집하는 경우에는 <u>신고하지 아니하고</u> 선착순의 방법으로 조합원을 모집할 수 있다.

③ **발기인**

　　㉠ 조합원을 모집하려는 주택조합의 발기인은 자격기준(조합원과 동일 단, 조합원 모집 신고를 하는 날의 <u>1년 전부터 해당 조합설립인가일까지 계속하여 지역에 거주</u>)을 갖추어야 한다.

　　㉡ 주택조합의 발기인은 조합원 모집 신고를 하는 날 주택조합에 가입한 것으로 본다. 이 경우 주택 조합의 발기인은 그 주택조합의 가입 신청자와 동일한 권리와 의무가 있다.

**(2) 설명의무**

① 모집주체는 주택조합 가입계약서의 내용을 주택조합 가입 신청자가 이해할 수 있도록 설명하여야 한다.

② 모집주체는 설명한 내용을 주택조합 가입 신청자가 이해하였음을 국토교통부령으로 정하는 바에 따라 서면으로 확인을 받아 주택조합 가입 신청자에게 교부하여야 하며, 그 사본을 <u>5년간 보관</u>하여야 한다.

**(3) 모집광고내용**

> ① "지역주택조합 또는 직장주택조합의 조합원 모집을 위한 광고"라는 문구
> ② 조합원의 자격기준에 관한 내용
> ③ 주택건설대지의 사용권원 및 소유권을 확보한 비율
> ④ 조합의 명칭 및 사무소의 소재지
> ⑤ 조합원 모집 신고 수리일

**기출유형** 조합설립인가일은 지역주택조합의 조합원을 모집하기 위한 모집주체가 광고하는 내용에 포함된다.(×)

## 3. 조합원의 자격

**(1) 자격조건**

주택조합의 조합원이 될 수 있는 사람은 다음의 구분에 따른 사람으로 한다(사망으로 그 지위를 <u>상속</u> <u>받는 자는 제외</u>).

① **지역주택조합**(㉠+㉡)

　　㉠ 조합설립인가 신청일부터 해당 조합주택의 입주 가능일까지 세대주를 포함한 세대원 전원이 <u>주택</u> <u>을 소유하고 있지 아니한</u> 세대의 세대주 또는 세대주를 포함한 세대원 중 <u>1명에 한정하여 주거전</u> <u>용면적 85m² 이하의 주택 1채를 소유</u>한 세대의 세대주일 것

　　㉡ 조합설립인가 신청일 현재 그 지역에 <u>6개월 이상 계속하여 거주</u>하여 온 사람일 것

② **직장주택조합**

　　㉠ 조합설립인가 신청일부터 해당 조합주택의 입주 가능일까지 세대주를 포함한 세대원 전원이 <u>주택</u> <u>을 소유하고 있지 아니한</u> 세대의 세대주 또는 세대주를 포함한 세대원 중 <u>1명에 한정하여 주거전</u> <u>용면적 85m² 이하의 주택 1채를 소유</u>한 세대의 세대주일 것

　　㉡ <u>국민주택</u>을 공급받기 위한 직장주택조합의 경우에는 세대주를 포함한 세대원 전원이 <u>주택을 소유</u> <u>하고 있지 아니한 세대의 세대주로 한정</u>한다.

> **기출유형** 주거전용면적 70m²의 주택 1채를 소유하고 있는 세대주인 자는 국민주택을 공급받기 위하여 설립하는 직장주택조합의 조합원이 될 수 있다.(×)

③ **리모델링주택조합**

공동주택, 복리시설 또는 공동주택 외의 시설의 소유권이 여러 명의 공유(共有)에 속할 때에는 그 여러 명을 대표하는 1명을 조합원으로 본다.

> ㉠ 사업계획승인을 받아 건설한 공동주택의 소유자
> ㉡ 복리시설을 함께 리모델링하는 경우에는 해당 복리시설의 소유자
> ㉢ 「건축법」에 따른 건축허가를 받아 분양을 목적으로 건설한 공동주택의 소유자

**(2) 조합원의 수**

주택조합(리모델링주택조합은 제외)은 주택건설 예정 세대수(설립인가 당시의 사업계획서상 주택건설 예정 세대수를 말하되, 임대주택으로 건설 · 공급하는 세대수는 제외)의 <u>50% 이상</u>의 조합원으로 구성하되, <u>조합원은 20명 이상</u>이어야 한다. 다만, 사업계획승인 등의 과정에서 세대수가 변경된 경우에는 변경된 세대수를 기준으로 한다.

## 4. 주택조합의 설립인가 등 <sup></sup> 제25회, 제33회

**(1) 조합의 설립인가**

많은 수의 구성원이 주택을 마련하거나 리모델링하기 위하여 주택조합을 설립하려는 경우(국민주택을 공급 받기위한 직장주택조합의 경우는 제외)에는 <u>관할 특별자치시장, 특별자치도지사, 시장, 군수 또는 구청장의 인가</u>를 받아야 한다. 인가받은 내용을 변경하거나 주택조합을 해산하려는 경우에도 인가를 받아야 한다.

✔ key point \ 관할 특별자치시장, 특별자치도지사, 시장, 군수 또는 구청장 = 시장 · 군수 · 구청장

**(2) 토지사용권원 및 소유권 확보**

주택을 마련하기 위하여 지역 · 직장주택조합의 설립인가를 받으려는 자는 해당 주택건설대지의 <u>80% 이상</u>에 해당하는 토지의 사용권원 및 주택건설대지의 <u>15% 이상</u>에 해당하는 토지의 소유권을 확보하여야 한다.

**(3) 리모델링 주택조합인가 및 허가 요건**

① **리모델링조합 인가결의요건**(시장 · 군수 · 구청장 인가)

> ㉠ 주택단지 전체를 리모델링하려는 경우: 주택단지 전체의 구분소유자 및 의결권의 각 <u>3분의 2 이상</u>의 결의 및 각 동의 구분소유자와 의결권의 각 <u>과반수</u>의 결의
> ㉡ 동을 리모델링하려는 경우: 그 동의 구분소유자 및 의결권의 각 3분의 2 이상의 결의

✔ key point \ 리모델링주택조합 설립에 동의한 자로부터 건축물을 취득한 자는 리모델링주택조합 설립에 동의한 것으로 본다.

② **리모델링 실행 허가동의요건**(시장 · 군수 · 구청장 허가)

> ㉠ 주택단지 전체를 리모델링하려는 경우: 주택단지 전체의 구분소유자 및 의결권의 각 75% 이상의 동의와 각 동별의 구분소유자 및 의결권의 각 50% 이상의 동의
> ㉡ 동을 리모델링하려는 경우: 그 동의 구분소유자 및 의결권의 각 75% 이상의 동의

### (4) 조합설립의 신고

국민주택을 공급받기 위하여 직장주택조합을 설립하려는 자는 시장·군수·구청장에게 신고하여야
한다. 신고한 내용을 변경하거나 직장주택조합을 해산하려는 경우에도 동일하다.

> **기출유형** 국민주택을 공급받기 위하여 직장주택조합을 설립하려는 자는 시장·군수·구청장에게 인가를 받
> 아야 한다.(×)

## 5. 조합원 충원 및 탈퇴

### (1) 조합원 신규가입제한

① **원칙**: 지역주택조합 또는 직장주택조합은 설립인가를 받은 후에는 해당 조합원을 교체하거나 신규
   로 가입하게 할 수 없다.

② **예 외**

　㉠ 조합원 수가 주택건설 예정 세대수를 초과하지 아니하는 범위에서 시장·군수·구청장으로부터
　　 조합원 추가모집의 승인을 받은 경우

　㉡ 다음에 해당하는 사유로 결원이 발생한 범위에서 충원하는 경우

> ⓐ 조합원의 사망
> ⓑ 사업계획승인 이후에 입주자로 선정된 지위(해당 주택에 입주할 수 있는 권리·자격 또는
>    지위 등을 말함)가 양도·증여 또는 판결 등으로 변경된 경우. 다만, 전매가 금지되는 경우
>    는 제외한다.
> ⓒ 조합원이 무자격자로 판명되어 자격을 상실하는 경우
> ⓓ 조합원의 탈퇴 등으로 조합원 수가 주택건설 예정 세대수의 50% 미만이 되는 경우
> ⓔ 사업계획승인 등의 과정에서 주택건설 예정 세대수가 변경되어 조합원 수가 변경된 세대수
>    의 50% 미만이 되는 경우

> **기출유형** 조합원의 사망으로 그 지위를 상속받는 자는 조합원이 될 수 없다.(×)
> **기출유형** 조합원의 탈퇴 등으로 조합원 수가 주택건설 예정 세대 수의 60퍼센트가 된 경우에는 설립인
> 가를 받은 후 조합원을 충원할 수 있다.(×)

### (2) 자격요건의 기준일

조합원으로 추가모집되거나 충원되는 자가 조합원 자격 요건을 갖추었는지를 판단할 때에는 해당 조
합설립인가 신청일을 기준으로 한다.

> **기출유형** 조합설립 인가 후에 조합원으로 추가 모집되는 자가 조합원 자격 요건을 갖추었는지를 판단할 때에
> 는 추가 모집 공고일을 기준으로 한다.(×)

### (3) 변경인가 신청

조합원 추가모집의 승인과 조합원 추가모집에 따른 주택조합의 변경인가 신청은 사업계획승인신청일
까지 하여야 한다.

## ⑷ 탈퇴 및 환급

① 조합원은 조합규약으로 정하는 바에 따라 조합에 탈퇴 의사를 알리고 <u>탈퇴할 수 있다</u>.

② 탈퇴한 조합원(제명된 조합원을 포함)은 조합규약으로 정하는 바에 따라 부담한 비용의 <u>환급을 청구</u><u>할 수 있다</u>.

## 6. 주택조합의 사업시행

① **사업계획승인 신청**: 주택조합은 설립인가를 받은 날부터 <u>2년 이내</u>에 사업계획승인(사업계획승인 대상이 아닌 리모델링인 경우에는 허가)을 신청하여야 한다.

② **등록사업자의 책임**: 주택조합과 등록사업자가 공동으로 사업을 시행하면서 시공할 경우 등록사업자는 시공자로서의 책임뿐만 아니라 자신의 귀책사유로 사업 추진이 불가능하게 되거나 지연됨으로 인하여 조합원에게 입힌 손해를 배상할 책임이 있다.

> **기출유형** 조합과 등록사업자가 공동으로 사업을 시행하면서 시공하는 경우 등록사업자는 자신의 귀책사유로 발생한 손해에 대해서도 조합원에게 배상책임을 지지 않는다.(×)

③ **우선 공급**: 주택조합(리모델링주택조합은 제외)은 그 구성원을 위하여 건설하는 주택을 그 조합원에게 우선 공급할 수 있으며, 설립 신고한 직장주택조합에 대하여는 사업주체가 국민주택을 그 직장주택조합원에게 우선 공급할 수 있다.

## 7. 주택조합업무의 대행

① 주택조합(리모델링주택조합은 제외) 및 주택조합의 발기인은 주택조합의 업무를 공동사업주체인 등록사업자 또는 다음에 해당하는 자로서 법인 5억(개인 10억)이상 자본금을 보유한 자 외의 자에게 대행하게 할 수 없다.

> ㉠ 등록사업자
> ㉡ 「공인중개사법」에 따른 중개업자
> ㉢ 「도시 및 주거환경정비법」에 따른 정비사업전문관리업자
> ㉣ 「부동산개발업의 관리 및 육성에 관한 법률」에 따른 등록사업자
> ㉤ 「자본시장과 금융투자업에 관한 법률」에 따른 신탁업자 등

② 업무대행자에게 대행시킬 수 있는 주택조합의 업무는 다음과 같다.

> ㉠ 조합원 모집, 토지 확보, 조합설립인가 신청 등 조합설립을 위한 업무의 대행
> ㉡ 사업성 검토 및 사업계획서 작성업무의 대행
> ㉢ 설계자 및 시공자 선정에 관한 업무의 지원
> ㉣ 사업계획승인 신청 등 사업계획승인을 위한 업무의 대행
> ㉤ 계약금 등 자금의 보관 및 그와 관련된 업무의 대행

## 8. 조합임원 등의 결격사유

① **결격사유**(주택조합의 발기인 또는 임원이 될 수 없음)

> ㉠ 미성년자·피성년후견인 또는 피한정후견인
> ㉡ 파산선고를 받은 사람으로서 복권되지 아니한 사람
> ㉢ 금고 이상의 실형을 선고받고 그 집행이 종료되거나 집행이 면제된 날부터 2년이 경과되지 아니한 사람
> ㉣ 금고 이상의 형의 집행유예 또는 선고유예를 받고 그 유예기간 중에 있는 사람
> ㉤ 법원의 판결 또는 다른 법률에 따라 자격이 상실 또는 정지된 사람
> ㉥ 해당 주택조합의 공동사업주체인 등록사업자 또는 업무대행사의 임직원

② **당연퇴직**: 결격사유가 발생하면 발기인은 그 지위를 상실하고 해당 임원은 당연히 퇴직한다. 다만, 지위가 상실된 발기인 또는 퇴직된 임원이 지위 상실이나 퇴직 전에 관여한 행위는 그 효력을 상실하지 아니한다.

> **기출유형** 조합의 임원이 금고 이상의 실형을 받아 당연퇴직을 하면 그가 퇴직 전에 관여한 행위는 그 효력을 상실한다.(×)

③ **겸직금지**: 주택조합의 임원은 다른 주택조합의 임원, 직원 또는 발기인을 겸할 수 없다.

## 9. 주택조합에 대한 감독 등

① **설립인가의 취소**(임의적): 시장·군수·구청장은 주택조합 또는 주택조합의 구성원이 다음에 해당하는 경우에는 주택조합의 설립인가를 취소할 수 있다.

> ㉠ 거짓이나 그 밖의 부정한 방법으로 설립인가를 받은 경우
> ㉡ 사업주체 등에 대한 지도·감독에 따른 명령이나 처분을 위반한 경우

> **기출유형** 시장·군수·구청장은 주택조합이 주택법에 따른 명령이나 처분을 위반한 때에는 그 설립인가를 취소하여야 한다.(×)

② 시장·군수·구청장은 모집주체가 이 법을 위반한 경우 시정요구 등 필요한 조치를 명할 수 있다.

## 10. 주택조합사업의 해산

① 주택조합은 설립인가를 받은 날부터 3년이 되는 날까지 사업계획승인을 받지 못하는 경우 대통령령으로 정하는 바에 따라 총회의 의결을 거쳐 해산 여부를 결정하여야 한다.

② 주택조합의 발기인은 조합원 모집 신고가 수리된 날부터 2년이 되는 날까지 주택조합 설립인가를 받지 못하는 경우 대통령령으로 정하는 바에 따라 주택조합 가입 신청자 전원으로 구성되는 총회 의결을 거쳐 주택조합 사업의 종결 여부를 결정하도록 하여야 한다.

③ 총회를 소집하려는 주택조합의 임원 또는 발기인은 총회가 개최되기 7일 전까지 회의 목적, 안건, 일시 및 장소를 정하여 조합원 또는 주택조합 가입 신청자에게 통지하여야 한다.

④ **주택조합사업의 시공보증**: 주택조합이 공동사업주체인 시공자를 선정한 경우 그 시공자는 공사의 시공보증(시공자가 공사의 계약상 의무를 이행하지 못하거나 의무이행을 하지 아니할 경우 보증기관에서 시공자를 대신하여 계약이행의무를 부담하거나 총 공사금액의 50% 이상의 범위에서 주택조합이 정하는 금액을 납부할 것을 보증하는 것을 말함)을 위하여 국토교통부령으로 정하는 기관의 시공보증서를 조합에 제출하여야 한다.

## 03 주택상환사채

### 1. 주택상환사채의 발행 제24회, 제27회, 제33회

① **발행자** : 한국토지주택공사와 등록사업자는 대통령령으로 정하는 바에 따라 주택으로 상환하는 사채(주택상환사채)를 발행할 수 있다.

② **발행기준 및 보증** : 등록사업자는 다음의 기준에 맞고 금융기관 또는 주택도시보증공사의 보증을 받은 경우에만 주택상환사채를 발행할 수 있다.

> ㉠ 법인으로서 자본금이 5억원 이상일 것
> ㉡ 「건설산업기본법」에 따라 건설업 등록을 한 자일 것
> ㉢ 최근 3년간 연평균 주택건설 실적이 300호 이상일 것
> ㉣ 발행규모는 최근 3년간의 연평균 주택건설 호수 이내로 할 것

③ **발행승인** : 주택상환사채를 발행하려는 자는 주택상환사채발행계획을 수립하여 국토교통부장관의 승인을 받아야 한다.

> **기출유형** 주택상환사채를 발행하려는 자는 주택상환사채발행계획을 수립하여 행정안전부장관의 승인을 받아야 한다.(×)

### 2. 발행방법 제33회

① 주택상환사채는 액면 또는 할인의 방법으로 발행한다.

② 주택상환사채는 기명증권(記名證券)으로 하고, 사채권자의 명의변경은 취득자의 성명과 주소를 사채원부에 기록하는 방법으로 하며, 취득자의 성명을 채권에 기록하지 아니하면 사채발행자 및 제3자에게 대항할 수 없다.

> **기출유형** 주택상환사채는 취득자의 성명과 주소를 채권에 기록하지 아니하면 사채발행자 및 제3자에게 대항할 수 없다.(×)

③ 주택상환사채의 발행자는 주택상환사채대장을 갖추어 두고 주택상환사채권의 발행 및 상환에 관한 사항을 적어야 한다.

### 3. 발행책임과 조건 제23회

① **발행책임** : 주택상환사채를 발행한 자는 발행조건에 따라 주택을 건설하여 사채권자에게 상환하여야 한다.

② **상환기간** : 주택상환사채의 상환기간은 3년을 초과할 수 없다. 이 경우 상환기간은 주택상환사채발행일부터 주택의 공급계약체결일까지의 기간으로 한다.

③ **양도 또는 중도해약** : 주택상환사채는 이를 양도하거나 중도에 해약할 수 없다. 다만, 다음의 부득이한 사유가 있는 경우는 예외로 한다.

> ㉠ 세대원의 근무 또는 생업상의 사정이나 질병치료, 취학 또는 결혼으로 세대원 전원이 다른 행정구역으로 이전하는 경우
> ㉡ 세대원 전원이 상속으로 취득한 주택으로 이전하는 경우
> ㉢ 세대원 전원이 해외로 이주하거나 2년 이상 해외에 체류하려는 경우

**기출유형** 세대원의 근무로 인하여 세대원 일부가 다른 행정구역으로 이전하는 경우에는 양도하거나 중도에 해약할 수 있다.(×)

④ **사채의 효력**: 등록사업자의 등록이 말소된 경우에도 등록사업자가 발행한 주택상환사채의 효력에는 영향을 미치지 아니한다.

**기출유형** 등록사업자의 등록이 말소된 경우에는 등록사업자가 발행한 주택상환사채의 효력은 상실된다.(×)

⑤ **적용규정**: 주택상환사채의 발행에 관하여 <u>이 법</u>에서 규정한 것 외에는 「<u>상법</u>」 중 사채발행에 관한 규정을 적용한다.

## 4. 납입금의 사용 <sup>제32회</sup>

① **납입금 사용**: 국토교통부장관은 주택상환사채의 납입금이 택지의 구입, 주택건설자재의 구입, 건설공사비에의 충당 등 사채발행 목적에 맞게 사용될 수 있도록 그 사용 방법·절차 등에 관하여 대통령령으로 정하는 바에 따라 필요한 조치를 하여야 한다.

**기출유형** 주택상환사채의 납입금은 주택건설자재의 구입, 택지의 구입 및 조성, 주택조합 운영비에의 충당될 수 있다. (×)

② **관리**: 주택상환사채의 납입금은 해당 보증기관과 주택상환사채발행자가 협의하여 정하는 금융기관에서 관리한다.

# 사업계획절차

**사업계획승인**

## 1. 사업계획승인 대상

### (1) 원 칙

사업계획승인을 받아야 한다. 승인받은 사업계획을 변경하려는 경우에도 변경승인을 받아야 한다.

① **다음의 주택건설사업을 시행하려는 자**

> ○ 단독주택 : <u>30호</u> 이상. 다만, 다음에 해당하는 단독주택인 경우에는 <u>50호 이상</u>으로 한다.
>   ⓐ 공공사업에 따라 조성된 용지를 개별 필지로 구분하지 아니하고 일단(一團)의 토지로 공급받아 해당 토지에 건설하는 단독주택
>   ⓑ 「건축법 시행령」에 따른 <u>한옥</u>
> ○ 공동주택 : 30세대 이상(리모델링의 경우에는 증가하는 세대수를 기준). 다만, 다음에 해당하는 공동주택을 건설하는 경우에는 50세대 이상으로 한다.
>   ⓐ 세대별 주거전용면적이 $30m^2$ 이상일 것 + 해당 주택단지 진입도로의 폭이 6m 이상인 단지형 연립주택 또는 단지형 다세대주택
>   ⓑ 「도시 및 주거환경정비법」에 따른 주거환경개선사업을 시행하기 위한 정비구역에서 건설하는 공동주택

**기출유형** 주거전용 단독주택인 건축법령상의 한옥 30호의 건설사업을 시행하려는 자는 사업계획승인을 받아야 한다.(×)

② 1만$m^2$ 이상의 대지조성사업을 시행하려는 자

### (2) 예 외

다음의 경우에는 사업계획승인대상에서 제외한다.

> ① 준주거지역 또는 상업지역(유통상업지역 제외)에서 300세대 미만의 주택과 주택 외의 시설을 동일 건축물로 건축하는 경우 + 해당 건축물의 연면적에서 주택의 연면적이 차지하는 비율이 90% 미만일 것
> ② 「농어촌정비법」에 따른 생활환경정비사업 중 농업협동조합중앙회가 조달하는 자금으로 시행하는 사업인 경우

## 2. 사업계획승인권자 제26회, 제35회

### (1) 시·도지사 또는 대도시의 시장 & 시·군수

① **주택건설사업 또는 대지조성사업으로서 해당 대지면적이 10만m2 이상인 경우**: 시·도지사 또는 대도시의 시장

② **주택건설사업 또는 대지조성사업으로서 해당 대지면적이 10만m2 미만인 경우**: 특별시장·광역시장·특별자치시장·특별자치도지사 또는 시장·군수

> **기출유형** 주택건설사업 또는 대지조성사업으로서 해당 대지면적이 10만m$^2$ 이상인 경우에는 특별시장·광역시장·특별자치시장·특별자치도지사 또는 시장·군수에게 사업계획승인을 받아야 한다.(×)

### (2) 국토교통부장관

> ① 국가 및 한국토지주택공사가 시행하는 경우
> ② 330만m$^2$ 이상의 규모로 택지개발사업 또는 도시개발사업을 추진하는 지역 중 국토교통부장관의 지정·고시하는 지역에서 주택건설사업을 시행하는 경우
> ③ 수도권 또는 광역시 지역의 긴급한 주택난 해소가 필요하거나 지역균형개발 또는 광역적 차원의 조정이 필요하여 국토교통부장관이 지정·고시하는 지역에서 주택건설사업을 시행하는 경우
> ④ 국가·지방자치단체, 한국토지주택공사 및 지방공사에 해당하는 자가 단독 또는 공동으로 총지분의 50%를 초과하여 출자한 위탁관리 부동산투자회사가 「공공주택 특별법」에 따른 공공주택 건설사업을 시행하는 경우

### (3) 사업계획승인 결정

① 승인받은 사업계획을 변경하려면 사업계획승인권자로부터 변경승인을 받아야 한다. 다만, 국토교통부령으로 정하는 경미한 사항을 변경하는 경우에는 그러하지 아니하다.

> **key point** 경미한 사항: 총사업비의 20퍼센트의 범위에서의 사업비, 대지면적의 20퍼센트의 범위에서의 면적 증감, 내부구조의 위치나 면적 변경, 내장 재료 및 외장 재료의 변경, 사업계획승인의 조건부과된 사항

② 사업계획승인권자는 사업계획승인의 신청을 받았을 때에는 정당한 사유가 없으면 신청받은 날부터 60일 이내에 사업주체에게 승인 여부를 통보하여야 한다.

> **기출유형** 사업계획승인권자는 사업계획승인의 신청을 받았을 때에는 정당한 사유가 없으면 신청받은 날부터 90일 이내에 사업주체에게 승인 여부를 통보하여야 한다.(×)

③ 사업계획승인권자는 사업계획을 승인할 때 사업주체가 제출하는 사업계획에 해당 주택건설사업 또는 대지조성사업과 직접적으로 관련이 없거나 과도한 기반시설의 기부채납(寄附採納)을 요구하여서는 아니 된다.

### 3. 표본설계도서의 승인 제30회, 제31회

① 한국토지주택공사, 지방공사 또는 등록사업자는 동일한 규모의 주택을 대량으로 건설하려는 경우에는 국토교통부령으로 정하는 바에 따라 <u>국토교통부장관에게</u> 주택의 형별(型別)로 표본설계도서를 작성·제출하여 승인을 받을 수 있다.

> **기출유형** 등록사업자는 동일한 규모의 주택을 대량으로 건설하려는 경우에는 시·도지사에게 주택의 형별로 표본설계도서를 작성·제출하여 승인을 받을 수 있다.(×)

② 국토교통부장관은 승인을 하려는 경우에는 관계 행정기관의 장과 협의하여야 하며, 협의 요청을 받은 기관은 정당한 사유가 없으면 요청받은 날부터 15일 이내에 국토교통부장관에게 의견을 통보하여야 한다.

③ 국토교통부장관은 표본설계도서의 승인을 하였을 때에는 그 내용을 특별시장·광역시장·특별자치시장·도지사 또는 특별자치도지사(시·도지사)에게 통보하여야 한다.

### 4. 사업계획의 이행 및 취소

#### (1) 착공기간 제26회, 제28회, 제30회, 제32회

사업주체는 승인받은 사업계획대로 사업을 시행하여야 하고, 다음의 구분에 따라 공사를 시작하여야 한다. 다만, 사업계획승인권자는 대통령령으로 정하는 정당한 사유[매장문화재발굴허가, 소유권분쟁(소송절차 진행 중 한함), 조건이행지연, 천재지변, 기반시설설치지연, 건설경기침체]가 있다고 인정하는 경우에는 사업주체의 신청을 받아 그 <u>사유가 없어진 날부터 1년의 범위</u>에서 공사의 착수기간을 <u>연장(②의 ⓒ제외)</u>할 수 있다.

① **사업계획승인을 받은 경우**: 승인받은 날부터 <u>5년 이내</u>

② **공구별 분할시행에 따른 사업계획승인을 받은 경우**

   ㉠ 최초로 공사를 진행하는 공구: 승인받은 날부터 5년 이내

   ⓒ 최초로 공사를 진행하는 공구 외의 공구: 해당 주택단지에 대한 최초 착공신고일부터 2년 이내

> **기출유형** 사업계획승인권자는 소유권분쟁(소송절차 진행 이전 포함)이 있다고 인정하는 경우에는 사업주체의 신청을 받아 그 사유가 없어진 날부터 1년의 범위에서 공사의 착수기간을 연장할 수 있다.(×)

#### (2) 사업계획승인의 취소(임의적) 제29회

사업계획승인권자는 다음에 해당하는 경우 그 사업계획의 승인을 <u>취소(소유권분쟁, 조건이행지연에 해당하는 경우 「주택도시기금법」에 따라 주택분양보증이 된 사업은 제외)할 수 있다.</u>

> ① 사업주체가 ((1)ⓒ는 제외)을 위반하여 공사를 시작하지 아니한 경우
> ② 사업주체가 경매·공매 등으로 인하여 대지소유권을 상실한 경우
> ③ 사업주체의 부도·파산 등으로 공사의 완료가 불가능한 경우

> **기출유형** 사업계획승인권자는 사업주체가 경매로 인하여 대지소유권을 상실한 경우에는 그 사업계획의 승인을 취소하여야 한다.(×)

## 02 | 대지소유권 확보 및 사업시행

### 1. 주택건설대지 소유권확보 및 매도청구 제26회, 제35회

#### (1) 원 칙

주택건설사업계획의 승인을 받으려는 자는 해당 주택건설대지의 <u>소유권을 확보</u>하여야 한다.

#### (2) 예 외

다음에 해당하는 경우에는 그러하지 아니하다.

> ① 「국토의 계획 및 이용에 관한 법률」에 따른 지구단위계획의 결정이 필요한 주택건설사업의 해당 대지면적의 <u>80% 이상</u>을 사용할 수 있는 권원[등록사업자와 공동으로 사업을 시행하는 <u>주택조합</u>(리모델링주택조합은 제외)의 경우에는 <u>95% 이상</u>의 소유권을 말함]을 확보하고, 확보하지 못한 대지가 매도청구 대상이 되는 대지에 해당하는 경우
> ② 사업주체가 주택건설대지의 소유권을 확보하지 못하였으나 그 대지를 사용할 수 있는 권원을 확보한 경우
> ③ 국가·지방자치단체·한국토지주택공사 또는 지방공사가 주택건설사업을 하는 경우
> ④ 리모델링 결의를 한 리모델링주택조합이 매도청구를 하는 경우

▶ **기출유형** | 사업주체가 주택건설대지면적 중 100분의 90에 대하여 사용권원을 확보한 경우, 사용권원을 확보하지 못한 대지의 모든 소유자에게 매도청구를 할 수 있다.(×)

#### (3) 매도청구

① **사업주체의 매도청구**: 사업계획승인을 받은 사업주체는 다음에 따라 해당 주택건설대지 중 사용할 수 있는 권원을 확보하지 못한 대지(건축물 포함)의 소유자에게 그 대지를 <u>시가(市價)</u>로 매도할 것을 청구할 수 있다. 이 경우 매도청구 대상이 되는 대지의 소유자와 매도청구를 하기 전에 <u>3개월 이상 협의</u>를 하여야 한다.

> ㉠ 주택건설대지면적의 <u>95% 이상</u>의 사용권원을 확보한 경우: 사용권원을 확보하지 못한 대지의 모든 소유자에게 매도청구 가능
> ㉡ ㉠ <u>이외</u>의 경우: 사용권원을 확보하지 못한 대지의 소유자 중 지구단위계획구역 결정고시일 <u>10년 이전</u>에 해당 대지의 소유권을 취득하여 계속 보유하고 있는 자를 <u>제외</u>한 소유자에게 매도청구 가능

② **리모델링주택조합의 매도청구**: 리모델링 결의를 한 리모델링주택조합은 그 리모델링 <u>결의에 찬성하지 아니하는</u> 자의 주택 및 토지에 대하여 <u>매도청구</u>를 할 수 있다.

> ▶ **기출유형** | 리모델링 결의를 한 리모델링주택조합은 그 리모델링 결의에 찬성하지 아니하는 자의 주택 및 토지에 대하여 매도청구를 할 수 없다.(×)

### (4) 소유자를 확인하기 곤란한 대지 등에 대한 처분

① **매도청구 의제**: 사업계획승인을 받은 사업주체는 해당 주택건설대지 중 사용할 수 있는 권원을 확보하지 못한 대지의 소유자가 있는 곳을 확인하기가 현저히 곤란한 경우에는 전국적으로 배포되는 둘 이상의 일간신문에 두 차례 이상 공고하고, 공고한 날부터 30일 이상이 지났을 때에는 매도청구 대상의 대지로 본다.

② **법원공탁**: 사업주체는 매도청구 대상 대지의 감정평가액에 해당하는 금액을 법원에 공탁(供託)하고 주택건설사업을 시행할 수 있다.

③ **감정평가**: 대지의 감정평가액은 사업계획승인권자가 추천하는 「감정평가 및 감정평가사에 관한 법률」에 따른 감정평가법인 등 2인 이상이 평가한 금액을 산술평균하여 산정한다.

### (5) 토지매수 업무 등의 위탁

국가 또는 한국토지주택공사인 사업주체는 주택건설사업 또는 대지조성사업을 위한 토지매수 업무와 손실보상 업무를 관할 지방자치단체의 장에게 위탁할 수 있다.


## 2. 사업시행을 위한 조치

### (1) 토지 등의 수용 또는 사용

① **인정**: 국가·지방자치단체·한국토지주택공사 및 지방공사인 사업주체가 국민주택을 건설하거나 국민주택을 건설하기 위한 대지를 조성하는 경우에는 토지나 토지에 정착한 물건 및 그 토지나 물건에 관한 소유권 외의 권리(토지등)를 수용하거나 사용할 수 있다.

② **준용**: 토지 등을 수용하거나 사용하는 경우 이 법에 규정된 것 외에는 「공익사업을 위한 토지 등의 취득 및 보상에 관한 법률」을 준용한다.

③ **의제**: 「공익사업을 위한 토지 등의 취득 및 보상에 관한 법률」에 따른 사업인정을 사업계획승인으로 본다.

④ **재결신청**: 재결신청은 「공익사업을 위한 토지 등의 취득 및 보상에 관한 법률」에도 불구하고 사업계획승인을 받은 주택건설사업기간 이내에 할 수 있다.

### (2) 국·공유지 등의 우선 매각 및 임대

① **우선공급 대상**: 국가 또는 지방자치단체는 그가 소유하는 토지를 매각하거나 임대할 때 다음의 목적으로 그 토지의 매수 또는 임차를 원하는 자가 있으면 그에게 우선적으로 그 토지를 매각하거나 임대할 수 있다.

> ㉠ 국민주택규모의 주택을 50% 이상으로 건설하는 주택의 건설
> ㉡ 주택조합이 건설하는 주택(이하 "조합주택")의 건설
> ㉢ ㉠ 또는 ㉡의 주택을 건설하기 위한 대지의 조성

② **환매 등**: 국가 또는 지방자치단체는 국·공유지를 매수하거나 임차한 자가 2년 이내에 국민주택규모의 주택 또는 조합주택을 건설하지 아니하거나 그 주택을 건설하기 위한 대지조성사업을 시행하지 아니한 경우에는 환매(還買)하거나 임대계약을 취소할 수 있다.

### ⑶ 체비지의 활용

① **체비지의 우선매각**: 사업주체가 국민주택용지로 사용하기 위하여 도시개발사업 시행자[「도시개발법」에 따른 환지(換地) 방식에 의하여 사업을 시행하는 도시개발사업의 시행자를 말함]에게 체비지(替費地)의 매각을 요구한 경우 그 도시개발사업 시행자는 체비지의 총면적의 50%의 범위에서 이를 우선적으로 사업주체에게 매각할 수 있다.

② **체비지 단지지정**: 사업주체가 환지계획의 수립 전에 체비지의 매각을 요구하면 도시개발사업 시행자는 사업주체에게 매각할 체비지를 하나의 단지로 정하여야 한다.

③ **양도가격**: 체비지의 양도가격은 「감정평가 및 감정평가사에 관한 법률」에 따른 감정평가법인 등이 감정평가한 감정가격을 기준으로 한다. 다만, 임대주택을 건설하는 경우 등 국토교통부령으로 정하는 경우에는 조성원가를 기준으로 할 수 있다.

> **기출유형** | 체비지의 양도가격은 조성원가를 기준으로 하고 임대주택을 건설하는 경우는 감정가격을 기준으로 할 수 있다.(×)

④ **매각방법**: 도시개발사업 시행자는 체비지를 사업주체에게 국민주택용지로 매각하는 경우에는 경쟁입찰로 하여야 한다. 다만, 매각을 요구하는 사업주체가 하나일 때에는 수의계약으로 매각할 수 있다.

### ⑷ 간선시설의 설치

① **설치의무**: 사업주체가 단독주택의 경우에는 100호, 공동주택의 경우에는 100세대(리모델링의 경우에는 늘어나는 세대수 기준) 이상의 주택건설사업을 시행하는 경우 또는 16,500m² 이상의 대지조성사업을 시행하는 경우 다음에 해당하는 자는 각각 해당 간선시설을 설치하여야 한다.

> ㉠ 지방자치단체: 도로 및 상하수도시설
> ㉡ 해당 지역에 전기·통신·가스 또는 난방을 공급하는 자: 전기시설·통신시설·가스시설 또는 지역난방시설
> ㉢ 국가: 우체통

> **기출유형** | 사업주체가 공동주택의 경우에는 30세대(리모델링의 경우에는 늘어나는 세대수 기준) 이상의 주택건설사업을 시행하는 경우에 해당하는 자는 국가가 우체통을 설치하여야 한다.(×)

② **통지**: 사업계획승인권자는 간선시설의 설치대상인 주택건설 또는 대지조성에 관한 사업계획을 승인하였을 때에는 그 사실을 지체 없이 간선시설 설치의무자에게 통지하여야 한다.

③ **설치시기**: 간선시설은 특별한 사유가 없으면 사용검사일까지 설치를 완료하여야 한다.

④ **비용상환의 요구**: 간선시설 설치의무자가 사용검사일까지 간선시설의 설치를 완료하지 못할 특별한 사유가 있는 경우에는 사업주체가 그 간선시설을 자기부담으로 설치하고 간선시설 설치의무자에게 그 비용의 상환을 요구할 수 있다.

⑤ **설치비용**: 간선시설의 설치비용은 설치의무자가 부담한다. 이 경우 도로 및 상하수도시설의 설치비용은 그 비용의 50%의 범위에서 국가가 보조할 수 있다.

## 3. 주택의 감리

### (I) 주택의 감리자 지정

① **원칙**: 사업계획승인권자는 주택건설사업계획을 승인하였을 때와 시장·군수·구청장이 리모델링의 허가를 하였을 때에는 「건축사법」 또는 「건설기술 진흥법」에 따른 감리자격이 있는 자를 다음의 구분에 따라 해당 주택건설공사를 감리할 자로 지정하여야 한다. 이 경우 인접한 둘 이상의 주택단지에 대해서는 감리자를 공동으로 지정할 수 있다.

> ㉠ 300세대 미만의 주택건설공사 : 다음에 해당하는 자(해당 주택건설공사를 시공하는 자의 계열회사는 제외)
> ⓐ 「건축사법」에 따라 건축사사무소개설신고를 한 자
> ⓑ 「건설기술 진흥법」에 따라 등록한 건설엔지니어링사업자
> ㉡ 300세대 이상의 주택건설공사 : 「건설기술 진흥법」에 따라 등록한 건설엔지니어링사업자

② **예외**: 사업주체가 국가·지방자치단체·한국토지주택공사·지방공사 또는 대통령령으로 정하는 자인 경우와 「건축법」에 따라 공사감리를 하는 도시형 생활주택의 경우에는 그러하지 아니하다.

### (2) 감리자의 교체

다음 사유에 해당하는 경우에는 감리자를 교체하고, 그 감리자에 대하여는 <u>1년의 범위</u>에서 감리업무의 지정을 제한할 수 있다.

① 감리자가 감리자의 지정에 관한 서류를 부정 또는 거짓으로 제출

② **업무 수행 중 위반 사항이 있음을 알고도 묵인**

> ㉠ 감리업무 수행 중 발견한 위반 사항을 묵인한 경우
> ㉡ 이의신청 결과 시정 통지가 3회 이상 잘못된 것으로 판정된 경우
> ㉢ 공사기간 중 공사현장에 1개월 이상 감리원을 상주시키지 아니한 경우. 이 경우 기간 계산은 감리원별로 상주시켜야 할 기간에 각 감리원이 상주하지 아니한 기간을 합산한다.
> ㉣ 감리자 지정에 관한 서류를 거짓이나 그 밖의 부정한 방법으로 작성·제출한 경우
> ㉤ 감리자 스스로 감리업무 수행의 포기 의사를 밝힌 경우

**기출유형** 감리자를 교체한 경우에는 그 감리자에 대하여는 2년의 범위에서 감리업무의 지정을 제한할 수 있다.(×)

## 4. 사용검사 제24회, 제34회

### (I) 사업주체의 사용검사

① **원칙**: 사업주체는 사업계획승인을 받아 시행하는 주택건설사업 또는 대지조성사업을 완료한 경우에는 주택 또는 대지에 대하여 <u>시장·군수·구청장의 사용검사를 받아야 한다.</u>

② **예외**: 국가 또는 한국토지주택공사가 사업주체인 경우와 국토교통부장관으로부터 사업계획의 승인을 받은 경우에는 국토교통부장관의 사용검사를 받아야 한다.

③ **동별 사용검사**: <u>공구별 분할시행</u>에 따라 사업계획을 승인받은 경우에는 완공된 주택에 대하여 공구별로 사용검사를 받을 수 있고, 사업계획승인 조건의 미이행 등 대통령령으로 정하는 사유가 있는 경우에는 공사가 완료된 주택에 대하여 <u>동별</u>로 사용검사를 받을 수 있다.

④ **사용검사기간**: 사용검사를 하는 시장·군수·구청장은 사용검사의 대상인 주택 또는 대지가 사업계획의 내용에 적합한지를 확인하여야 하며, 신청일부터 15일 이내에 하여야 한다.

## ⑵ 시공보증자 등의 사용검사

① 사업주체가 파산 등으로 주택건설사업을 계속할 수 없는 경우에는 해당 주택의 시공을 보증한 자가 잔여공사를 시공하고 사용검사를 받아야 한다.

② 시공보증자가 없거나 파산 등으로 시공을 할 수 없는 경우에는 입주예정자의 대표회의가 시공자를 정하여 잔여공사를 시공하고 사용검사를 받아야 한다.

## ⑶ 임시사용승인

① 사업주체 또는 입주예정자는 사용검사를 받은 후가 아니면 주택 또는 대지를 사용하게 하거나 이를 사용할 수 없다. 다만, 다음의 구분에 따라 사용검사권자의 임시 사용승인을 받은 경우에는 그러하지 아니하다.

　㉠ 주택건설사업의 경우: 건축물의 동별로 공사가 완료된 경우

　㉡ 대지조성사업의 경우: 구획별로 공사가 완료된 경우

② 사용검사권자는 임시 사용승인의 대상이 공동주택인 경우에는 세대별로 임시 사용승인을 할 수 있다.

## ⑷ 사용검사 후 매도청구

① **주택소유자의 매도청구**: 주택(복리시설을 포함)의 소유자들은 주택단지 전체 대지에 속하는 일부의 토지에 대한 소유권이전등기 말소소송 등에 따라 사용검사(동별 사용검사를 포함)를 받은 이후에 해당 토지의 소유권을 회복한 자(실소유자)에게 해당 토지를 시가로 매도할 것을 청구할 수 있다.

② **대표자선정**: 주택의 소유자들은 대표자를 선정하여 매도청구에 관한 소송을 제기할 수 있다. 이 경우 대표자는 주택의 소유자 전체의 4분의 3 이상의 동의를 받아 선정한다.

③ **효력**: 매도청구에 관한 소송에 대한 판결은 주택의 소유자 전체에 대하여 효력이 있다.

> **기출유형** 대표자를 선정하여 매도청구에 관한 소송을 하는 경우 그 판결은 대표자 선정에 동의하지 않은 주택의 소유자에게는 효력이 미치지 않는다.(×)

④ **매도청구의 요건**: 매도청구를 하려는 경우에는 해당 토지의 면적이 주택단지 전체 대지 면적의 5퍼센트 미만이어야 한다.

⑤ **송달기간**: 매도청구의 의사표시는 실소유자가 해당 토지 소유권을 회복한 날부터 2년 이내에 해당 실소유자에게 송달되어야 한다.

⑥ **구상권 행사**: 주택의 소유자들은 매도청구로 인하여 발생한 비용의 전부를 사업주체에게 구상(求償)할 수 있다.

# Chapter 21 주택의 공급

## 01 주택의 공급

### 1. 입주자 모집 제22회

사업주체(공공주택사업자는 제외)가 입주자를 모집하려는 경우에는 국토교통부령으로 정하는 바에 따라 시장·군수·구청장의 승인(복리시설의 경우에는 신고)을 받아야 한다.

**✔ key point** 공공주택사업자 : 국가·지방자치단체, 한국토지주택공사, 지방공사, 공공기관, 공기관

**◤ 기출유형** 한국토지주택공사가 총지분의 70% 출자한 부동산투자회사가 사업주체로부터 입주자를 모집하려는 경우에는 시장·군수·구청장의 승인을 받아야 한다.(×)

### 2. 마감재 목록표 등의 제출 제26회, 제28회

① **제출** : 사업주체가 시장·군수·구청장의 승인을 받으려는 경우(사업주체가 국가·지방자치단체·한국토지주택공사 및 지방공사인 경우에는 견본주택을 건설하는 경우)에는 견본주택에 사용되는 마감자재의 규격·성능 및 재질을 적은 목록표(마감자재 목록표)와 견본주택의 각 실의 내부를 촬영한 영상물 등을 제작하여 승인권자에게 제출하여야 한다.

② **보관** : 시장·군수·구청장은 마감자재 목록표와 영상물 등을 사용검사가 있은 날부터 2년 이상 보관하여야 하며, 입주자가 열람을 요구하는 경우에는 이를 공개하여야 한다.

③ **변경** : 사업주체가 마감자재 생산업체의 부도 등으로 인한 제품의 품귀 등 부득이한 사유로 인하여 사업계획승인 또는 마감자재 목록표의 마감자재와 다르게 마감자재를 시공·설치하려는 경우에는 당초의 마감자재와 같은 질 이상으로 설치하여야 한다.

**◤ 기출유형** 사업주체가 부득이한 사유로 인하여 사업계획승인의 마감자재와 다르게 시공·설치하려는 경우에는 당초의 마감자재와 같은 질 이하의 자재로 설치할 수 있다.(×)

④ **통지** : 사업주체가 마감자재 목록표의 자재와 다른 마감자재를 시공·설치하려는 경우에는 그 사실을 입주예정자에게 알려야 한다.

**◤ 기출유형** 사업주체가 마감자재 목록표의 자재와 다른 마감자재를 시공·설치하려는 경우에는 그 사실을 입주예정자에게 알릴 필요는 없다.(×)

## 02 │ 분양가상한제

### 1. 주택의 분양가격 제한 등 제21회, 제23회, 제33회

#### (1) 분양가상한제

① **적용주택**: 사업주체가 일반인에게 공급하는 공동주택 중 다음에 해당하는 지역에서 공급하는 주택의 경우에는 이 조에서 정하는 기준에 따라 산정되는 분양가격 이하로 공급(분양가상한제 적용주택)하여야 한다.

> ㉠ 공공택지
> ㉡ 공공택지 외의 택지에서 주택가격 상승 우려가 있어 국토교통부장관이 「주거기본법」에 따른 주거정책심의위원회의 심의를 거쳐 지정하는 지역

② **적용제외**: 다음에 해당하는 경우에는 <u>분양가상한제를 적용하지 아니한다.</u>

> ㉠ <u>도시형 생활주택</u>
> ㉡ <u>경제자유구역</u>에서 건설·공급하는 공동주택으로서 경제자유구역위원회에서 외자유치 촉진과 관련이 있다고 인정하여 분양가격 제한을 적용하지 아니하기로 심의·의결한 경우
> ㉢ <u>관광특구</u>에서 건설·공급하는 공동주택으로서 해당 건축물의 층수가 <u>50층 이상이거나 높이가 150m 이상인 경우</u>
> ㉣ 소규모주택정비사업, 도심공공주택복합사업
> ㉤ 주거환경개선사업 및 공공재개발사업
> ㉥ 「도시재생 활성화 및 지원에 관한 특별법」에 따른 주거재생혁신지구에서 시행하는 혁신지구재생사업에서 건설·공급하는 주택
> ㉦ 「공공주택 특별법」 도심 공공주택 복합사업에서 건설·공급하는 주택

> **기출유형** 관광진흥법에 따라 지정된 관광특구에서 건설·공급하는 공동주택으로서 해당 건축물의 층수가 50층 이상인 경우는 분양가상한제 적용을 받는다.(×)

#### (2) 사업주체의 분양가격 공시

① <u>사업주체는</u> 분양가상한제 적용주택으로서 공공택지에서 공급하는 주택에 대하여 입주자모집 승인을 받았을 때에는 입주자 모집공고안에 택지비, 공사비, 간접비, 그 밖에 국토교통부령으로 정하는 비용에 대하여 <u>분양가격을 공시</u>하여야 한다.

② <u>시장·군수·구청장이</u> 공공택지 외의 택지에서 공급되는 분양가상한제 적용주택 중 분양가 상승 우려가 큰 지역으로서 공급되는 주택의 입주자모집 승인을 하는 경우에는 택지비, 직접공사비, 간접공사비, 설비비, 감리비, 부대비 등 <u>분양가격을 공시</u>하여야 한다.

> **기출유형** 사업주체가 공공택지에서 공급하는 주택에 대하여 입주자모집 승인을 받은 경우에는 분양가상한제 적용주택이라도 입주자모집공고에 분양가격을 공시할 필요가 없다.(×)

③ 분양가격은 택지비와 건축비로 구성(토지임대부 분양주택의 경우에는 건축비만 해당)되며, 구체적인 명세, 산정방식, 감정평가기관 선정방법 등은 국토교통부령으로 정한다.

> **기출유형** 토지임대부 분양주택의 분양가격은 택지비와 건축비로 구성된다.(×)

## 2. 분양가상한제 적용 지역의 지정 및 해제

### (1) 지 정

① 국토교통부장관은 주택가격상승률이 물가상승률보다 현저히 높은 지역으로서 그 지역의 주택가격·주택거래 등과 지역 주택시장 여건 등을 고려하였을 때 주택가격이 급등하거나 급등할 우려가 있는 지역 중 대통령령으로 정하는 기준을 충족하는 지역은 주거정책심의위원회 심의를 거쳐 분양가상한제 적용 지역으로 지정할 수 있다.

> ㉠ 분양가상한제 적용 지역으로 지정하는 날이 속하는 달의 바로 전달(분양가상한제적용직전월)부터 소급하여 12개월간의 아파트 분양가격상승률이 물가상승률(해당 지역이 포함된 시·도 소비자물가상승률을 말한다)의 2배를 초과한 지역. 이 경우 해당 지역의 아파트 분양가격상승률을 산정할 수 없는 경우에는 해당 지역이 포함된 특별시·광역시·특별자치시·특별자치도 또는 시·군의 아파트 분양가격상승률을 적용한다.
> ㉡ 분양가상한제적용직전월부터 소급하여 3개월간의 주택매매거래량이 전년 동기 대비 20퍼센트 이상 증가한 지역
> ㉢ 분양가상한제적용직전월부터 소급하여 주택공급이 있었던 2개월 동안 해당 지역에서 공급되는 주택의 월평균 청약경쟁률이 모두 5대 1을 초과하였거나 해당 지역에서 공급되는 국민주택 규모 주택의 월평균 청약경쟁률이 모두 10대 1을 초과한 지역

② 국토교통부장관이 분양가상한제 적용 지역을 지정하는 경우에는 미리 시·도지사의 의견을 들어야 한다.

③ 국토교통부장관은 분양가상한제 적용 지역을 지정하였을 때에는 지체 없이 이를 공고하고, 그 지정 지역을 관할하는 시장·군수·구청장에게 공고 내용을 통보하여야 한다. 이 경우 시장·군수·구청장은 사업주체로 하여금 입주자 모집공고 시 해당 지역에서 공급하는 주택이 분양가상한제 적용주택이라는 사실을 공고하게 하여야 한다.

### (2) 해 제

① 국토교통부장관은 분양가상한제 적용 지역으로 계속 지정할 필요가 없다고 인정하는 경우에는 주거정책심의위원회 심의를 거쳐 분양가상한제 적용 지역의 지정을 해제하여야 한다.

> **기출유형** 시·도지사는 분양가상한제 적용 지역으로 계속 지정할 필요가 없다고 인정하는 경우에는 주거정책심의위원회 심의를 거쳐 분양가상한제 적용 지역의 지정을 해제하여야 한다.(×)

② 분양가상한제 적용 지역으로 지정된 지역의 시·도지사, 시장, 군수 또는 구청장은 분양가상한제 적용 지역의 지정 후 해당 지역의 주택가격이 안정되는 등 분양가상한제 적용 지역으로 계속 지정할 필요가 없다고 인정하는 경우에는 국토교통부장관에게 그 지정의 해제를 요청할 수 있다.

### 3. 분양가심사위원회

① **설치·운영**: 시장·군수·구청장은 주택의 분양가격 제한 등에 관한 사항을 심의하기 위하여 분양가심사위원회를 설치·운영하여야 한다.

> **기출유형** 시·도지사는 분양가격의 제한 및 공시에 관한 사항을 심의하기 위하여 분양가심사위원회를 설치·운영하여야 한다.(×)

② **설치시기**: 시장·군수·구청장은 사업계획승인 신청(「도시 및 주거환경정비법」에 따른 사업시행계획인가 및 「건축법」에 따른 건축허가 포함)이 있는 날부터 20일 이내에 위원회를 설치·운영하여야 한다. 다만, 사업주체가 국가·지방자치단체·한국토지주택공사 또는 지방공사인 경우에는 해당 기관의 장이 위원회를 설치·운영하여야 한다.

③ **심사의 구속력**: 시장·군수·구청장은 입주자모집 승인을 할 때에는 분양가심사위원회의 심사결과에 따라 승인 여부를 결정하여야 한다.

### 4. 임대주택의 건설 제29회

① **용적률의 완화 적용**: 사업주체(리모델링을 시행하는 자는 제외)가 다음의 사항을 포함한 사업계획승인신청서를 제출하는 경우 사업계획승인권자는 「국토의 계획 및 이용에 관한 법률」의 용도지역별 용적률 범위에서 특별시·광역시·특별자치시·특별자치도·시 또는 군의 조례로 정하는 기준에 따라 용적률을 완화하여 적용할 수 있다.

> ㉠ 사업계획승인 대상인 30호 이상의 주택과 주택 외의 시설을 동일 건축물로 건축하는 계획
> ㉡ 임대주택의 건설·공급에 관한 사항

② **임대주택의 공급 및 인수**: 용적률을 완화하여 적용하는 경우 사업주체는 완화된 용적률의 30% 이상 60% 이하의 범위에서 시·도의 조례로 정하는 비율 이상에 해당하는 면적을 임대주택으로 공급하여야 한다. 이 경우 사업주체는 임대주택을 국토교통부장관, 시·도지사, 한국토지주택공사 또는 지방공사에 공급하여야 하며 시·도지사가 우선 인수할 수 있다.

## 03 공급질서 교란 금지

### 1. 금지행위 제23회, 제24회, 제25회, 제32회

누구든지 이 법에 따라 건설·공급되는 주택을 공급받거나 공급받게 하기 위하여 다음에 해당하는 증서 또는 지위를 양도·양수(매매·증여나 그 밖에 권리 변동을 수반하는 모든 행위를 포함하되, 상속·저당의 경우는 제외) 또는 이를 알선하거나 양도·양수 또는 이를 알선할 목적으로 하는 광고(각종 간행물·유인물·전화·인터넷, 그 밖의 매체를 통한 행위 포함)를 하여서는 아니 되며, 누구든지 거짓이나 그 밖의 부정한 방법으로 이 법에 따라 건설·공급되는 증서나 지위 또는 주택을 공급받거나 공급받게 하여서는 아니 된다.

> ① 주택을 공급받을 수 있는 주택조합원 지위
> ② 입주자저축 증서
> ③ 주택상환사채
> ④ 시장·군수·구청장이 발행한 무허가건물 확인서, 건물철거예정증명서 또는 건물철거확인서
> ⑤ 공공사업의 시행으로 인한 이주대책에 따라 주택을 공급받을 수 있는 지위 또는 이주대책대상자 확인서

**✔ key point** 입주자저축(주택청약종합저축) : 주택을 공급받으려는 자에게는 미리 입주금의 전부 또는 일부를 저축하게 할 수 있다.

**기출유형** 공공사업의 시행으로 인한 이주대책에 따라 주택을 공급받을 수 있는 지위의 매매는 공급질서교란 금지에 해당하지 않는다.(×)

### 2. 위반시의 조치

① **지위무효·계약취소** : 국토교통부장관 또는 사업주체는 다음에 해당하는 자에 대하여는 그 주택 공급을 신청할 수 있는 지위를 무효로 하거나 이미 체결된 주택의 공급계약을 취소하여야 한다.

> ㉠ 위반하여 증서 또는 지위를 양도하거나 양수한 자
> ㉡ 위반하여 거짓이나 그 밖의 부정한 방법으로 증서나 지위 또는 주택을 공급받은 자

**기출유형** 위반하여 증서 또는 지위를 양도하거나 양수한 자는 지위를 무효로 하거나 이미 체결된 주택의 공급계약을 취소할 수 있다.(×)

② **취소예외** : 국토교통부장관 또는 사업주체는 위반한 공급질서 교란 행위가 있었다는 사실을 알지 못하고 주택 또는 주택의 입주자로 선정된 지위를 취득한 매수인이 해당 공급질서 교란 행위와 관련이 없음을 소명하는 경우에는 이미 체결된 주택의 공급계약을 취소하여서는 아니 된다.

③ **환매** : 주택가격에 해당하는 금액을 지급한 경우에는 그 지급한 날에 그 주택을 취득한 것으로 본다.

④ **퇴거명령** : 사업주체가 매수인에게 주택가격을 지급하거나, 매수인을 알 수 없어 주택가격의 수령 통지를 할 수 없는 경우 등 주택가격을 그 주택이 있는 지역을 관할하는 법원에 공탁한 경우에는 그 주택에 입주한 자에 대하여 기간을 정하여 퇴거를 명할 수 있다.

⑤ **입주자자격의 제한** : 국토교통부장관은 위반한 자에 대하여 10년 이내의 범위에서 국토교통부령으로 정하는 바에 따라 주택의 입주자자격을 제한할 수 있다.

⑥ **벌칙**: 공급질서 교란 금지를 위반한 자는 3년 이하의 징역 또는 3천만원 이하의 벌금에 처한다. 다만, 그 위반행위로 얻은 이익의 <u>3배에 해당</u>하는 금액이 3천만원을 초과하는 자는 3년 이하의 징역 또는 그 이익의 3배에 해당하는 금액 이하의 벌금에 처한다.

> **기출유형** 위반행위로 얻은 이익의 3배에 해당하는 금액이 3천만원을 초과하는 자는 3년 이하의 징역 또는 그 이익의 2배에 해당하는 금액 이하의 벌금에 처한다.(×)

## 04 저당권 등 설정제한

### 1. 저당권설정 등의 제한대상행위

#### (1) 사업주체의 금지행위

① **원칙**: 사업주체는 주택건설사업에 의하여 건설된 주택 및 대지에 대하여는 입주자 모집공고 승인 신청일(주택조합의 경우에는 사업계획승인 신청일) 이후부터 입주예정자가 그 주택 및 대지의 소유권이전등기를 신청할 수 있는 날(사업주체가 입주예정자에게 통보한 입주가능일을 말함) 이후 <u>60일</u>까지의 기간 동안 <u>입주예정자의 동의 없이</u> 다음에 해당하는 행위를 <u>하여서는 아니 된다.</u>

> ㉠ 해당 주택 및 대지에 저당권 또는 가등기담보권 등 담보물권을 설정하는 행위
> ㉡ 해당 주택 및 대지에 전세권 · 지상권 또는 등기되는 부동산임차권을 설정하는 행위
> ㉢ 해당 주택 및 대지를 매매 또는 증여 등의 방법으로 처분하는 행위

② **예외**: 주택의 건설을 촉진하기 위하여 다음에 해당하는 경우에는 입주자동의 없이 저당권 등 설정을 할 수 있다.

> ㉠ 해당 주택의 입주자에게 주택구입자금의 일부를 융자해 줄 목적으로 주택도시기금이나 금융기관으로부터 주택건설자금 또는 주택구입자금의 융자를 받는 경우
> ㉡ 사업주체가 파산(법원의 결정 · 인가 포함), 합병, 분할, 등록말소 또는 영업정지 등의 사유로 사업을 시행할 수 없게 되어 사업주체가 변경되는 경우

#### (2) 부기등기

① **내용**: 저당권설정 등의 제한을 할 때 사업주체는 해당 주택 또는 대지가 입주예정자의 동의 없이는 양도하거나 제한물권을 설정하거나 압류 · 가압류 · 가처분 등의 목적물이 될 수 없는 재산임을 소유권등기에 <u>부기등기</u>(附記登記)하여야 한다. 다만, 사업주체가 <u>국가 · 지방자치단체 및 한국토지주택공사 등 공공기관</u>이거나 해당 대지가 사업주체의 소유가 아닌 경우 등 대통령령으로 정하는 경우에는 <u>그러하지 아니하다.</u>

② **시기**: 부기등기는 주택건설대지에 대하여는 <u>입주자 모집공고 승인 신청과 동시</u>에, 건설된 주택에 대하여는 <u>소유권보존등기와 동시</u>에 하여야 한다.

> **기출유형** 사업주체가 저당권 설정 제한의 부기등기를 하는 경우, 주택건설대지에 대하여는 입주자 모집공고 승인 신청과 동시에, 건설된 주택에 대하여는 소유권이전등기와 동시에 하여야 한다.(×)

③ **효과**: 부기등기일 이후에 해당 대지 또는 주택을 양수하거나 제한물권을 설정받은 경우 또는 압류 · 가압류 · 가처분 등의 목적물로 한 경우에는 그 효력을 <u>무효</u>로 한다.

④ **벌칙**: 2년 이하의 징역 또는 2천만원 이하의 벌금에 처한다.

### (3) 주택건설대지의 신탁

① **신탁사유**: 사업주체의 재무 상황 및 금융거래 상황이 극히 불량한 경우 등 대통령령으로 정하는 사유에 해당되어 「주택도시기금법」에 따른 주택도시보증공사가 분양보증을 하면서 주택건설대지를 주택도시보증공사에 신탁하게 할 경우에는 사업주체는 그 주택건설대지를 <u>신탁할 수 있다</u>.

> **기출유형** 주택도시보증공사가 분양보증을 하면서 주택건설대지를 자신에게 신탁하게 할 경우 사업주체는 이를 신탁하여야 한다.(×)

② **신탁계약조항**: 사업주체가 주택건설대지를 신탁하는 경우 <u>신탁등기일 이후부터</u> 입주예정자가 해당 주택건설대지의 소유권이전등기를 신청할 수 있는 날 이후 <u>60일</u>까지의 기간 동안 해당 신탁의 종료를 원인으로 하는 사업주체의 소유권이전등기청구권에 대한 압류 · 가압류 · 가처분 등은 효력이 없음을 신탁계약조항에 포함하여야 한다.

③ **효력**: 신탁등기일 이후부터 입주예정자가 해당 주택건설대지의 소유권이전등기를 신청할 수 있는 날 이후 60일까지의 기간 동안 해당 신탁의 종료를 원인으로 하는 사업주체의 소유권이전등기청구권을 압류 · 가압류 · 가처분 등의 목적물로 한 경우에는 그 효력을 무효로 한다.

---

## 05 | 전매행위 제한

### 1. 투기과열지구의 지정 및 해제 제21회, 제25회, 제28회, 제32회

### (1) 지 정

① **지정권자**: <u>국토교통부장관 또는 시 · 도지사</u>는 주택가격의 안정을 위하여 필요한 경우에는 주거정책심의위원회의 심의를 거쳐 일정한 지역을 투기과열지구로 지정하거나 이를 해제할 수 있다. 이 경우 투기과열지구의 지정은 그 지정 목적을 달성할 수 있는 최소한의 범위로 한다.

② **지정절차**: <u>국토교통부장관</u>이 투기과열지구를 지정하거나 해제할 경우에는 미리 <u>시 · 도지사의 의견</u>을 듣고 그 의견에 대한 검토의견을 회신하여야 하며, <u>시 · 도지사</u>가 투기과열지구를 지정하거나 해제할 경우에는 <u>국토교통부장관과 협의</u>하여야 한다.

> **기출유형** 국토교통부장관이 투기과열지구를 지정하거나 해제할 경우에는 시장 · 군수 · 구청장과 협의하여야 한다.(×)

### (2) 지정요건

투기과열지구는 해당 지역의 주택가격상승률이 물가상승률보다 현저히 높은 지역으로서 그 지역의 청약경쟁률·주택가격·주택보급률 및 주택공급계획 등과 지역 주택시장 여건 등을 고려하였을 때 주택에 대한 투기가 성행하고 있거나 성행할 우려가 있는 지역 중 다음의 기준을 충족하는 곳이어야 한다.

> ① 투기과열지구로 지정하는 날이 속하는 달의 바로 전달(투기과열지구지정직전월)부터 소급하여 주택공급이 있었던 2개월 동안 해당 지역에서 공급되는 주택의 월별 평균 청약경쟁률이 모두 5대 1을 초과했거나 국민주택규모 주택의 월별 평균 청약경쟁률이 모두 10대 1을 초과한 곳
> ② 다음에 해당하는 곳으로서 주택공급이 위축될 우려가 있는 곳
>    ⑦ 투기과열지구지정직전월의 주택분양실적이 전달보다 30퍼센트 이상 감소한 곳
>    ⓒ 사업계획승인 건수나 「건축법」에 따른 건축허가 건수(투기과열지구지정직전월부터 소급하여 6개월간의 건수)가 직전 연도보다 급격하게 감소한 곳
> ③ 신도시 개발이나 주택 전매행위의 성행 등으로 투기 및 주거불안의 우려가 있는 곳으로서 다음에 해당하는 곳
>    ⑦ 해당 지역이 속하는 시·도의 주택보급률이 전국 평균 이하인 곳
>    ⓒ 해당 지역이 속하는 시·도의 자가주택비율이 전국 평균 이하인 곳
>    ⓒ 해당 지역의 분양주택(투기과열지구로 지정하는 날이 속하는 연도의 직전 연도에 분양된 주택)의 수가 입주자저축에 가입한 사람으로서 국토교통부령으로 정하는 사람의 수보다 현저히 적은 곳

**기출유형** 국토교통부장관은 시·도별 주택보급률 또는 자가주택비율이 전국 평균을 초과하는 지역을 투기과열지구로 지정할 수 있다.(×)

### (3) 재검토

국토교통부장관은 반기마다 주거정책심의위원회의 회의를 소집하여 투기과열지구로 지정된 지역별로 해당 지역의 주택가격 안정 여건의 변화 등을 고려하여 투기과열지구 지정의 유지 여부를 재검토하여야 한다. 이 경우 재검토 결과 해제가 필요하다고 인정되는 경우에는 지체 없이 투기과열지구 지정을 해제하고 이를 공고하여야 한다.

### (4) 지정해제

① **해제의무**: 국토교통부장관 또는 시·도지사는 투기과열지구에서 지정 사유가 없어졌다고 인정하는 경우에는 지체 없이 투기과열지구 지정을 해제하여야 한다.

② **해제요청**: 투기과열지구로 지정된 지역의 시·도지사, 시장, 군수 또는 구청장은 지정 후 해당 지역의 주택가격이 안정되는 등 지정 사유가 없어졌다고 인정되는 경우에는 국토교통부장관 또는 시·도지사에게 투기과열지구 지정의 해제를 요청할 수 있다.

③ **해제결정·통보**: 투기과열지구 지정의 해제를 요청받은 국토교통부장관 또는 시·도지사는 40일 이내에 주거정책심의위원회의 심의를 거쳐 투기과열지구 지정의 해제 여부를 결정하여 관할 지방자치단체의 장에게 심의결과를 통보하여야 한다.

## 2. 조정대상지역의 지정 및 해제 <sub></sub>제29회, 제34회

### (1) 조정대상지역의 지정

① **지정권자 및 지정대상**: 국토교통부장관은 다음에 해당하는 지역으로서 대통령령으로 정하는 기준을 충족하는 지역을 <u>주거정책심의위원회의 심의</u>를 거쳐 조정대상지역으로 지정할 수 있다. 이 경우 과열지구에 해당하는 조정대상지역의 지정은 그 지정 목적을 달성할 수 있는 최소한의 범위로 한다.

> ㉠ 과열지역: 조정대상지역으로 지정하는 날이 속하는 달의 바로 전달(조정대상지역지정직전월)부터 소급하여 3개월간의 해당 지역 주택가격상승률이 그 지역이 속하는 시·도 소비자물가상승률의 1.3배를 초과한 지역으로서 다음에 해당하는 지역
>   ⓐ 조정대상지역지정직전월부터 소급하여 주택공급이 있었던 <u>2개월</u> 동안 해당 지역에서 공급되는 주택의 월별 평균 청약경쟁률이 모두 <u>5대 1</u>을 초과했거나 국민주택규모 주택의 월별 평균 청약경쟁률이 모두 <u>10대 1</u>을 초과한 지역
>   ⓑ 조정대상지역지정직전월부터 소급하여 3개월간의 분양권(주택의 입주자로 선정된 지위) 전매거래량이 직전 연도의 같은 기간보다 30퍼센트 이상 증가한 지역
>   ⓒ 해당 지역이 속하는 시·도의 주택보급률 또는 자가주택비율이 전국 평균 이하인 지역
> ㉡ 위축지역: 조정대상지역지정직전월부터 소급하여 6개월간의 평균 주택가격상승률이 마이너스 1퍼센트 이하인 지역으로서 다음에 해당하는 지역
>   ⓐ 조정대상지역지정직전월부터 소급하여 3개월 연속 주택매매거래량이 직전 연도의 같은 기간보다 20퍼센트 이상 감소한 지역
>   ⓑ 조정대상지역지정직전월부터 소급하여 3개월간의 평균 미분양주택(사업계획승인을 받아 입주자를 모집했으나 입주자가 선정되지 않은 주택)의 수가 직전 연도의 같은 기간보다 2배 이상인 지역
>   ⓒ 해당 지역이 속하는 시·도의 주택보급률 또는 자가주택비율이 전국 평균을 초과하는 지역

✔ key point

1. 과열지구: 주택가격, 청약경쟁률, 분양권 전매량 및 주택보급률 등을 고려하였을 때 주택 분양 등이 과열되어 있거나 과열될 우려가 있는 지역
2. 위축지역: 주택가격, 주택거래량, 미분양주택의 수 및 주택보급률 등을 고려하여 주택의 분양·매매 등 거래가 위축되어 있거나 위축될 우려가 있는 지역

② **의견청취**: 국토교통부장관은 조정대상지역을 지정하는 경우에는 미리 시·도지사의 의견을 들어야 한다.

### (2) 재검토

국토교통부장관은 <u>반기마다</u> 주거정책심의위원회의 회의를 소집하여 조정대상지역으로 지정된 지역별로 해당 지역의 주택가격 안정 여건의 변화 등을 고려하여 조정대상지역 지정의 유지 여부를 재검토하여야 한다. 이 경우 재검토 결과 해제가 필요하다고 인정되는 경우에는 지체 없이 조정대상지역 지정을 해제하고 이를 공고하여야 한다.

### (3) 조정대상지역의 해제

① **해제의무**: 국토교통부장관은 조정대상지역으로 유지할 필요가 없다고 판단되는 경우에는 주거정책심의위원회의 심의를 거쳐 조정대상지역의 지정을 해제하여야 한다.

② **해제요청**: 조정대상지역으로 지정된 지역의 시·도지사 또는 <u>시장·군수·구청장</u>은 조정대상지역 지정 후 해당 지역의 주택가격이 안정되는 등 조정대상지역으로 유지할 필요가 없다고 판단되는 경우에는 국토교통부장관에게 그 지정의 해제를 요청할 수 있다.

> **기출유형** 조정대상지역으로 지정된 지역의 시장·군수·구청장은 조정대상지역으로 유지할 필요가 없다고 판단되는 경우 국토교통부장관에게 그 지정의 해제를 요청할 수 없다.(×)

### 3. 주택의 전매행위 제한 등 제22회, 제23회, 제24회, 제25회, 제27회

#### (1) 전매행위 제한의 대상 및 기간

사업주체가 건설·공급하는 주택 또는 주택의 입주자로 선정된 지위(입주자로 선정되어 그 주택에 입주할 수 있는 권리·자격·지위 등을 말함)로서 다음에 해당하는 경우에는 <u>10년 이내의 범위</u>에서 대통령령으로 정하는 기간(전매제한기간)이 지나기 전에는 그 주택 또는 지위를 전매(매매·증여나 그 밖에 권리의 변동을 수반하는 모든 행위를 포함하되, 상속은 제외)하거나 이의 전매를 알선할 수 없다.

> ① 투기과열지구에서 건설·공급되는 주택
> ② 조정대상지역에서 건설·공급되는 주택
> ③ 분양가상한제 적용주택
> ④ 공공택지 외의 택지에서 건설·공급되는 주택
> ⑤ 공공재개발사업에서 건설·공급하는 주택
> ⑥ 토지임대부 분양주택

#### (2) 전매행위 제한의 예외

전매행위 제한의 대상인 주택의 입주자로 선정된 자 또는 주택을 공급받은 자의 생업상의 사정 등으로 전매가 불가피하다고 인정되는 경우로서 한국토지주택공사(공공주택사업자 포함)의 <u>동의를 받은 때</u>에는 전매제한을 적용하지 아니한다.

> ① 세대원(세대주가 포함된 세대의 구성원을 말함)이 근무 또는 생업상의 사정이나 질병치료·취학·결혼으로 인하여 세대원 전원이 다른 광역시·특별자치시·특별자치도·시 또는 군(광역시의 관할구역에 있는 군은 제외)으로 이전하는 경우. 다만, <u>수도권 안에서 이전하는 경우는 제외</u>한다.
> ② 상속에 따라 취득한 주택으로 세대원 전원이 이전하는 경우
> ③ 세대원 전원이 해외로 이주하거나 <u>2년 이상의 기간 동안 해외에 체류</u>하려는 경우
> ④ 이혼으로 인하여 입주자로 선정된 지위 또는 주택을 배우자에게 이전하는 경우
> ⑤ 「공익사업을 위한 토지등의 취득 및 보상에 관한 법률」에 따라 공익사업의 시행으로 주거용 건축물을 제공한 자가 사업시행자로부터 이주대책용 주택을 공급받은 경우로서 시장·군수·구청장이 확인하는 경우
> ⑥ 주택의 소유자가 국가·지방자치단체 및 금융기관에 대한 채무를 이행하지 못하여 경매 또는 공매가 시행되는 경우
> ⑦ 입주자로 선정된 지위 또는 주택의 일부를 <u>배우자에게 증여</u>하는 경우
> ⑧ 실직·파산 또는 신용불량으로 경제적 어려움이 발생한 경우

> **기출유형** 상속에 의하여 취득한 주택으로 세대원 전원이 이전하는 경우로서 사업주체의 동의를 받지 않고 전매제한 주택을 전매할 수 있다.(×)

### (3) 우선매입

분양가상한제적용주택을 공급받은 자가 전매하는 경우에는 한국토지주택공사가 그 주택을 우선 매입할 수 있다.

### (4) 부기등기

① 사업주체가 분양가상한제적용주택 또는 수도권의 지역으로서 공공택지 외의 택지에서 건설·공급되는 주택을 공급하는 경우(한국주택토지공사가 주택을 재공급하는 경우도 포함)에는 그 주택의 소유권을 제3자에게 이전할 수 없음을 소유권에 관한 등기에 <u>부기등기</u>하여야 한다.

② 부기등기는 주택의 소유권보존등기와 동시에 하여야 하며, 부기등기에는 "이 주택은 최초로 소유권이전등기가 된 후에는 「주택법」에서 정한 기간이 지나기 전에 한국토지주택공사(한국토지주택공사가 매입한 주택을 공급받는 자를 포함) 외의 자에게 소유권을 이전하는 어떠한 행위도 할 수 없음"을 명시하여야 한다.

### (5) 위반시의 조치

① **사업주체의 환매**: 전매행위 제한을 위반하여 주택의 입주자로 선정된 지위의 전매가 이루어진 경우, 사업주체가 이미 납부된 입주금에 대하여 「은행법」에 따른 은행의 1년 만기 정기예금 평균이자율을 합산한 금액(매입비용)을 그 매수인에게 지급한 경우에는 그 지급한 날에 <u>사업주체가 해당 입주자로 선정된 지위를 취득한 것</u>으로 보며, 한국토지주택공사가 분양가상한제 적용주택을 우선 매입하는 경우의 매입비용에 관하여도 이를 준용한다.

② **벌칙**: 전매행위 제한을 위반하여 입주자로 선정된 지위 또는 주택을 전매하거나 이의 전매를 알선한 자는 <u>3년 이하의 징역 또는 3천만원 이하의 벌금</u>에 처한다. 다만, 그 위반행위로 얻은 이익의 3배에 해당하는 금액이 3천만원을 초과하는 자는 3년 이하의 징역 또는 그 이익의 3배에 해당하는 금액 이하의 벌금에 처한다.

## 06 | 리모델링 및 보칙

### 1. 리모델링 제27회, 제34회

### (1) 수립권자 및 대상지역 등

① 특별시장·광역시장 및 대도시의 시장은 관할구역에 대하여 다음의 사항을 포함한 리모델링 기본계획을 <u>10년 단위로 수립</u>하여야 한다. 다만, 세대수 증가형 리모델링에 따른 도시과밀의 우려가 적은 경우 등에는 리모델링 기본계획을 수립하지 아니할 수 있다.

> ㉠ 계획의 목표 및 기본방향
> ㉡ 도시기본계획 등 관련 계획 검토
> ㉢ 리모델링 대상 공동주택 현황 및 세대수 증가형 리모델링 수요 예측
> ㉣ 세대수 증가에 따른 기반시설의 영향 검토
> ㉤ 일시집중 방지 등을 위한 단계별 리모델링 시행방안 등

**기출유형** 특별시장·광역시장 및 대도시의 시장은 관할구역에 대하여 계획의 목표 및 기본방향을 포함한 리모델링 기본계획을 5년 단위로 수립하여야 한다.(×)

② 대도시가 아닌 시의 시장은 세대수 증가형 리모델링에 따른 도시과밀이나 일시집중 등이 우려되어 도지사가 리모델링 기본계획의 수립이 필요하다고 인정한 경우 리모델링 기본계획을 수립하여야 한다.

③ 리모델링 기본계획의 작성기준 및 작성방법 등은 국토교통부장관이 정한다.

④ 공동주택(부대시설과 복리시설을 포함)의 입주자·사용자 또는 관리주체가 공동주택을 리모델링하려고 하는 경우에는 허가와 관련된 면적, 세대수 또는 입주자 등의 동의 비율에 관하여 대통령령으로 정하는 기준 및 절차 등에 따라 <u>시장·군수·구청장의 허가</u>를 받아야 한다.

### (2) 증축형 리모델링의 안전진단

① <u>증축형 리모델링</u>을 하려는 자는 시장·군수·구청장에게 안전진단을 요청하여야 하며, 안전진단을 요청받은 시장·군수·구청장은 해당 건축물의 증축 가능 여부의 확인 등을 위하여 <u>안전진단</u>을 실시하여야 한다.

> **기출유형** 대수선형 리모델링을 하려는 자는 시장·군수·구청장에게 안전진단을 요청하여야 한다.(×)

② 시장·군수·구청장은 안전진단을 실시하는 경우에는 대통령령으로 정하는 기관에 안전진단을 의뢰하여야 하며, 안전진단을 의뢰받은 기관은 리모델링을 하려는 자가 추천한 건축구조기술사와 함께 안전진단을 실시하여야 한다.

### (3) 수립절차

① **의견청취**: 특별시장·광역시장 및 대도시의 시장은 리모델링 기본계획을 수립하거나 변경하려면 <u>14일 이상 주민에게 공람</u>하고, 지방의회의 의견을 들어야 한다. 이 경우 지방의회는 의견제시를 요청받은 날부터 30일 이내에 의견을 제시하여야 하며, 30일 이내에 의견을 제시하지 아니하는 경우에는 이의가 없는 것으로 본다. 다만, 대통령령으로 정하는 경미한 변경인 경우에는 주민공람 및 지방의회 의견청취 절차를 거치지 아니할 수 있다.

② **협의·심의**: 특별시장·광역시장 및 대도시의 시장은 리모델링 기본계획을 수립하거나 변경하려면 관계 행정기관의 장과 협의한 후 시·도 또는 시·군·구도시계획위원회의 심의를 거쳐야 한다. 이 경우 협의를 요청받은 관계 행정기관의 장은 특별한 사유가 없으면 그 요청을 받은 날부터 30일 이내에 의견을 제시하여야 한다.

③ **승인**: 대도시의 시장은 리모델링 기본계획을 수립하거나 변경하려면 도지사의 승인을 받아야 하며, 도지사는 리모델링 기본계획을 승인하려면 <u>시·도도시계획위원회의 심의</u>를 거쳐야 한다.

> **기출유형** 도지사는 리모델링기본계획을 승인하려면 주택정책심의위원회의 심의를 거쳐야 한다.(×)

④ **고시**: 특별시장·광역시장 및 대도시의 시장은 리모델링 기본계획을 수립하거나 변경한 때에는 이를 지체 없이 해당 지방자치단체의 공보에 고시하여야 한다.

### (4) 타당성 검토

특별시장·광역시장 및 대도시의 시장은 5년마다 리모델링 기본계획의 타당성 여부를 검토하여 그 결과를 리모델링 기본계획에 반영하여야 한다.

## 2. 토지임대부 분양주택 제33회

### (1) 토지임대부 분양주택의 토지에 관한 임대차 관계

① **임대차 기간**: 토지임대부 분양주택의 토지에 대한 임대차기간은 40년 이내로 한다. 이 경우 토지임대부 분양주택 소유자의 75% 이상이 계약갱신을 청구하는 경우 40년의 범위에서 이를 갱신할 수 있다.

**기출유형** 토지임대부 분양주택의 토지에 대한 임대차기간은 50년 이내로 한다.(×)

② **지상권 설정**: 토지임대부 분양주택을 공급받은 자가 토지소유자와 임대차계약을 체결한 경우 해당 주택의 구분소유권을 목적으로 그 토지 위에 임대차기간 동안 지상권이 설정된 것으로 본다.

③ **승계**: 토지임대부 분양주택을 양수한 자 또는 상속받은 자는 임대차계약을 승계한다.

④ **임대료**: 토지임대료는 월별 임대료를 원칙으로 하되, 토지소유자와 주택을 공급받은 자가 합의한 경우 대통령령으로 정하는 바에 따라 임대료를 선납하거나 보증금으로 전환하여 납부할 수 있다.

⑤ **임대료 증액**: 토지소유자는 토지임대주택을 분양받은 자와 토지임대료에 관한 약정(토지임대료약정)을 체결한 후 2년이 지나기 전에는 토지임대료의 증액을 청구할 수 없다.

⑥ **보증금 전환**: 토지임대료를 선납하거나 보증금으로 전환하려는 경우 그 선납 토지임대료 또는 보증금을 산정할 때 적용되는 이자율은 「은행법」에 따른 은행의 3년 만기 정기예금평균이자율 이상이어야 한다.

### (2) 토지임대부 분양주택의 공공매입

① **매입시청**: 토지임대부 분양주택을 공급받은 자는 전매제한기간이 지나기 전에 대통령령으로 정하는 바에 따라 한국토지주택공사에 해당 주택의 매입을 신청할 수 있다.

② **매입의무**: 한국토지주택공사는 매입신청을 받거나 전매행위제한을 위반하여 토지임대부 분양주택의 전매가 이루어진 경우 대통령령으로 정하는 특별한 사유가 없으면 대통령령으로 정하는 절차를 거쳐 해당 주택을 매입하여야 한다.

### (3) 토지임대부 분양주택의 재건축

① **동의**: 토지임대부 분양주택의 소유자가 임대차기간이 만료되기 전에 「도시 및 주거환경정비법」 등 도시개발 관련 법률에 따라 해당 주택을 철거하고 재건축을 하고자 하는 경우 「집합건물의 소유 및 관리에 관한 법률」에 따라 토지소유자의 동의를 받아 재건축할 수 있다. 이 경우 토지소유자는 정당한 사유 없이 이를 거부할 수 없다.

② **소유자**: 토지임대부 분양주택을 재건축하는 경우 해당 주택의 소유자를 「도시 및 주거환경정비법」에 따른 토지등소유자로 본다.

③ **간주**: 재건축한 주택은 토지임대부 분양주택으로 한다. 이 경우 재건축한 주택의 준공인가일부터 임대차기간 동안 토지소유자와 재건축한 주택의 조합원 사이에 토지의 임대차기간에 관한 계약이 성립된 것으로 본다.

④ **전환**: 토지소유자와 주택소유자가 합의한 경우에는 토지임대부 분양주택이 아닌 주택으로 전환할 수 있다.

**기출유형** 토지소유자와 주택소유자가 합의한 경우에는 토지임대부 분양주택이 아닌 주택으로 전환할 수 없다.(×)

농지법

# 용어정의 & 농지의 소유

## 01 용어정의

### 1. 농 지 제27회, 제30회

(1) **의의** : 농지란 다음에 해당하는 토지를 말한다.

① 전·답, 과수원, 그 밖에 법적 지목(地目)을 불문하고 실제로 농작물 경작지 또는 다음에 해당하는 다년생식물 재배지로 이용되는 토지를 말한다.

> ㉠ 목초·종묘·인삼·약초·잔디 및 조림용 묘목
> ㉡ 과수·뽕나무·유실수 그 밖의 생육기간이 2년 이상인 식물
> ㉢ 조경 또는 관상용 수목과 그 묘목(조경목적으로 식재한 것은 제외)

② **토지개량시설 부지** : 유지(웅덩이), 양·배수시설, 수로·농로·제방 등

③ **농축산물 생산시설 부지** : 고정식온실·버섯재배사 및 비닐하우스, 축사·곤충사육사, 간이퇴비장, 농막·간이저온저장고 및 간이액비저장조, 농막, 농촌체류형쉼터, 수직농장, 식물공장

(2) **제 외**

① 지목이 전·답, 과수원이 아닌 토지(지목이 임야인 토지는 제외)로서 농작물 경작지 또는 다년생식물 재배지로 계속하여 이용되는 기간이 3년 미만인 토지

② 지목이 임야인 토지로서 「산지관리법」에 따른 산지전용허가를 거치지 아니하고 농작물의 경작 또는 다년생식물의 재배에 이용되는 토지

③ 「초지법」에 따라 조성된 초지

### 2. 농업인(농업에 종사하는 개인) 제27회, 제28회

① 1천m² 이상의 농지에서 농작물 또는 다년생식물을 경작(재배포함)하거나 1년 중 90일 이상 농업에 종사하는 자

② 농지에 330m² 이상의 고정식온실·버섯재배사·비닐하우스, 그 밖의 농업생산에 필요한 시설을 설치하여 농작물 또는 다년생식물을 경작 또는 재배하는 자

③ 대가축 2두, 중가축 10두, 소가축 100두, 가금 1천수 또는 꿀벌 10군 이상을 사육하는 자

④ 1년 중 120일 이상 축산업에 종사하는 자, 농업경영을 통한 농산물의 연간 판매액이 120만원 이상인 자

**기출유형** 농산물의 연간 판매액이 100만원인 자는 농업인에 해당한다.(✕)

## 3. 기 타

① **농업법인**: 「농어업경영체 육성 및 지원에 관한 법률」에 따라 설립된 영농조합법인과 업무집행권을 가진 자 중 <u>3분의 1</u> 이상이 농업인인 농업회사법인

② **농업경영**: 농업인이나 농업법인이 자기의 계산과 책임으로 농업을 영위하는 것

③ **자경(自耕)**: 농업인이 그 소유 농지에서 농작물 경작 또는 다년생식물 재배에 상시 종사하거나 농작업의 <u>2분의 1</u> 이상을 자기의 노동력으로 경작 또는 재배하는 것과 농업법인이 그 소유 농지에서 농작물을 경작하거나 다년생식물을 재배하는 것

④ **위탁경영**: 농지 소유자가 타인에게 일정한 보수를 지급하기로 약정하고 농작업의 전부 또는 일부를 위탁하여 행하는 농업경영

⑤ **농지의 전용**: 농지를 농작물의 경작이나 다년생식물의 재배 등 농업생산 또는 농지개량 외의 용도로 사용하는 것. 다만, 농지의 개량시설과 농축산물 생산시설의 부지로 사용하는 경우에는 전용(轉用)으로 보지 아니한다.

> **참고** "농지개량"이란 농지의 생산성을 높이기 위하여 농지의 형질을 변경하는 농지의 이용가치를 높이기 위하여 농지의 구획을 정리하거나 개량시설을 설치하는 행위, 농지의 토양개량이나 관개, 배수, 농업기계 이용의 개선을 위하여 해당 농지에서 객토ㆍ성토 또는 절토하거나 암석을 채굴하는 행위를 말한다

⑥ **주말ㆍ체험영농**: <u>농업인이 아닌 개인</u>이 주말 등을 이용하여 취미생활이나 여가활동으로 농작물을 경작하거나 다년생식물을 재배하는 것을 말한다.

---

## `02` 농지의 소유

## 1. 농지 소유 제한 제21회, 제26회, 제33회

### (1) 경자유전(耕者有田)의 원칙

① **원칙**: 농지는 자기의 농업경영에 이용하거나 이용할 자가 아니면 소유하지 못한다.

② **예외**: 다음에 해당하는 경우에는 자기의 농업경영에 이용하지 아니할지라도 농지를 소유할 수 있다. 다만, 소유 농지는 농업경영에 이용(ⓛ, ⓒ 제외)되도록 하여야 한다.

> ⓐ 국가나 지방자치단체가 농지를 소유하는 경우
> ⓛ 학교, 농림축산식품부령으로 정하는 공공단체ㆍ농업연구기관ㆍ농업생산자단체 또는 종묘나 그 밖의 농업 기자재 생산자가 그 목적사업을 수행하기 위하여 필요한 시험지ㆍ연구지ㆍ실습지ㆍ종묘생산지 또는 과수 인공수분용 꽃가루 생산지로 쓰기 위하여 농림축산식품부령으로 정하는 바에 따라 농지를 취득하여 소유하는 경우
> ⓒ <u>주말ㆍ체험영농</u>을 하려고 <u>농업진흥지역 외</u>의 농지를 소유하는 경우
> ⓔ <u>상속</u>으로 농지를 취득하여 소유하는 경우
> ⓜ <u>8년 이상 농업경영을 하던 사람이 이농(離農)</u>한 후에도 이농 당시 소유하고 있던 농지를 계속 소유하는 경우
> ⓗ <u>담보농지</u>를 취득하여 소유하는 경우
> ⓢ 농지전용허가를 받거나 농지전용신고를 한 자가 그 농지를 소유하는 경우

　　　◎ 농지전용협의를 마친 농지를 소유하는 경우
　　　㋩ 농지의 개발사업지구에 있는 농지로서 대통령령으로 정하는 1천500제곱미터 미만의 농지나
　　　　농지를 취득하여 소유하는 경우

> **기출유형** 주말·체험영농을 하려고 농업진흥지역 내의 농지를 소유하는 경우는 자기의 농업경영에 이용하지 아니할지라도 농지를 소유할 수 있다.(✕)

### (2) 임대·무상사용의 경우

농지를 임대하거나 무상사용하게 하는 경우에는 자기의 농업경영에 이용하지 아니할지라도 그 기간 중에는 농지를 계속 소유할 수 있다.

### (3) 특례의 제한

이 법에서 허용된 경우 외에는 농지 소유에 관한 특례를 정할 수 없다.

### (4) 소유 상한

① **상속농지**: 상속으로 농지를 취득한 사람으로서 농업경영을 하지 아니하는 사람은 그 상속 농지 중에서 총 1만㎡까지만 소유할 수 있다.

② **이농농지**: 8년 이상 농업경영을 한 후 이농한 사람은 이농 당시 소유 농지 중에서 총 1만㎡까지만 소유할 수 있다.

③ **주말·체험영농**: 주말·체험영농을 하려는 사람은 총 1천㎡ 미만의 농지를 소유할 수 있다(면적 계산은 그 세대원 전부가 소유하는 총면적).

④ **특례**: 농지를 한국농어촌공사 등에게 위탁하여 임대하거나 무상사용하게 하는 경우에는 ① 또는 ②에도 불구하고 소유 상한을 초과하는 농지를 계속 소유할 수 있다.

> **기출유형** 상속으로 농지를 취득한 사람으로서 농업경영을 하지 아니하는 사람은 그 상속 농지 중에서 총 1만㎡ 이상 소유할 수 있다.(✕)

> **기출유형** 주말·체험영농을 하려는 사람은 세대원 전부가 총 1천㎡까지 농지를 소유할 수 있다.(✕)

### (5) 금지행위(위반시 3년 이하의 징역 또는 3000만원이하의 벌금) – 대리경작제외

① 농지 소유 제한이나 농지 소유 상한에 대한 위반 사실을 알고도 농지를 소유하도록 권유하거나 중개하는 행위
② 농지의 위탁경영 제한에 대한 위반 사실을 알고도 농지를 위탁경영하도록 권유하거나 중개하는 행위
③ 농지의 임대차 또는 사용대차 제한에 대한 위반 사실을 알고도 농지 임대차나 사용대차하도록 권유하거나 중개하는 행위
④ ①부터 ③까지의 행위와 그 행위가 행하여지는 업소에 대한 광고 행위

## 2. 농지취득자격증명의 발급 제26회, 제32회

### (1) 발급권자

① **발급신청**: 농지취득자격증명을 발급받으려는 자는 다음 사항이 모두 포함된 농업경영계획서 또는 주말·체험영농계획서를 작성하고 농림축산식품부령으로 정하는 서류를 첨부하여 농지 소재지를 관할하는 시·구·읍·면의 장에게 발급신청을 하여야 한다.

㉠ 취득 대상 농지의 면적

㉡ 취득 대상 농지에서 농업경영을 하는 데에 필요한 노동력 및 농업 기계ㆍ장비ㆍ시설의 확보 방안

㉢ 소유 농지의 이용 실태(농지 소유자에게만 해당)

㉣ 농지취득자격증명을 발급받으려는 자의 직업ㆍ영농경력ㆍ영농거리

② **발급** : 농지를 취득하려는 자는 농지 소재지를 관할하는 <u>시ㆍ구ㆍ읍ㆍ면의 장</u>에게서 농지취득자격증명을 발급받아야 한다.

> **기출유형** 농지를 취득하려는 자는 농지 소재지를 관할하는 시장ㆍ군수ㆍ구청장에게서 농지취득자격증명을 발급받아야 한다.(×)

③ **보존기간** : 시ㆍ구ㆍ읍ㆍ면의 장은 제출되는 농업경영계획서 등을 <u>10년간 보존</u>하여야 한다.

## (2) 발급 특례

### ① 농업영농ㆍ주말ㆍ체험영농계획서면제, 농지취득자격증명발급

㉠ 학교, 농림축산식품부령으로 정하는 공공단체ㆍ농업연구기관ㆍ농업생산자단체 또는 종묘나 그 밖의 농업 기자재 생산자가 그 목적사업을 수행하기 위하여 필요한 시험지ㆍ연구지ㆍ실습지ㆍ종묘생산지 또는 과수 인공수분용 꽃가루 생산지로 쓰기 위하여 농림축산식품부령으로 정하는 바에 따라 농지를 취득하여 소유하는 경우

㉡ 농지<u>전용허가</u>를 받거나 농지<u>전용신고</u>를 한 자가 그 농지를 소유하는 경우

㉢ 농지의 개발사업지구에 있는 농지로서 대통령령으로 정하는 1천500제곱미터 미만의 농지나 농지를 취득하여 소유하는 경우

㉣ 농업진흥지역 밖의 농지 중 최상단부부터 최하단부까지의 평균경사율이 15퍼센트 이상인 농지로서 대통령령으로 정하는 농지를 소유하는 경우

㉤ 공공토지비축심의위원회가 비축이 필요하다고 인정하는 토지로서 「국토의 계획 및 이용에 관한 법률」 계획관리지역과 자연녹지지역 안의 농지를 한국토지주택공사가 취득하여 소유하는 경우

> **기출유형** 농지전용허가를 받거나 농지전용신고를 한 자가 그 농지를 소유하는 경우에는 농업경영계획서를 작성하고 시ㆍ구ㆍ읍ㆍ면의 장에게서 농지취득자격증명을 발급받아야 한다.(×)

② **발급제외** : 농지취득자격증명을 발급받지 아니하고 농지를 취득할 수 있다.(주말ㆍ체험영농×)

㉠ 국가나 지방자치단체가 농지를 소유하는 경우

㉡ 상속으로 농지를 취득하여 소유하는 경우

㉢ 담보농지를 취득하여 소유하는 경우

㉣ 시효의 완성으로 농지를 취득하는 경우

㉤ 매립농지를 취득하여 소유하는 경우

㉥ 토지수용으로 농지를 취득하여 소유하는 경우

㉦ 농지전용협의를 마친 농지를 소유하는 경우

㉧ 농업법인의 합병으로 농지를 취득하는 경우

㉨ 공유농지의 분할로 농지를 취득하는 경우 등

> **암기** 국가. 상. 담. 시. 매. 수. 협의. 합병. 분할

⑶ **발급절차**

① **발급기간**: 시·구·읍·면의 장은 농지취득자격증명의 발급 신청을 받은 때에는 그 신청을 받은 날부터 <u>7일 이내</u>에 신청인에게 농지취득자격증명을 발급하여야 한다.

② 농업경영계획서 등을 작성하지 아니하고 농지취득자격증명의 발급신청을 할 수 있는 경우에는 <u>4일 이내</u>에 신청인에게 농지취득자격증명을 발급하여야 한다.

③ 농지위원회의 심의 대상의 경우에는 <u>14일 이내</u>에 신청인에게 농지취득자격증명을 발급하여야 한다.

## 3. 농업경영에 이용하지 아니하는 농지 등의 처분 제20회, 제22회, 제25회, 제26회, 제28회

⑴ **농지의 처분의무**

농지 소유자는 다음에 해당하게 되면 그 사유가 발생한 날부터 <u>1년 이내</u>에 해당 농지를 그 사유가 발생한 날 당시 세대를 같이하는 세대원이 아닌 자, 그 밖에 농림축산식품부령으로 정하는 자에게 처분하여야 한다.

> ① <u>소유 농지를 자연재해·농지개량·질병 등 대통령령으로 정하는 정당한 사유 없이 자기의 농업경영에 이용하지 아니하거나 이용하지 아니하게 되었다고 시장·군수 또는 구청장이 인정한 경우</u>
> ② 농지를 소유하고 있는 <u>농업회사법인이 요건에 맞지 아니하게 된 후 3개월이 지난 경우</u>
> ③ 농지를 취득한 자가 그 농지를 해당 목적사업에 이용하지 아니하게 되었다고 시장·군수 또는 구청장이 인정한 경우
> ④ 농지를 취득한 자가 자연재해·농지개량·질병 등 대통령령으로 정하는 정당한 사유 없이 그 농지를 주말·체험영농에 이용하지 아니하게 되었다고 시장·군수 또는 구청장이 인정한 경우
> ⑤ 농지를 소유한 자(농지를 취득하여 소유한 자 포함)가 농지를 임대하거나 한국농어촌공사에 위탁하여 임대하는 등 대통령령으로 정하는 정당한 사유 없이 자기의 농업경영에 이용하지 아니하거나, 이용하지 아니하게 되었다고 시장·군수 또는 구청장이 인정한 경우
> ⑥ <u>농지를 취득한 자가 취득한 날부터 2년 이내에 그 목적사업에 착수하지 아니한 경우</u>
> ⑦ 농림축산식품부장관과의 협의를 마치지 아니하고 농지를 소유한 경우
> ⑧ 소유한 농지를 한국농어촌공사에 지체 없이 위탁하지 아니한 경우
> ⑨ <u>농지 소유 상한을 초과하여 농지를 소유한 것이 판명된 경우</u>
> ⑩ 자연재해·농지개량·질병 등 대통령령으로 정하는 정당한 사유 없이 농업경영계획서 내용을 이행하지 아니하였다고 시장·군수 또는 구청장이 인정한 경우

▶ **기출유형** 농지 소유 상한을 초과하여 농지를 소유한 것이 판명된 경우에는 소유농지 전부를 처분하여야 한다.(×)

⑵ **농지의 처분명령**

① **원칙**: 시장·군수 또는 구청장은 다음에 해당하는 농지소유자에게 <u>6개월 이내</u>에 그 농지를 처분할 것을 명할 수 있다.

> ㉠ 거짓이나 그 밖의 부정한 방법으로 농지취득자격증명을 발급받아 농지를 소유한 것으로 시장·군수 또는 구청장이 인정한 경우
> ㉡ 처분의무 기간에 처분 대상 농지를 처분하지 아니한 경우
> ㉢ 농업법인이 위반하여 부동산업을 영위한 것으로 시장·군수 또는 구청장이 인정한 경우

② **유예**: 시장·군수 또는 구청장은 처분의무 기간에 처분 대상 농지를 처분하지 아니한 농지 소유자가 해당 농지를 자기의 농업경영에 이용하는 경우, 한국농어촌공사와 해당 농지의 매도위탁계약을 체결한 경우에는 처분의무기간이 경과한 때부터 3년간 처분명령을 직권으로 유예할 수 있다.

### ⑶ 매수청구

① **매수자**: 소유자는 처분명령을 받으면 한국농어촌공사에 그 농지의 매수를 청구할 수 있다.

② **매수가격**: 「부동산 가격공시에 관한 법률」에 따른 공시지가를 기준으로 해당 농지를 매수할 수 있다. 이 경우 인근 지역의 실제 거래 가격이 공시지가보다 낮으면 실제 거래 가격을 기준으로 매수할 수 있다.

### ⑷ 이행강제금

① **부과권자 및 부과사유**: 시장·군수 또는 구청장은 다음에 해당하는 자에게 해당 농지의 「감정평가 및 감정평가사에 관한 법률」에 따른 감정평가법인 등이 감정평가한 감정가격 또는 「부동산 가격공시에 관한 법률」 개별공시지가 중 더 높은 가액의 100분의 25에 해당하는 이행강제금을 부과한다.

> ㉠ 처분명령을 받은 후 매수를 청구하여 협의 중인 경우 등 대통령령으로 정하는 정당한 사유 없이 지정기간까지 그 처분명령을 이행하지 아니한 자
>
> ㉡ 원상회복 명령을 받은 후 그 기간 내에 원상회복 명령을 이행하지 아니하여 시장·군수·구청장이 그 원상회복 명령의 이행에 필요한 상당한 기간을 정하였음에도 그 기한까지 원상회복을 아니한 자
>
> ㉢ 시정명령을 받은 후 그 기간 내에 시정명령을 이행하지 아니하여 시장·군수·구청장이 그 시정명령의 이행에 필요한 상당한 기간을 정하였음에도 그 기한까지 시정을 아니한 자

▶ **기출유형** 군수는 처분명령을 받은 후 정당한 사유 없이 지정기간까지 그 처분명령을 이행하지 아니한 자에게 해당 농지의 감정가격 또는 개별공시지가 중 더 높은 가액의 100분의 20에 해당하는 이행강제금을 부과한다.(×)

② **사전계고**: 시장·군수 또는 구청장은 이행강제금을 부과하기 전에 이행강제금을 부과·징수한다는 뜻을 미리 문서로 알려야 한다.

③ **반복부과**: 시장·군수 또는 구청장은 처분명령·원상회복 명령 또는 시정명령 이행기간이 만료한 다음 날을 기준으로 하여 그 처분명령·원상회복 명령 또는 시정명령이 이행될 때까지 이행강제금을 매년 1회 부과·징수할 수 있다.

④ **징수**: 시장·군수 또는 구청장은 처분명령·원상회복 명령 또는 시정명령을 받은 자가 처분명령·원상회복 명령 또는 시정명령을 이행하면 새로운 이행강제금의 부과는 즉시 중지하되, 이미 부과된 이행강제금은 징수하여야 한다.

⑤ **이의제기**: 이행강제금 부과처분에 불복하는 자는 그 처분을 고지받은 날부터 30일 이내에 시장·군수 또는 구청장에게 이의를 제기할 수 있다.

⑥ **강제징수**: 이의를 제기하지 아니하고 이행강제금을 납부기한까지 내지 아니하면 「지방행정제재·부과금의 징수 등에 관한 법률」에 따라 징수한다.

# 위탁경영 & 대리경작 & 임대차(3과 매우 친하다)

## 1. 농지의 위탁경영 제25회, 제27회, 제29회, 제30회, 제34회

농지 소유자는 다음에 해당하는 경우 외에는 소유 농지를 위탁경영할 수 없다.

① 「병역법」에 따라 징집 또는 소집된 경우
② 3개월 이상 국외 여행 중인 경우
③ 농업법인이 청산 중인 경우
④ 부상으로 3월 이상의 치료가 필요한 경우
⑤ 교도소·구치소 또는 보호감호시설에 수용 중인 경우
⑥ 농지이용증진사업 시행계획에 따라 위탁경영하는 경우
⑦ 임신 중이거나 분만 후 6개월 미만인 경우
⑧ 농업인이 자기 노동력이 부족하여 농작업의 일부를 위탁하는 경우
⑨ 질병, 취학, 선거공직취임에 따라 위탁경영하는 경우
⑩ 자기의 농업경영에 관련된 벼·과수·다년생식물에 해당하는 농작업을 1년 중 30일 이상 직접
   종사하는 경우

**기출유형** 6개월간 대한민국 전역을 일주하는 여행 중인 경우는 위탁경영할 수 있다.(×)

## 2. 대리경작제 제21회, 제23회, 제28회, 제32회

### (1) 대리경작자의 지정

시장·군수 또는 구청장은 유휴농지에 대하여 그 농지의 소유권자나 임차권자를 대신하여 농작물을
경작할 자(대리경작자)를 직권으로 지정하거나 유휴농지를 경작하려는 자의 신청을 받아 대리경작자
를 지정할 수 있다.

### (2) 지정제외

① 지력의 증진이나 토양의 개량·보전을 위하여 필요한 기간 동안 휴경하는 농지
② 연작으로 인하여 피해가 예상되는 작목의 경작 또는 재배 전후에 지력의 증진 또는 회복을 위하여
   필요한 기간 동안 휴경하는 농지
③ 농지전용허가를 받거나 농지전용신고를 한 농지 및 농지전용협의를 거친 농지
④ 농지의 타용도 일시사용허가를 받거나 일시사용신고를 하거나 협의를 거친 농지

## (3) 지정요건

① **원칙**: 시장·군수 또는 구청장은 대리경작자를 직권으로 지정하려는 경우에는 다음에 해당하지 아니하는 농업인 또는 농업법인으로서 대리경작을 하려는 자 중에서 지정하여야 한다.

> ㉠ 농지 처분의무를 통지받고 그 처분 대상 농지를 처분하지 아니한 자(처분의무가 없어진 자는 제외)
> ㉡ 처분명령을 받고 그 처분명령 대상 농지를 처분하지 아니한 자
> ㉢ 이 법에 따라 징역형을 선고받고 그 집행이 끝나거나 집행을 받지 아니하기로 확정된 후 1년이 지나지 아니한 자
> ㉣ 이 법에 따라 징역형의 집행유예를 선고받고 그 유예기간 중에 있는 자
> ㉤ 이 법에 따라 징역형의 선고유예를 받고 그 유예기간 중에 있는 자
> ㉥ 이 법에 따라 <u>벌금형을 선고받고 1년이</u> 지나지 아니한 자

② **예외**: 시장·군수 또는 구청장은 대리경작자를 지정하기가 곤란한 경우에는 농업생산자단체, 학교나 그 밖의 해당 농지를 경작하려는 자를 대리경작자로 지정할 수 있다.

## (4) 지정절차

① **지정예고**: 시장·군수 또는 구청장은 대리경작자를 지정하려면 그 농지의 소유권자 또는 임차권자에게 예고하여야 하며, 대리경작자를 지정하면 그 농지의 대리경작자와 소유권자 또는 임차권자에게 지정통지서를 보내야 한다.

② **이의신청**: 대리경작자의 지정예고에 대하여 이의가 있는 농지의 소유권자나 임차권자는 지정예고를 받은 날부터 10일 이내에 시장·군수 또는 구청장에게 이의를 신청할 수 있다.

③ **결과통지**: 시장·군수 또는 구청장은 이의신청을 받은 날부터 7일 이내에 이를 심사하여 그 결과를 신청인에게 알려야 한다.

## (5) 대리경작 제23회, 제28회, 제32회

① **대리경작기간**: 대리경작 기간은 <u>따로 정하지 아니하면 3년</u>으로 한다.

> **기출유형** 대리경작 기간은 3년이고, 이와 다른 기간을 따로 정할 수 없다.(×)

② **토지사용료의 지급**: 대리경작자는 <u>수확량의 100분의 10</u>을 대리경작농지에서 경작한 농작물의 수확일부터 <u>2월 이내</u>에 그 농지의 소유권자나 임차권자에게 <u>토지사용료로 지급</u>하여야 한다.

> **key point** 수령을 거부하거나 지급이 곤란한 경우에는 공탁할 수 있다.

③ **기간만료 전 지정중지**: 유권자 또는 임차권자가 농지를 스스로 경작하려면 대리경작기간이 끝나기 3개월 전까지 시장·군수 또는 구청장에게 신청하고 시장·군수 또는 구청장은 1개월 전까지 지정중지를 대리경작자 등에게 알려야 한다.

④ **기간만료 전 지정해지**: 시장·군수 또는 구청장은 다음에 해당하면 대리경작 기간이 끝나기 전이라도 대리경작자 지정을 해지할 수 있다.

> ㉠ 대리경작 농지의 소유권자나 임차권자가 정당한 사유를 밝히고 지정 해지신청을 하는 경우
> ㉡ 대리경작자가 경작을 게을리하는 경우
> ㉢ 대리경작자로 지정된 자가 토지사용료를 지급 또는 공탁하지 아니하는 경우
> ㉣ 대리경작자로 지정된 자가 대리경작자의 지정해지를 신청하는 경우

### 3. 농지의 임대차 또는 사용대차 제21회, 제24회, 제27회, 제31회, 제34회

#### (1) 농지의 임대·무상사용

① **허용사유**: 다음에 해당하는 경우 외에는 농지를 임대하거나 무상사용하게 할 수 없다.

> ㉠ 국가나 지방자치단체가 농지를 소유한 경우
> ㉡ 질병, 징집, 취학, 선거에 따른 공직취임, 부상으로 3월 이상의 치료가 필요한 경우, 교도소·구치소 또는 보호감호시설에 수용 중인 경우, 3월 이상 국외여행을 하는 경우, 농업법인이 청산 중인 경우로 인하여 일시적으로 농업경영에 종사하지 아니하게 된 자가 소유하고 있는 농지를 임대하거나 무상사용하게 하는 경우
> ㉢ 60세 이상인 사람으로서 대통령령으로 정하는 사람이 소유하고 있는 농지 중에서 자기의 농업경영에 이용한 기간이 5년이 넘은 농지를 임대하거나 무상사용하게 하는 경우
> ㉣ 개인이 소유하고 있는 농지 중 3년 이상 소유한 농지 또는 농업법인이 소유한 농지를 주말·체험영농을 하려는 자에게 임대하거나 무상사용하게 하는 경우, 또는 주말·체험영농을 하려는 자에게 임대하는 것을 업(業)으로 하는 자에게 임대하거나 무상사용하게 하는 경우
> ㉤ 자경 농지를 농림축산식품부장관이 정하는 이모작을 위하여 8개월 이내로 임대하거나 무상사용하게 하는 경우

② **종료명령**: 농지를 임차하거나 무상사용하게 한 임차인 또는 사용대차인이 그 농지를 정당한 사유 없이 농업경영에 사용하지 아니할 때에는 시장·군수 또는 구청장이 임대차 또는 사용대차의 종료를 명할 수 있다.

#### (2) 임대차·사용대차 계약 방법과 확인

① **서면계약**: 임대차계약(농업경영을 하려는 자에게 임대하는 경우만 해당)과 사용대차계약(농업경영을 하려는 자에게 무상사용하게 하는 경우만 해당)은 서면계약을 원칙으로 한다.

② **대항력**: 임대차계약은 그 등기가 없는 경우에도 임차인이 농지소재지를 관할하는 시·구·읍·면의 장의 확인을 받고, 해당 농지를 인도(引渡)받은 경우에는 그 다음 날부터 제3자에 대하여 효력이 생긴다.

③ **승계**: 임대 농지의 양수인(讓受人)은 이 법에 따른 임대인의 지위를 승계한 것으로 본다.

#### (3) 임대차 기간 등

① 임대차 기간은 3년 이상으로 하여야 한다. 다만, 다년생식물 재배지·비닐하우스를 설치 농지의 경우에는 5년 이상으로 하여야 한다.

② 임대차 기간을 정하지 아니하거나 3년보다 짧은 경우에는 3년으로 약정된 것으로 본다.

> **기출유형** 임대차 기간을 정하지 아니하거나 5년보다 짧은 경우에는 5년으로 약정된 것으로 본다.(×)

③ 임대인은 질병, 징집, 취학 등 불가피한 사유가 있는 경우에는 임대차 기간을 3년 미만으로 정할 수 있다. 이 경우 임차인은 3년 미만으로 정한 기간이 유효함을 주장할 수 있다.

#### (4) 강행규정

이 법에 위반된 약정으로서 임차인에게 불리한 것은 그 효력이 없다.

# Chapter 24

# 농지의 이용 & 농지의 보전 & 농지전용

## 1. 농업진흥지역 제22회, 제28회, 제31회

### (1) 농업진흥지역의 지정

① **지정권자**: 특별시장·광역시장·특별자치시장·도지사 또는 특별자치도지사((시·도지사)는 농지를 효율적으로 이용하고 보전하기 위하여 다음의 용도구역으로 구분하여 농업진흥지역을 지정한다.

| | |
|---|---|
| 농업진흥구역 | 농업의 진흥을 도모하여야 하는 다음에 해당하는 지역으로서 농지가 집단화되어 농업 목적으로 이용할 필요가 있는 지역<br>① 농지조성사업 또는 농업기반정비사업이 시행되었거나 시행 중인 지역으로서 농업용으로 이용하고 있거나 이용할 토지가 집단화되어 있는 지역<br>② 이외의 지역으로서 농업용으로 이용하고 있는 토지가 집단화되어 있는 지역 |
| 농업보호구역 | 농업진흥구역의 용수원 확보, 수질 보전 등 농업 환경을 보호하기 위하여 필요한 지역 |

② **지정대상**: 농업진흥지역 지정은 「국토의 계획 및 이용에 관한 법률」에 따른 녹지지역·관리지역·농림지역 및 자연환경보전지역을 대상으로 한다. 다만, 특별시의 녹지지역은 제외한다.

> **기출유형** 농업진흥지역 지정은 「국토의 계획 및 이용에 관한 법률」에 따른 특별시의 녹지지역이 포함된다.(×)

### (2) 농업진흥지역의 지정 절차

① **심의·승인**: 시·도지사는 시·도 농업·농촌 및 식품산업정책심의회의 심의를 거쳐 농림축산식품부장관의 승인을 받아 농업진흥지역을 지정한다.

> **key point** 농림축산식품부장관은 효율적인 농업진흥지역 관리를 위하여 매년 농업진흥지역에 대한 실태조사를 하여야 한다.

② **협의**: 농림축산식품부장관은 「국토의 계획 및 이용에 관한 법률」에 따른 녹지지역이나 계획관리지역이 농업진흥지역에 포함되면 농업진흥지역 지정을 승인하기 전에 국토교통부장관과 협의하여야한다.

③ **주민의견청취**: 시·도지사는 농업진흥지역을 지정·변경 및 해제하려는 때에는 대통령령으로 정하는 바에 따라 미리 해당 토지의 소유자에게 그 내용을 개별통지하고 해당 지역주민의 의견을 청취하여야 한다.

### (3) 농업진흥지역의 농지매수 청구

① **매수청구**: 농업진흥지역의 농지를 소유하고 있는 농업인 또는 농업법인은 한국농어촌공사에 그 농지의 매수를 청구할 수 있다.

② **매수가격**: 한국농어촌공사는 매수 청구를 받으면 감정평가법인 등이 평가한 금액을 기준으로 해당 농지를 매수할 수 있다.

### ⑷ 용도구역에서의 행위제한

① **농업진흥구역에서의 행위제한**

　㉠ 원칙적 금지 : 농업진흥구역에서는 다음의 행위 외 농업생산 또는 농지개량과 직접적으로 관련되지 아니한 토지이용행위를 할 수 없다.

> ⓐ 농작물의 경작
> ⓑ 다년생식물의 재배
> ⓒ 고정식온실 · 버섯재배사 및 비닐하우스와 그 부속시설의 설치
> ⓓ 축사 · 곤충사육사와 그 부속시설의 설치
> ⓔ 간이퇴비장, 농막 · 농촌체류형쉼터 · 간이저온저장고 및 간이액비 저장조의 설치
> ⓕ 농지개량사업 또는 농업용수개발사업의 시행

　㉡ 예외적 허용 : 다음의 토지이용행위는 그러하지 아니하다.

> ⓐ 농수산물의 가공 · 처리 시설의 설치 및 농수산업 관련 시험 · 연구 시설의 설치
> ⓑ 어린이놀이터, 마을회관, 그 밖에 농업인의 공동생활에 필요한 편의 시설 및 이용 시설의 설치
> ⓒ 농업인 주택과 어업인 주택(부지 총면적이 1세대당 $660m^2$ 이하), 농업용 시설, 축산업용 시설 또는 어업용 시설의 설치
> ⓓ 국방 · 군사 시설, 하천, 제방, 그 밖에 이에 준하는 국토 보존 시설의 설치
> ⓔ 국가유산의 보수 · 복원 · 이전, 매장유산의 발굴, 비석이나 기념탑, 그 밖에 이와 비슷한 공작물의 설치
> ⓕ 도로, 철도, 그 밖에 대통령령으로 정하는 공공시설의 설치 등

② **농업보호구역에서의 행위 제한**

　㉠ 농업보호구역에서는 다음 외의 토지이용행위를 할 수 없다.

　ⓐ 농업진흥구역에서 예외적으로 허용되는 토지이용행위

　ⓑ 농업인 소득 증대에 필요한 시설의 설치

| 관광농원사업 | 부지 면적이 2만$m^2$ 미만 |
|---|---|
| 태양에너지 발전설비 | 부지 면적이 1만$m^2$ 미만 |
| 주말농원사업 | 부지 면적이 3천$m^2$ 미만 |

> **암기** 태양 1개, 관광 2일, 주말 3천 미만 해줄게

　ⓒ 농업인의 생활 여건을 개선하기 위하여 필요한 시설의 설치

| 단독주택, 제1종 근린생활시설, 제2종 근린생활시설<br>(일반음식점, 골프연습장, 단란주점, 안마시술소등 제외) | 부지 면적이<br>1천$m^2$ 미만 |
|---|---|
| 제1종 근린생활시설 중 공중화장실 · 대피소 및<br>통신용시설 · 양수장 · 정수장 | 부지 면적이<br>3천$m^2$ 미만 |

③ 행위 제한의 특례

　㉠ 한 필지의 토지가 농업진흥구역과 농업보호구역에 걸쳐 있으면서 농업진흥구역에 속하는 토지 부분이 330m² 이하이면 그 토지 부분에 대하여는 행위 제한을 적용할 때 농업보호구역에 관한 규정을 적용한다.

　㉡ 한 필지의 토지 일부가 농업진흥지역에 걸쳐 있으면서 농업진흥지역에 속하는 토지 부분의 면적이 330m² 이하이면 그 토지 부분에 대하여는 농업진흥구역 및 농업보호구역을 적용하지 아니한다.

## 2. 농지전용 제23회, 제24회, 제29회, 제35회

농지를 농작물의 경작이나 다년생식물의 재배 등 농업생산 또는 농지개량 외의 용도로 사용하는 것(농지의 개량시설과 농축산물 생산시설의 부지로 사용하는 경우는 제외)을 말한다.

### (1) 농지전용의 허가

① **허가대상 및 허가권자** : 농지를 전용하려는 자는 다음에 해당하는 경우 외에는 농림축산식품부장관의 허가를 받아야 한다.

> ㉠ 다른 법률에 따라 농지전용허가가 의제되는 협의를 거쳐 농지를 전용하는 경우
> ㉡ 「국토의 계획 및 이용에 관한 법률」에 따른 도시지역 또는 계획관리지역에 있는 농지로서 농지전용협의를 거친 농지나 협의 대상에서 제외되는 농지를 전용하는 경우
> ㉢ 농지전용신고를 하고 농지를 전용하는 경우
> ㉣ 「산지관리법」에 따른 산지전용허가를 받지 아니하거나 산지전용신고를 하지 아니하고 불법으로 개간한 농지를 산림으로 복구하는 경우

② **허가의 위임** : 농림축산식품부장관은 농지전용에 대한 허가(변경허가 포함)의 권한을 시·도지사, 시장·군수 또는 구청장에게 위임한다.

| 구 분 | 시장·군수 또는 구청장 | 시·도지사 |
|---|---|---|
| 농업진흥지역 안 | 3천m² 미만 | 3천m² 이상 3만m² 미만 |
| 농업진흥지역 밖 | 3만m² 미만 | 3만m² 이상 30만m² 미만(계획관리지역과 자연녹지지역의 경우에는 3만m² 이상) |

### (2) 농지전용협의

주무부장관이나 지방자치단체의 장은 다음에 해당하면 농림축산식품부장관과 미리 농지전용에 관한 협의를 하여야 한다.

> ① 도시지역에 주거지역·상업지역 또는 공업지역을 지정하거나 도시지역에 도시·군계획시설을 결정할 때에 해당 지역 예정지 또는 시설 예정지에 농지가 포함되어 있는 경우. 다만, 이미 지정된 주거지역·상업지역·공업지역을 다른 지역으로 변경하거나 이미 지정된 주거지역·상업지역·공업지역에 도시·군계획시설을 결정하는 경우는 제외한다.
> ② 계획관리지역에 지구단위계획구역을 지정할 때에 해당 구역 예정지에 농지가 포함되어 있는 경우
> ③ 녹지지역 및 개발제한구역의 농지에 대하여 개발행위를 허가하거나 「개발제한구역의 지정 및 관리에 관한 특별조치법」에 따라 토지의 형질변경허가를 하는 경우

### (3) 농지전용신고

① **신고대상 및 신고권자**: 농지를 다음에 해당하는 시설의 부지로 전용하려는 자는 <u>시장·군수 또는 구청장에게 신고</u>하여야 한다. 신고한 사항을 변경하려는 경우에도 또한 같다.

> ㉠ 농업인 주택, 어업인 주택, 농축산업용 시설(농지의 개량시설과 농축산물 생산시설은 제외), 농수산물 유통·가공 시설
> ㉡ 어린이놀이터·마을회관 등 농업인의 공동생활 편의 시설
> ㉢ 농수산 관련 연구 시설과 양어장·양식장 등 어업용 시설

### (4) 농지의 타용도 일시사용

① **농지의 타용도 일시사용허가**: 농지를 다음에 해당하는 용도로 <u>일시 사용하려는 자는</u> 일정 기간 사용한 후 농지로 복구한다는 조건으로 시장·군수 또는 구청장의 <u>허가를 받아야</u> 한다. 허가받은 사항을 변경하려는 경우에도 또한 같다. 다만, 국가나 지방자치단체의 경우에는 시장·군수 또는 구청장과 협의하여야 한다.

> ㉠ 건축허가 또는 건축신고 대상이 아닌 간이 농수축산업용 시설과 농수산물의 간이 처리 시설을 설치하는 경우
> ㉡ 주(主)목적사업을 위하여 현장 사무소나 부대시설을 설치하거나 물건을 적치(積置)·매설(埋設)하는 경우
> ㉢ 태양에너지 발전설비와 광물을 채굴하는 경우

② **농지의 타용도 일시사용신고**: 농지를 썰매장, 지역축제장 등으로 일시사용하려는 자는 대통령령으로 정하는 바에 따라 지력을 훼손하지 아니하는 범위에서 일정 기간(6개월 이내) 사용한 후 농지로 원상복구한다는 조건으로 시장·군수 또는 구청장에게 신고하여야 한다.

> ㉠ 농한기에 썰매장 또는 지역축제장으로 이용하는 부지
> ㉡ 건축허가 또는 건축신고 대상시설이 아닌 간이 농수축산업용 시설과 농수산물의 간이 처리 시설로 이용하는 부지
> ㉢ 주(主)목적사업(해당 농지에서 허용되는 사업만 해당)을 위하여 현장 사무소나 부대시설, 그 밖에 이에 준하는 시설을 설치하거나 물건을 적치하거나 매설하는 경우에 해당하는 시설로 이용하는 부지

---

**기출유형** | 전기사업법상 전기사업을 영위하기 위한 목적으로 「신에너지 및 재생에너지 개발·이용·보급 촉진법」에 따른 태양에너지 발전설비를 설치하는 경우에는 타용도 일시사용신고를 할 수 있는 용도에 해당한다.(×)

### ⑸ 전용허가 취소

농림축산식품부장관, 시장·군수 또는 구청장은 농지전용허가 또는 농지의 타용도 일시사용허가를 받았거나 농지전용신고 또는 농지의 타용도 일시사용신고 또는 농지개량행위의 신고를 한 자가 다음에 해당하면 허가를 취소하거나 관계 공사의 중지, 조업의 정지, 사업규모의 축소 또는 사업계획의 변경, 그 밖에 필요한 조치를 명할 수 있다(⑦ 필요적 취소).

① 거짓이나 그 밖의 부정한 방법으로 허가를 받거나 신고한 것이 판명된 경우
② 허가 목적이나 허가 조건을 위반하는 경우
③ 허가를 받지 아니하거나 신고하지 아니하고 사업계획 또는 사업 규모를 변경하는 경우
④ 허가를 받거나 신고를 한 후 농지전용 목적사업과 관련된 사업계획의 변경 등 대통령령으로 정하는 정당한 사유 없이 최초로 허가를 받거나 신고를 한 날부터 2년 이상 대지의 조성, 시설물의 설치 등 농지전용 목적사업에 착수하지 아니하거나 농지전용 목적사업에 착수한 후 1년 이상 공사를 중단한 경우
⑤ 농지보전부담금을 내지 아니한 경우
⑥ 허가를 받은 자나 신고를 한 자가 허가취소를 신청하거나 신고를 철회하는 경우
⑦ 허가를 받은 자가 관계 공사의 중지 등 조치명령을 위반한 경우(필수적 취소사유)

**기출유형** 농지전용허가를 받은 자가 조업의 정지명령을 위반한 경우에는 그 허가를 취소할 수 있다.(×)

### ⑹ 용도변경의 승인

농지전용허가, 농지전용협의 또는 농지전용신고를 하고 농지전용 목적사업에 사용되고 있거나 사용된 토지를 5년 이내에 다른 목적으로 사용하려는 경우에는 농림축산식품부령으로 정하는 바에 따라 시장·군수 또는 구청장의 승인을 받아야 한다.

### ⑺ 농지의 지목 변경 제한

다음에 해당하는 경우 외에는 농지를 전·답·과수원 외의 지목으로 변경하지 못한다.

① 농지전용허가(다른 법률에 따라 농지전용허가가 의제되는 협의를 포함)를 받거나 농지전용협의를 거쳐 농지를 전용한 경우
② 농지전용신고를 하고 농지를 전용한 경우 등

### ⑻ 타인토지의 출입

① 농림축산식품부장관, 시장·군수·자치구구청장 또는 시·구·읍·면의 장은 다음의 조사를 위하여 필요한 경우에는 소속 공무원으로 하여금 다른 사람의 토지 또는 건물 등에 출입하게 할 수 있다.

㉠ 실태조사
㉡ 농지대장 작성·정리 또는 농지 이용 실태 파악을 위한 조사
㉢ 농지의 소유·거래·이용 또는 전용 등에 관한 사실 확인을 위한 조사

② 토지등에 출입하려는 사람은 해당 토지 등의 소유자·점유자 또는 관리인에게 그 일시와 장소를 우편, 전화, 전자메일 또는 문자전송 등을 통하여 통지하여야 한다. 다만, 이해관계인을 알 수 없는 때에는 그러하지 아니하다.

③ 해 뜨기 전이나 해가 진 후에는 이해관계인의 승낙 없이 택지나 담장 또는 울타리로 둘러싸인 해당 토지등에 출입할 수 없다.

④ 이해관계인은 정당한 사유 없이 출입을 거부하거나 방해하지 못한다.

⑤ 다른 사람의 토지등에 출입하려는 사람은 권한을 표시하는 증표를 지니고 이를 이해관계인에게 내보여야 한다.

### (9) 농지개량 기준의 준수

① 농지를 개량하려는 자는 농지의 생산성 향상 등 농지개량의 목적을 달성하고 농지개량행위로 인하여 주변 농업환경(인근 농지의 관개·배수·통풍 및 농작업을 포함한다)에 부정적인 영향을 미치지 아니하도록 농지개량의 기준을 준수하여야 한다.

② 농지개량 기준에 관한 구체적인 사항은 다음의 사항을 포함하여 농림축산식품부령으로 정한다.

> ㉠ 농지개량에 적합한 토양의 범위
> ㉡ 농지개량 시 인근 농지 또는 시설 등의 피해 발생 방지 조치
> ㉢ 그 밖에 농지의 객토, 성토, 절토와 관련된 세부 기준

### (10) 농지개량행위의 신고

① 농지를 개량하려는 자 중 성토 또는 절토를 하려는 자는 농림축산식품부령으로 정하는 바에 따라 시장·군수 또는 자치구구청장에게 신고하여야 하며, 신고한 사항을 변경하려는 경우에도 또한 같다. 다만, 다음에 해당하는 경우에는 그러하지 아니하다.

> ㉠ 「국토의 계획 및 이용에 관한 법률」 제56조에 따라 개발행위의 허가를 받은 경우
> ㉡ 국가 또는 지방자치단체가 공익상의 필요에 따라 직접 시행하는 사업을 위하여 성토 또는 절토하는 경우
> ㉢ 재해복구나 재난수습에 필요한 응급조치를 위한 경우
> ㉣ 대통령령으로 정하는 경미한 행위인 경우

② 시장·군수 또는 자치구구청장은 신고를 받은 경우 그 내용을 검토하여 이 법에 적합하면 신고를 수리하여야 한다.

### (11) 청 문

농림축산식품부장관, 시장·군수 또는 자치구구청장은 다음에 해당하는 행위를 하려면 청문을 하여야 한다.

> ① 농업경영에 이용하지 아니하는 농지 등의 처분의무 발생의 통지
> ② 농지전용허가의 취소

## 3. 농지보전부담금 제22회, 제23회, 제24회

### (1) 납부의무자

① **납부의무자**: 다음에 해당하는 자는 농지의 보전·관리 및 조성을 위한 부담금(농지보전부담금)을 농지관리기금을 운용·관리하는 자에게 내야 한다.

> ㉠ 농지전용허가를 받는 자
> ㉡ 농지전용협의를 거친 지역 예정지 또는 시설 예정지에 있는 농지를 전용하려는 자
> ㉢ 농지전용에 관한 협의를 거친 구역 예정지에 있는 농지를 전용하려는 자
> ㉣ 농지전용협의를 거친 농지를 전용하려는 자
> ㉤ 농지전용신고를 하고 농지를 전용하려는 자

② **사전 납부**: 농림축산식품부장관이나 시장·군수 또는 구청장은 농지전용의 허가 또는 농지전용의 신고수리를 하려는 때에는 농지보전부담금의 전부 또는 일부를 미리 납부하게 하여야 한다.

### (2) 부과기준 및 부과금액

① **부과기준**: 농지보전부담금은 「부동산 가격공시에 관한 법률」에 따른 해당 농지의 개별공시지가의 범위에서 부과기준을 적용하여 산정한 금액으로 하되, 농업진흥지역과 농업진흥지역 밖의 농지를 차등하여 부과기준을 적용할 수 있으며, 부과기준일은 다음의 구분에 따른다.

> ㉠ 농지전용허가를 받는 경우: 허가를 신청한 날
> ㉡ 농지전용협의를 거쳐 농지를 전용하려는 경우: 대통령령으로 정하는 날
> ㉢ 다른 법률에 따라 농지전용허가가 의제되는 협의를 거친 농지를 전용하려는 경우: 대통령령으로 정하는 날
> ㉣ 농지전용신고를 하고 농지를 전용하려는 경우: 신고를 접수한 날

② **부과금액**: 농지보전부담금의 부과금액은 부과기준일 현재의 농지보전부담금의 $m^2$당 금액(「부동산 가격공시에 관한 법률」에 따른 해당 농지의 개별공시지가의 100분의 30)에 전용하는 농지의 면적을 곱하여 산출한 금액으로 한다.

③ **납부기한**: 농지보전부담금의 납부기한은 납부통지서 발행일부터 농지전용허가 또는 농지전용신고 전까지로 한다.

### (3) 가산금 및 강제징수

① **독촉장 발급**: 농림축산식품부장관은 농지보전부담금을 내야 하는 자가 납부기한까지 내지 아니하면 납부기한이 지난 후 10일 이내에 납부기한으로부터 30일 이내의 기간을 정한 독촉장을 발급하여야 한다.

② **가산금**: 농림축산식품부장관은 농지보전부담금을 내야 하는 자가 납부기한까지 부담금을 내지 아니한 경우에는 납부기한이 지난날부터 체납된 농지보전부담금의 100분의 3에 상당하는 금액을 가산금으로 부과한다.

③ **중가산금**: 농림축산식품부장관은 농지보전부담금을 체납한 자가 체납된 농지보전부담금을 납부하지 아니한 때에는 납부기한이 지난 날부터 1개월이 지날 때마다 체납된 농지보전부담금의 1,000분의 12에 상당하는 가산금(중가산금)을 가산금에 더하여 부과하되, 체납된 농지보전부담금의 금액이 100만원 미만인 경우는 중가산금을 부과하지 아니한다. 이 경우 중가산금을 가산하여 징수하는 기간은 60개월을 초과하지 못한다.

④ **강제징수** : 농림축산식품부장관은 농지보전부담금을 내야 하는 자가 독촉장을 받고 지정된 기한까지 부담금과 가산금 및 중가산금을 내지 아니하면 국세 또는 지방세 체납처분의 예에 따라 징수할 수 있다.

### ⑷ 환급 및 감면

① **환급** : 농지관리기금을 운용·관리하는 자는 다음에 해당하는 경우 대통령령으로 정하는 바에 따라 그에 해당하는 농지보전부담금을 환급하여야 한다.

> ㉠ 농지보전부담금을 낸 자의 허가가 취소되거나 사업계획이 변경된 경우
> ㉡ 농지보전부담금을 납부하고 허가를 받지 못한 경우
> ㉢ 그 밖에 이에 준하는 사유로 전용하려는 농지의 면적이 당초보다 줄어든 경우

② **감면** : 농림축산식품부장관은 다음에 해당하면 대통령령으로 정하는 바에 따라 농지보전부담금을 감면할 수 있다.

> ㉠ 국가나 지방자치단체가 공용 목적이나 공공용 목적으로 농지를 전용하는 경우
> ㉡ 대통령령으로 정하는 중요 산업 시설을 설치하기 위하여 농지를 전용하는 경우
> ㉢ 농지전용신고 대상인 시설을 설치하기 위하여 농지를 전용하는 경우

## 4. 농지위원회

### ⑴ 설 치

농지의 취득 및 이용의 효율적인 관리를 위해 <u>시·구·읍·면에 각각 농지위원회를 둔다</u>. 다만, 해당 지역 내의 농지가 농림축산식품부령으로 정하는 면적 이하이거나, 농지위원회의 효율적 운영을 위하여 필요한 경우 시·군의 조례로 정하는 바에 따라 그 행정구역 안에 권역별로 설치할 수 있다.

### ⑵ 구 성

① 농지위원회는 <u>위원장 1명을 포함한 10명 이상 20명 이하의 위원</u>으로 구성하며 위원장은 위원 중에서 호선한다.

② 농지위원회의 위원은 다음에 해당하는 사람으로 구성한다.

> ㉠ 해당 지역에서 농업경영을 하고 있는 사람
> ㉡ 해당 지역에 소재하는 농업 관련 기관 또는 단체의 추천을 받은 사람
> ㉢ 「비영리민간단체 지원법」에 따른 비영리민간단체의 추천을 받은 사람
> ㉣ 농업 및 농지정책에 대하여 학식과 경험이 풍부한 사람

③ 농지위원회의 효율적 운영을 위하여 필요한 경우에는 <u>각 10명 이내의 위원</u>으로 구성되는 분과위원회를 둘 수 있다.

④ 분과위원회의 심의는 농지위원회의 심의로 본다.

### (3) 기 능

농지위원회는 다음의 기능을 수행한다.

> ① 농지취득자격증명 심사에 관한 사항
> ② 농지전용허가를 받은 농지의 목적사업 추진상황에 관한 확인
> ③ 농지의 소유 등에 관한 조사 참여

## 5. 농지대장 제33회

### (1) 작성·비치

① <u>시·구·읍·면의 장</u>은 농지 소유 실태와 농지 이용 실태를 파악하여 이를 효율적으로 이용하고 관리하기 위하여 대통령령으로 정하는 바에 따라 <u>농지대장</u>을 작성하여 갖추어 두어야 한다(<u>모든 농지</u>에 대해 필지별로 작성, 10년간 보존).

② 농지대장에는 농지의 소재지·지번·지목·면적·소유자·임대차 정보·농업진흥지역 여부 등을 포함한다.

③ 시·구·읍·면의 장은 농지대장을 작성·정리하거나 농지 이용 실태를 파악하기 위하여 필요하면 해당 농지 소유자에게 필요한 사항을 보고하게 하거나 관계 공무원에게 그 상황을 조사하게 할 수 있다.

④ 시·구·읍·면의 장은 농지대장의 내용에 변동사항이 생기면 그 변동사항을 지체 없이 정리하여야 한다.

⑤ 농지대장에 적을 사항을 전산정보처리조직으로 처리하는 경우 그 농지대장 파일(자기디스크나 자기 테이프, 그 밖에 이와 비슷한 방법으로 기록하여 보관하는 농지대장)은 농지대장으로 본다.

⑥ 농지대장의 서식·작성·관리와 전산정보처리조직 등에 필요한 사항은 농림축산식품부령으로 정한다.

> **기출유형** 시·구·읍·면의 장은 관할구역 안에 있는 농지가 농지전용허가로 농지에 해당하지 않게 된 경우에는 그 농지대장을 따로 편철하여 5년간 보존해야 한다.(×)

### (2) 농지이용 정보 등 변경신청

농지소유자 또는 임차인은 다음의 사유가 발생하는 경우 그 변경사유가 발생한 날부터 <u>60일 이내</u>에 <u>시·구·읍·면의 장</u>에게 농지대장의 변경을 신청하여야 한다.

> ㉠ 농지의 임대차계약과 사용대차계약이 체결·변경 또는 해제되는 경우
> ㉡ 토지의 개량시설과 농축산물 생산시설을 설치하는 경우

### (3) 열람 또는 등본 등의 교부

① 시·구·읍·면의 장은 농지대장의 열람신청 또는 등본 교부신청을 받으면 농림축산식품부령으로 정하는 바에 따라 농지대장을 열람하게 하거나 그 등본을 내주어야 한다.

② 농지대장의 열람은 해당 시·구·읍·면의 사무소 안에서 관계공무원의 참여 하에 해야 한다.

③ 시·구·읍·면의 장은 자경(自耕)하고 있는 농업인 또는 농업법인이 신청하면 농림축산식품부령으로 정하는 바에 따라 자경증명을 발급하여야 한다.

> **기출유형** 농지대장의 열람은 해당 시·구·읍·면의 사무소 안에서 관계공무원의 참여 없이 개인적으로 해야 한다.(×)

도시개발법

Chapter 25

# 개발계획 수립 및 지정

## 01 개발계획의 수립

### 1. 도시개발사업의 의의

① **도시개발구역**: 도시개발사업을 시행하기 위하여 지정·고시된 구역을 말한다.

② **도시개발사업**: 도시개발구역에서 주거, 상업, 산업, 유통, 정보통신, 생태, 문화, 보건 및 복지 등의 기능이 있는 단지 또는 시가지를 조성하기 위하여 시행하는 사업을 말한다.

### 2. 개발계획의 수립 제22회, 제25회, 제26회, 제28회, 제34회, 제35회

**(1) 개발계획의 수립시기**

① **원칙**: 도시개발구역을 지정하는 자(지정권자)는 도시개발구역을 지정하려면 해당 도시개발구역에 대한 도시개발사업의 계획(개발계획)을 수립하여야 한다.

② **예외**: 도시개발구역을 지정한 후에 개발계획을 수립할 수 있다(보전녹지지역×).

| |
|---|
| ㉠ 개발계획을 공모시<br>㉡ 자연녹지지역<br>㉢ 생산녹지지역(생산녹지지역이 도시개발구역 지정면적의 100분의 30 이하인 경우)<br>㉣ 도시지역 외의 지역<br>㉤ 국토교통부장관이 지역균형발전을 위하여 관계 중앙행정기관의 장과 협의하여 도시개발구역으로 지정하려는 지역(자연환경보전지역은 제외)<br>㉥ 도시개발구역에 포함되는 주거지역·상업지역·공업지역의 면적의 합계가 전체 도시개발구역 지정 면적의 100분의 30 이하인 지역 |

**기출유형** 보전녹지지역에 도시개발구역을 지정할 때에는 도시개발구역을 지정한 후에 개발계획을 수립할 수 있다.(×)

③ **변경**: 지정권자는 직접 또는 관계 중앙행정기관의 장 또는 시장(대도시 시장은 제외)·군수·구청장 또는 도시개발사업의 시행자의 요청을 받아 개발계획을 변경할 수 있다.

**(2) 기 준**

① **작성 기준**: 개발계획의 작성 기준 및 방법은 국토교통부장관이 정한다.

② **우선계획**: 개발계획의 내용은 광역도시계획이나 도시·군기본계획에 들어맞도록 하여야 한다.

③ **상호 조화**: 330만$m^2$ 이상인 도시개발구역에 관한 개발계획을 수립할 때에는 주거, 생산, 교육, 유통, 위락 등의 기능이 서로 조화를 이루도록 노력하여야 한다.

## (3) 개발계획의 내용

① **내용** : 개발계획에는 다음사항이 포함되어야 한다.

> ㉠ 도시개발구역의 명칭, 위치, 면적 및 지정 목적
> ㉡ 도시개발시행자에 관한 사항
> ㉢ 도시개발사업의 시행방식
> ㉣ 인구수용계획, 토지이용계획, 교통처리계획, 환경보전계획
> ㉤ 원형지로 공급될 대상 토지 및 개발 방향
> ㉥ 보건의료시설 및 복지시설의 설치계획
> ㉦ 재원조달계획 등

✔ key point ) 지구단위계획은 개발계획에 포함×, 실시계획에 포함

② 다음에 해당하는 사항은 도시개발구역을 지정한 후에 개발계획에 포함시킬 수 있다.

> ㉠ 수용(收用) 또는 사용의 대상이 되는 토지·건축물 또는 토지에 정착한 물건과 이에 관한 소유권 외의 권리, 광업권, 어업권, 물의 사용에 관한 권리(토지 등)가 있는 경우에는 그 세부목록
> ㉡ 임대주택 건설계획 등 세입자 등의 주거 및 생활 안정 대책
> ㉢ 순환개발 등 단계적 사업추진이 필요한 경우 사업추진 계획 등에 관한 사항
> ㉣ 도시개발구역 밖의 지역에 기반시설을 설치하여야 하는 경우에는 그 시설의 설치에 필요한 비용의 부담 계획

▶ 암기 | 목, 사(세), 단계, 비용은 후 포함

## (4) 수립시 동의

① 지정권자(국가나 지방자치단체인 경우는 제외)는 다음의 경우 환지(換地) 방식의 도시개발사업에 대한 개발계획을 수립하려면 환지 방식이 적용되는 지역의 토지면적의 3분의 2 이상에 해당하는 토지 소유자와 그 지역의 토지 소유자 총수의 2분의 1 이상의 동의를 받아야 한다(경미한 경우가 아닌 환지 방식으로 시행하기 위하여 개발계획을 변경하려는 경우 포함)

> ㉠ 편입 또는 제외되는 면적이 각각 3만 제곱미터 이상인 경우, 너비가 12미터 이상인 도로를 신설 또는 폐지하는 경우, 사업시행지구를 분할하거나 분할된 사업시행지구를 통합하는 경우
> ㉡ 도로를 제외한 기반시설의 면적이 종전보다 100분의 10 이상으로 증감하거나 신설되는 기반시설의 총면적이 종전 기반시설 면적의 100분의 5 이상인 경우
> ㉢ 수용예정인구가 종전보다 100분의 10 이상 증감하는 경우(변경 이후 수용예정인구가 3천명 미만인 경우는 제외한다)
> ㉣ 기반시설을 제외한 도시개발구역의 용적률이 종전보다 100분의 5 이상 증가하는 경우
> ㉤ 기반시설의 설치에 필요한 비용이 종전보다 100분의 5 이상 증가하는 경우
> ㉥ 편입되는 토지의 면적이 종전 환지방식이 적용되는 면적의 100분의 5 이상인 경우, 제외되는 토지의 면적이 종전 환지방식이 적용되는 면적의 100분의 10 이상인 경우, 편입 또는 제외되는 면적이 각각 3만 제곱미터 이상인 경우, 토지의 편입이나 제외로 인하여 환지방식이 적용되는 면적이 종전보다 100분의 10 이상 증감하는 경우

▶ 기출유형 | 지방자치단체가 도시개발사업에 대한 개발계획을 수립하려면 환지 방식이 적용되는 지역의 토지면적의 3분의 2 이상에 해당하는 토지 소유자의 동의를 받아야 한다.(×)

② **동의자 수의 산정방법**

> ㉠ 토지면적을 산정하는 경우: 국·공유지를 포함하여 산정할 것
> ㉡ 토지 소유권을 여럿이 공유하는 경우: 다른 공유자의 동의를 받은 대표 공유자 1명만을 해당 토지 소유자로 볼 것. 다만, 집합건물의 구분소유자는 각각을 토지 소유자 1명으로 본다.
> ㉢ 도시개발구역의 지정이 제안되기 전에 또는 도시개발구역에 대한 개발계획의 변경을 요청받기 전에 동의를 철회하는 사람이 있는 경우: 그 사람은 동의자 수에서 제외할 것
> ㉣ 도시개발구역의 지정이 제안된 후부터 개발계획이 수립되기 전까지의 사이에 토지 소유자가 변경된 경우 또는 개발계획의 변경을 요청받은 후부터 개발계획이 변경되기 전까지의 사이에 토지 소유자가 변경된 경우: 기존 토지 소유자의 동의서를 기준으로 할 것

▶ **기출유형** 도시개발의 토지면적을 산정하는 경우 국·공유지는 제외한다.(×)

---

## 02 도시개발구역의 지정

### 1. 지정권자 제23회, 제26회, 제30회, 제32회, 제33회

① **원 칙**

> ㉠ 특별시장·광역시장·특별자치도지사·도지사 또는 대도시 시장은 계획적인 도시개발이 필요하다고 인정되는 때에는 도시개발구역을 지정할 수 있다.
> ㉡ 도시개발사업이 필요하다고 인정되는 지역이 둘 이상의 시·도 또는 대도시의 행정구역에 걸치는 경우에는 관계 시·도지사 또는 대도시 시장이 협의하여 도시개발구역을 지정할 자를 정한다.

② **예외**: 국토교통부장관은 다음에 해당하면 도시개발구역을 지정할 수 있다.

> ㉠ 국가가 도시개발사업을 실시할 필요가 있는 경우
> ㉡ 관계 중앙행정기관의 장(장관)이 요청하는 경우
> ㉢ 공공기관의 장(지방공사×) 또는 정부출연기관의 장이 30만m² 이상으로서 국가계획과 밀접한 관련이 있는 도시개발구역의 지정을 제안하는 경우
> ㉣ 시·도지사 또는 대도시 시장의 협의가 성립되지 아니하는 경우
> ㉤ 천재지변, 그 밖의 사유로 인하여 도시개발사업을 긴급하게 할 필요가 있는 경우

▶ **기출유형** 지방공사의 장이 30만m² 이상으로서 국가계획과 밀접한 관련이 있는 도시개발구역의 지정을 제안하는 경우에는 국토교통부장관이 지정할 수 있다.(×)

## 2. 도시개발구역의 지정절차 제23회, 제24회, 제25회, 제26회, 제29회, 제31회, 제32회

### (1) 도시개발구역의 지정제안

① **원칙** : 국가나 지방자치단체 및 조합을 제외한 공공기관, 정부출연기관, 지방공사, 도시개발구역의 토지 소유자 또는 민간사업시행자는 대통령령으로 정하는 바에 따라 <u>특별자치도지사, 시장·군수·구청장에게</u> 도시개발구역의 지정을 <u>제안</u>할 수 있다. 이 경우 지정을 제안하려는 지역이 둘 이상의 시·군 또는 구의 행정구역에 걸쳐 있는 경우에는 그 지역에 포함된 면적이 가장 큰 행정구역의 시장·군수 또는 구청장에게 제안서를 제출하여야 한다.

② **예외** : 공공기관의 장 또는 정부출연기관의 장은 30만m² 이상으로서 국가계획과 밀접한 관련이 있는 경우 국토교통부장관에게 직접 도시개발구역의 지정을 제안할 수 있다.

③ **제안동의** : 토지 소유자, 민간사업시행자(조합은 제외)가 도시개발구역의 지정을 제안하려는 경우에는 대상 구역 토지<u>면적의 3분의 2 이상</u>에 해당하는 토지 소유자(지상권자 포함)의 동의를 받아야 한다.

> **기출유형** 토지 소유자가 도시개발구역의 지정을 제안하려는 경우에는 대상 구역 토지면적의 2분의 1 이상에 해당하는 토지 소유자의 동의를 받아야 한다.(×)

④ **통보** : 제안을 받은 국토교통부장관·특별자치도지사·시장·군수 또는 구청장은 제안 내용의 수용 여부를 <u>1개월 이내</u>에 제안자에게 <u>통보</u>하여야 한다. 다만, 불가피한 사유가 있는 경우에는 <u>1개월 이내</u>의 범위에서 통보기간을 <u>연장</u>할 수 있다.

⑤ **비용부담** : 특별자치도지사·시장·군수 또는 구청장은 제안자와 협의하여 도시개발구역의 지정을 위하여 필요한 비용의 전부 또는 일부를 제안자에게 <u>부담시킬 수 있다.</u>

### (2) 도시개발구역의 지정요청

① **지정의 요청** : 시장(대도시 시장 제외)·군수·구청장은 시·군·구 도시계획위원회의 자문을 한 후 시·도지사에게 도시개발구역의 지정을 요청할 수 있다. 다만, 지구단위계획에 따라 요청하는 경우에는 자문을 하지 아니할 수 있다.

### (3) 지정대상 및 규모 등

① **지정대상** : 도시개발구역으로 지정할 수 있는 대상 지역 및 규모는 다음과 같다.

| | |
|---|---|
| 도시지역 | ㉠ 주거지역 및 상업지역 : 1만m² 이상<br>㉡ 공업지역 : 3만m² 이상<br>㉢ 자연녹지지역 : 1만m² 이상<br>㉣ 생산녹지지역(생산녹지지역이 도시개발구역 지정면적의 100분의 30 이하인 경우)<br>: 1만m² 이상 |
| 도시지역 외의 지역 | ㉠ 원칙 : 30만m² 이상.<br>㉡ 예외 : 공동주택 중 아파트 또는 연립주택의 건설계획이 포함되는 경우로서 다음 요건을 <u>모두 갖춘 경우</u>에는 10만m² 이상으로 한다.<br>ⓐ 초등학교용지를 확보하여 관할 교육청과 협의한 경우<br>ⓑ 「도로법」에 따른 도로 또는 도로와 연결하거나 4차로 이상의 도로를 설치하는 경우 |

> **기출유형** 자연녹지지역에 도시개발구역으로 지정할 수 있는 규모는 3만m² 이상이어야 한다.(×)

② **지정제한**: 자연녹지지역, 생산녹지지역 및 도시지역 외의 지역에 도시개발구역을 지정하는 경우에는 광역도시계획 또는 도시·군기본계획에 의하여 개발이 가능한 지역에서만 국토교통부장관이 정하는 기준에 따라 지정하여야 한다. 다만, 광역도시계획 및 도시·군기본계획이 수립되지 아니한 지역인 경우에는 자연녹지지역 및 계획관리지역에서만 도시개발구역을 지정할 수 있다.

③ **적용배제**: 다음에 해당하는 지역으로서 지정권자가 계획적인 도시개발이 필요하다고 인정하는 지역에 대하여는 ① 및 ②에 따른 제한을 적용하지 아니한다.

> ⊙ 취락지구 또는 개발진흥지구로 지정된 지역
> ⊙ 지구단위계획구역으로 지정된 지역
> ⊙ 국토교통부장관이 지역균형발전을 위하여 관계 중앙행정기관의 장과 협의하여 도시개발구역으로 지정하려는 지역(자연환경보전지역은 제외)

⑷ **도시개발구역의 분할 및 결합**

지정권자는 도시개발사업의 효율적인 추진과 도시의 경관 보호 등을 위하여 필요하다고 인정하는 경우에는 도시개발구역을 둘 이상의 사업시행지구로 분할(각각 1만㎡ 이상)하거나 서로 떨어진 둘 이상의 지역을 결합하여 하나의 도시개발구역으로 지정할 수 있다.

> **기출유형** 지정권자는 도시개발사업의 효율적인 추진을 위하여 필요하다고 인정하는 경우 서로 떨어진 둘 이상의 지역을 결합하여 하나의 도시개발구역으로 지정할 수 없다.(×)

⑸ **지정절차**

① **기초조사**(임의적): 도시개발사업의 시행자나 시행자가 되려는 자는 도시개발구역을 지정하거나 도시개발구역의 지정을 요청 또는 제안하려고 할 때에는 토지, 건축물, 공작물, 주거 및 생활실태, 주택수요, 그 밖에 필요한 사항에 관하여 조사하거나 측량할 수 있다.

② **주민의 의견청취**: 국토교통부장관, 시·도지사 또는 대도시 시장이 도시개발구역을 지정하고자 하거나 대도시 시장이 아닌 시장·군수 또는 구청장이 도시개발구역의 지정을 요청하려고 하는 경우에는 공람이나 공청회를 통하여 주민이나 관계 전문가 등으로부터 의견을 들어야 하며, 공람이나 공청회에서 제시된 의견이 타당하다고 인정되면 이를 반영하여야 한다. 도시개발구역을 변경(대통령령으로 정하는 경미한 사항은 제외)하려는 경우에도 또한 같다.

③ **송부·공람**: 국토교통부장관 또는 시·도지사는 도시개발구역의 지정에 관한 주민의 의견을 청취하려면 관계 서류 사본을 시장·군수 또는 구청장에게 송부하여야 한다. 시장·군수 또는 구청장은 둘 이상의 일간신문과 인터넷 홈페이지에 공고하고 14일 이상 일반인에게 공람시켜야 한다. 다만, 도시개발구역의 면적이 10만㎡ 미만인 경우에는 일간신문에 공고하지 아니하고 공보와 인터넷 홈페이지에 공고할 수 있다.

④ **공청회**(의무적): 국토교통부장관, 시·도지사, 시장·군수 또는 구청장은 도시개발사업을 시행하려는 구역의 면적이 100만㎡ 이상인 경우에는 공람기간이 끝난 후에 공청회를 개최하여야 한다. 이 경우 개최목적, 개최예정일시 및 장소 등을 일간신문과 인터넷 홈페이지에 공청회 개최 예정일 14일 전까지 1회 이상 공고하여야 한다.

> **기출유형** 국토교통부장관, 시·도지사, 시장·군수 또는 구청장은 도시개발사업을 시행하려는 구역의 면적이 200만㎡ 이상인 경우에는 공람기간이 끝난 후에 공청회를 개최하여야 한다.(×)

⑤ **협의 · 심의**: 지정권자는 도시개발구역을 지정하거나 개발계획을 수립하려면 관계 행정기관의 장과 협의한 후 중앙도시계획위원회 또는 지방도시계획위원회의 심의를 거쳐야 한다. 변경(경미사항 제외)하는 경우에도 또한 같다. 단 지정권자는 관계 행정기관의 장과 협의하는 경우 지정하려는 도시개발구역 면적이 <u>50만m²</u> 이상인 경우, 개발계획이 국가계획을 포함하고 있거나 국가계획과 관련되는 경우에 해당하면 <u>국토교통부장관과 협의</u>하여야 한다.

⑥ **지정 · 고시**: 지정권자는 도시개발구역을 지정하거나 개발계획을 수립한 경우에는 그 사항을 관보나 공보에 고시하고, 특별자치도지사 · 시장 · 군수 또는 구청장은 관계 서류를 14일 이상 일반인에게 공람시켜야 한다. 변경하는 경우에도 또한 같다.

## (6) 지정 · 고시 효과

도시개발구역이 지정 · 고시된 경우 해당 도시개발구역은 도시지역과 지구단위계획구역으로 결정되어 고시된 것으로 본다. 다만, <u>도시지역 외의 지역에 지정된 지구단위계획구역 및 취락지구로 지정된 지역인 경우에는 그러하지 아니하다.</u> 이 경우 지형도면의 고시는 도시개발사업의 시행기간에 할 수 있다.

## (7) 행위 제한

① **허가대상**: 도시개발구역지정에 관한 주민 등의 의견청취를 위한 공고가 있는 지역 및 도시개발구역에서 다음의 행위를 하려는 자는 <u>특별시장 · 광역시장 · 특별자치도지사 · 시장 또는 군수의 허가</u>를 받아야 한다. 허가받은 사항을 변경하려는 경우에도 또한 같다.

> ㉠ 건축물(<u>가설건축물 포함</u>)의 건축, <u>대수선 또는 용도 변경</u>
> ㉡ 공작물의 설치
> ㉢ 토지의 형질변경: 절토 · 성토 · 정지 · 포장 등의 방법으로 토지의 형상을 변경하는 행위, 토지의 굴착 또는 <u>공유수면의 매립</u>
> ㉣ 토석의 채취(토지의 형질 변경을 목적으로 하는 것은 제외)
> ㉤ 토지분할
> ㉥ 옮기기 쉽지 아니한 물건을 1개월 이상 쌓아놓는 행위
> ㉦ <u>죽목</u>(竹木)의 벌채 및 식재

**암기** 건, 물, 토, 토, 토, 죽

**기출유형** 도시개발구역에서 공유수면의 매립하는 행위는 시장의 허가를 받을 필요가 없다.(×)

② **허가의 예외**: 허가를 받지 아니하고 할 수 있다.

> ㉠ <u>재해 복구 또는 재난 수습에 필요한 응급조치</u>(1개월 이내 신고규정×)
> ㉡ 농림수산물의 생산에 직접 이용되는 것으로서 국토교통부령으로 정하는 간이공작물의 설치
> ㉢ <u>경작을 위한 토지의 형질변경</u>
> ㉣ 도시개발구역의 개발에 지장을 주지 아니하고 자연경관을 훼손하지 아니하는 범위에서의 토석채취
> ㉤ 도시개발구역에 남겨두기로 결정된 대지에서 물건을 쌓아놓는 행위
> ㉥ 관상용 죽목의 임시 식재(<u>경작지에서의 임시 식재는 제외</u>)

**기출유형** 도시개발구역에서 경작을 위한 토지의 형질변경을 하는 행위는 군수의 허가를 받아야 한다.(×)

**비교** 응급조치: 「국토계획법」: 1개월 이내 신고. 「도시개발법」: 신고규정 없음

③ **기득권 보호**: 도시개발구역의 지정·고시 당시 이미 공사나 사업에 착수한 자는 도시개발구역이 지정·고시된 날부터 30일 이내에 특별시장·광역시장·특별자치도지사·시장 또는 군수에게 신고한 후 이를 계속 시행할 수 있다.

> ▶ **비교** 「국토계획법」: 수산자원보호구역·시가화조정구역 3개월 이내 신고
> 「도시개발법」: 30일 이내 신고

### ⑻ 지정 해제

① **원칙**: 도시개발구역의 지정은 다음에 규정된 날의 다음 날에 해제된 것으로 본다.

> ㉠ 도시개발구역이 지정·고시된 날부터 3년이 되는 날까지 실시계획의 인가를 신청하지 아니하는 경우에는 그 3년이 되는 날
> ㉡ 도시개발사업의 공사 완료(환지 방식에 따른 사업인 경우에는 그 환지처분)의 공고일

② **예외**: 도시개발구역을 지정한 후 개발계획을 수립하는 경우에는 다음에 규정된 날의 다음 날에 도시개발구역의 지정이 해제된 것으로 본다.

> ㉠ 도시개발구역이 지정·고시된 날부터 2년이 되는 날까지 개발계획을 수립·고시하지 아니하는 경우에는 그 2년이 되는 날. 다만, 도시개발구역의 면적이 330만㎡ 이상인 경우에는 5년으로 한다.
> ㉡ 개발계획을 수립·고시한 날부터 3년이 되는 날까지 실시계획 인가를 신청하지 아니하는 경우에는 그 3년이 되는 날. 다만, 도시개발구역의 면적이 330만㎡ 이상인 경우에는 5년으로 한다.

> ▶ **암기** 2 개 3 실 5 330
> ▶ **기출유형** 도시개발구역이 지정·고시된 날부터 3년이 되는 날까지 개발계획을 수립·고시하지 아니하는 경우에는 그 3년이 되는 날에 도시개발구역의 지정이 해제된 것으로 본다.(×)

③ **환원·폐지**: 도시개발구역의 지정이 해제의제 된 경우에는 해당 도시개발구역 지정 전의 용도지역 및 지구단위계획구역으로 각각 환원되거나 폐지된 것으로 본다(공사완료 제외).

> ▶ **기출유형** 도시개발사업의 공사완료로 도시개발구역의 지정이 해제의제 된 경우에는 도시개발구역의 용도지역은 해당 도시개발구역 지정 전의 용도지역으로 환원되거나 폐지된 것으로 본다.(×)

### ⑼ 보안관리 및 부동산투기 방지대책

① 주민 등의 의견청취를 위한 공람 전까지는 도시개발구역의 지정을 위한 조사, 관계 서류 작성, 관계기관 협의, 중앙도시계획위원회 또는 시·도 도시계획위원회나 대도시도시계획위원회의 심의 등의 과정에서 관련 정보가 누설되지 아니하도록 필요한 조치를 하여야 한다. 다만, 지정권자가 도시개발사업의 원활한 시행을 위하여 필요하다고 인정하는 경우로서 대통령령으로 정하는 경우에는 관련 정보를 미리 공개할 수 있다.

> ㉠ 지정권자
> ㉡ 도시개발구역의 지정을 요청하거나 요청하려는 관계 중앙행정기관의 장 또는 시장·군수·구청장
> ㉢ 도시개발구역의 지정을 제안하거나 제안하려는 자
> ㉣ 도시개발구역을 지정하거나 도시개발구역의 지정을 요청 또는 제안하기 위한 자료의 제출을 요구받은 자
> ㉤ 도시개발구역 지정 시 협의하는 관계 행정기관의 장 또는 자문·심의기관의 장

② 기관 또는 업체에 종사하였거나 종사하는 자(토지 소유자를 포함)로부터 미공개정보를 제공받은 자 또는 미공개정보를 부정한 방법으로 취득한 자는 그 미공개정보를 도시개발구역의 지정 또는 지정 요청·제안 목적 외로 사용하거나 타인에게 제공 또는 누설해서는 아니 된다.

③ 지정권자는 도시개발구역으로 지정하려는 지역 및 주변지역이 부동산투기가 성행하거나 성행할 우려가 있다고 판단되는 경우에는 대통령령으로 정하는 바에 따라 투기방지대책을 수립하여야 한다.

## 3. 도시개발사업의 시행자 제22회, 제25회, 제28회, 제29회, 제30회, 제33회, 제34회, 제35회

### (1) 시행자의 지정

도시개발사업의 시행자는 지정권자가 지정한다.

| 공공사업 시행자 | ① 국가나 지방자치단체<br>② 공공기관(한국토지주택공사, 한국수자원공사, 한국농어촌공사, 한국관광공사, 한국철도공사, 매입공공기관)<br>③ 정부출연기관[한국철도시설공단(역세권개발사업시행 경우만), 제주국제자유도시개발센터]<br>④ 지방공사 |
|---|---|
| 민간사업 시행자 | ① 도시개발구역의 토지 소유자(수용 또는 사용 방식의 경우에는 도시개발구역의 국·공유지를 제외한 토지면적의 3분의 2 이상을 소유한 자를 말함)<br>② 도시개발구역의 토지 소유자가 도시개발을 위하여 설립한 조합(전부를 환지 방식으로 시행하는 경우에만 해당)<br>③ 과밀억제권역에서 수도권 외의 지역으로 이전하는 법인<br>④ 「주택법」에 따라 등록한 자(주택단지와 그에 수반되는 기반시설을 조성하는 경우만 해당)<br>⑤ 「건설산업기본법」에 따른 토목공사업 또는 토목건축공사업의 면허를 받은 자<br>⑥ 「부동산개발업의 관리 및 육성에 관한 법률」에 따라 등록한 부동산개발업자<br>⑦ 「부동산투자회사법」에 따라 설립된 자기관리부동산투자회사 또는 위탁관리부동산투자회사 |
| 공동출자 법인 | 공공사업시행자＋민간사업시행자(②제외) 도시개발사업을 시행할 목적으로 출자에 참여하여 설립한 법인 |

▶ **기출유형** 국가는 시행자가 될 수 없지만 한국부동산원은 도시개발사업의 시행자가 될 수 있다.(×)

▶ **기출유형** 한국철도공사는 「역세권의 개발 및 이용에 관한 법률」에 따른 역세권개발사업을 시행하는 경우에만 도시개발사업의 시행자가 된다.(×)

### (2) 전부 환지방식의 시행자

① **원칙**: 지정권자는 도시개발구역의 <u>전부를 환지 방식</u>으로 시행하는 경우에는 <u>토지 소유자나 조합</u>을 시행자로 지정한다.

② **예외**: 다음의 사유가 있으면 지방자치단체나 한국토지주택공사, 지방공사와 신탁업자(지방자치단체 등 - 국가×)를 시행자로 지정할 수 있다(시·도·대도시 시장은 국토교통부장관이 지정).

> ㉠ 토지 소유자나 조합이 개발계획의 수립·고시일부터 1년 이내에 시행자 지정을 신청하지 아니한 경우 또는 지정권자가 신청된 내용이 위법하거나 부당하다고 인정한 경우
> ㉡ 지방자치단체의 장이 집행하는 공공시설에 관한 사업과 병행하여 시행할 필요가 있다고 인정한 경우
> ㉢ 도시개발구역의 국·공유지를 제외한 토지<u>면적의 2분의 1 이상</u>에 해당하는 토지 소유자 및 토지 소유자 <u>총수의 2분의 1 이상</u>이 지방자치단체 등의 시행에 동의한 경우

### (3) 시행자의 변경

지정권자는 다음에 해당하는 경우에는 시행자를 변경할 수 있다.

> ① 실시계획의 인가를 받은 후 <u>2년 이내</u>에 사업을 착수하지 아니하는 경우
> ② 행정처분으로 시행자의 지정이나 실시계획의 인가가 취소된 경우
> ③ 시행자의 부도·파산, 그 밖에 이와 유사한 사유로 도시개발사업의 목적을 달성하기 어렵다고 인정되는 경우
> ④ 도시개발구역의 전부를 환지 방식으로 시행하는 경우 시행자로 지정된 토지 소유자나 조합이 도시개발구역 지정·고시일부터 <u>1년 이내</u>에 실시계획의 인가를 신청하지 아니하는 경우(연장이 불가피한 경우 6개월의 범위에서 연장)

### (4) 도시개발사업의 대행 및 위탁

① **대행**: 공공사업시행자는 도시개발사업을 효율적으로 시행하기 위하여 필요한 경우에는 실시설계, 부지조성공사, 기반시설공사, 조성된 토지의 분양 도시개발사업을 「주택법」에 따른 주택건설사업자 등으로 하여금 대행하게 할 수 있다.

**암기** 조, 기, 부, 실 하니까 대행

② 시행자는 도시개발사업을 대행하게 하려는 경우에는 개발사업의 목적, 종류 및 개요, 시행기간, 대행개발사업자의 자격요건 및 제출서류, 대행개발사업자의 선정기준 및 방식을 공고하고 대행개발사업자를 경쟁입찰 방식으로 선정하여야 한다.

③ **위탁시행**: 시행자는 항만·철도·도로·공원 등 그 밖에 공공시설(기반시설)의 건설과 공유수면의 매립에 관한 업무를 국가, 지방자치단체, 공공기관·정부출연기관 또는 지방공사에 위탁하여 시행할 수 있다.

④ **신탁개발**: 민간사업시행자(부동산개발업자와 부동산투자회사는 제외)는 지정권자의 승인을 받아 신탁업자와 신탁계약을 체결하여 도시개발사업을 시행할 수 있다.

⑤ **규약 등의 작성**: 지정권자는 토지 소유자 2인 이상이 도시개발사업을 시행하려고 할 때 또는 토지 소유자가 민간사업시행자(조합은 제외)와 공동으로 도시개발사업을 시행하려고 할 때에는 대통령령으로 정하는 바에 따라 도시개발사업에 관한 규약을 정하게 할 수 있다.

Chapter

# 26 | 도시개발조합

## 1. 조합 설립의 인가 제29회, 제31회, 제33회, 제34회

### (1) 설립인가

① **원칙**: 조합을 설립하려면 도시개발구역의 토지 소유자 <u>7명 이상</u>이 정관을 작성하여 토지면적의 3분의 2 이상에 해당하는 토지 소유자와 그 구역의 토지 소유자 총수의 2분의 1 이상의 <u>동의</u>를 받아 지정권자에게 조합 설립의 <u>인가를 받아야 한다</u>. 인가 받은 사항을 변경하는 경우에도 또한 같다.

> **기출유형** 조합을 설립하려면 도시개발구역의 토지 소유자 7명 이상이 국토교통부장관에게 조합 설립의 인가를 받아야 한다.(×)

② **경미한 사항을 변경**: 주된 사무소의 소재지를 변경하려는 경우, 공고방법을 변경하려는 경우에는 <u>신고</u>하여야 한다.

③ **인가신청 전 동의**: 조합 설립의 인가를 신청하려면 해당 도시개발구역의 토지면적의 3분의 2 이상에 해당하는 토지 소유자와 그 구역의 토지 소유자 총수의 2분의 1 이상의 동의를 받아야 한다(국·공유지를 포함하여 산정).

④ **동의철회**: 토지 소유자는 조합 <u>설립인가</u>의 신청 전에 <u>동의를 철회</u>할 수 있다. 이 경우 그 <u>토지 소유자는 동의자 수에서 제외</u>한다.

> **기출유형** 토지 소유자가 조합 설립인가 신청에 동의하였다면 이후 조합 설립인가의 신청 전에 그 동의를 철회하였더라도 그 토지 소유자는 동의자 수에 포함된다.(×)

⑤ **동의승계**: 조합 설립인가에 동의한 자로부터 토지를 취득한 자는 조합의 설립에 동의한 것으로 본다. 다만, 토지를 취득한 자가 조합 설립인가 신청 전에 동의를 철회한 경우에는 그러하지 아니하다.

### (2) 조합의 법인격

① **법인격**: 조합은 법인으로 한다.

② **설립등기**: 조합의 대표자는 설립인가를 받은 날부터 <u>30일 이내</u>에 주된 사무소의 소재지에서 <u>설립등기</u>를 하여야 한다.

> **기출유형** 도시개발조합은 조합설립인가를 받은 때에 성립한다.(×)

③ **성립시기**: 조합은 그 주된 사무소의 소재지에서 등기를 하면 성립한다.

④ **준용규정**: 조합에 관하여 <u>이 법으로 규정한 것 외에는</u> 「<u>민법</u>」 중 사단법인에 관한 규정을 준용한다.

## 2. 조합 구성원 제23회, 제24회, 제25회, 제29회, 제31회, 제34회, 제35회

### (1) 조합원

① **자격**: 조합원은 도시개발구역의 <u>토지 소유자(동의여부 불문)</u>로 한다.

② **권리와 의무**

> ㉠ 권리: 보유토지의 면적과 관계없는 <u>평등한 의결권</u>
> ㉡ 의무: 정관에서 정한 조합의 운영 및 도시개발사업의 시행에 필요한 경비의 부담

> **기출유형** 조합원은 보유토지의 면적에 비례하여 의결권을 갖는다.(×)

### (2) 조합원의 경비 부담 등

① **사업비 부과**: 조합은 그 사업에 필요한 비용을 조성하기 위하여 정관으로 정하는 바에 따라 조합원에게 경비를 부과·징수할 수 있다.

② **징수 위탁**: 조합은 부과금이나 연체료를 체납하는 자가 있으면 특별자치도지사·시장·군수 또는 구청장에게 그 징수를 위탁할 수 있다.

③ **수수료 지급**: 특별자치도지사·시장·군수 또는 구청장이 부과금이나 연체료의 징수를 위탁받으면 지방세 체납처분의 예에 따라 징수할 수 있다. 이 경우 조합은 특별자치도지사·시장·군수 또는 구청장이 징수한 금액의 100분의 4에 해당하는 금액을 해당 특별자치도·시·군 또는 구에 지급하여야 한다.

### (3) 조합의 임원(필수적 집행기관)

① **구성**: 조합에는 조합장 1명, 이사와 감사의 임원을 둔다.

② **임원의 자격**: 조합의 임원은 <u>의결권</u>을 가진 조합원이어야 하고, 정관으로 정한 바에 따라 총회에서 선임한다.

> **기출유형** 조합임원은 반드시 토지 소유자일 필요는 없다.(×)

③ **조합장의 직무**: 조합장은 조합을 대표하고 그 사무를 총괄하며, 총회·대의원회 또는 이사회의 의장이 된다. 다만, <u>조합장 또는 이사의 자기를 위한 조합과의 계약이나 소송에 관하여는 감사가 조합을 대표</u>한다.

④ **겸직금지**: 임원은 그 조합의 다른 임원이나 직원을 겸할 수 없고, 같은 목적의 사업을 하는 다른 조합의 임원 또는 직원을 겸할 수 없다.

⑤ **결격 사유**: 다음에 해당하는 자는 조합의 임원이 될 수 없다. 임원으로 선임된 자가 결격 사유에 해당하게 된 경우에는 그 다음 날부터 임원의 자격을 상실한다.

> ㉠ 피성년후견인, 피한정후견인 또는 미성년자
> ㉡ 파산선고를 받은 자로서 복권되지 아니한 자
> ㉢ 금고 이상의 형을 선고받고 그 집행이 끝나거나 집행을 받지 아니하기로 확정된 후 2년이 지나지 아니한 자
> ㉣ 금고 이상의 형의 집행유예를 받고 그 집행유예 기간 중에 있는 자

**(4) 대의원회**(임의적 대의기관)

① **구성**: 의결권을 가진 조합원의 수가 <u>50인 이상</u>인 조합은 총회의 권한을 대행하게 하기 위하여 <u>대의원회를 둘 수 있다.</u>

> **기출유형** 의결권을 가진 조합원의 수가 100인인 조합은 총회의 권한을 대행하게 하기 위하여 대의원회를 두어야 한다.(×)

> **비교** 도시개발법 50인 이상(임의적), 정비법은 100인 이상(필요적)

② **대의원 수**: 대의원회에 두는 대의원의 수는 의결권을 가진 조합원 <u>총수의 100분의 10 이상</u>으로 하고, 대의원은 의결권을 가진 조합원 중에서 정관에서 정하는 바에 따라 선출한다.

③ **총회권한의 대행**: <u>대의원회는 다음을 제외하고 총회의 권한</u>을 대행할 수 있다.

> ㉠ 정관의 변경
> ㉡ 개발계획의 수립 및 변경(경미한 변경 및 실시계획의 수립·변경은 제외)
> ㉢ 조합임원의 선임
> ㉣ 조합의 합병 또는 해산에 관한 사항(청산금의 징수·교부를 완료한 후에 조합을 해산하는 경우는 제외)
> ㉤ 환지계획의 작성

# 실시계획 & 도시개발사업시행

## 1. 실시계획의 작성 및 인가 제23회, 제25회, 제29회, 제33회

### (1) 실시계획의 작성

① **작성**: 시행자는 도시개발사업에 관한 실시계획을 작성하여야 한다(지구단위계획 필요적 포함).

② **내용**: 실시계획에는 사업 시행에 필요한 설계도서, 자금 계획, 시행 기간, 그 밖에 대통령령으로 정하는 사항과 서류를 명시하거나 첨부하여야 한다.

③ **기준**: 실시계획의 세부적 사항은 국토교통부장관이 정한다.

### (2) 실시계획의 인가

① **인가권자**: 시행자(지정권자가 시행자인 경우 제외)는 작성된 실시계획에 관하여 지정권자의 인가를 받아야 한다.

② **인가 전 의견청취**: 지정권자가 실시계획을 작성하거나 인가하는 경우 국토교통부장관이 지정권자이면 시·도지사 또는 대도시 시장의 의견을, 시·도지사가 지정권자이면 시장(대도시 시장은 제외)·군수 또는 구청장의 의견을 미리 들어야 한다.

> **기출유형** 시·도지사가 실시계획을 작성하는 경우 국토교통부장관의 의견을 미리 들어야 한다.(×)

③ **변경인가**: 인가를 받은 실시계획을 변경하거나 폐지하는 경우에도 인가를 받아야 한다. 다만, 다음의 경미한 사항을 변경하는 경우에는 그러하지 아니하다.

> ㉠ 사업시행지역의 변동이 없는 범위에서의 착오·누락 등에 따른 사업시행면적의 정정
> ㉡ 사업시행면적의 100분의 10의 범위에서의 면적의 감소
> ㉢ 사업비의 100분의 10의 범위에서의 사업비의 증감

> **기출유형** 지정권자가 아닌 시행자가 실시계획의 인가를 받은 후, 사업비의 100분의 20의 범위에서 사업비를 증액하는 경우 지정권자의 인가를 받지 않아도 된다.(×)

### (3) 실시계획의 고시

① **고시 및 공람**: 지정권자가 실시계획을 작성하거나 인가한 경우에는 이를 관보나 공보에 고시하고 시행자에게 관계 서류의 사본을 송부하며, 특별자치도지사와 시장·군수 또는 구청장은 일반인에게 공람시켜야 한다.

② **고시의 효과**: 실시계획을 고시한 경우 그 고시된 내용 중 도시·군관리계획(지구단위계획 포함)으로 결정하여야 하는 사항은 도시·군관리계획이 결정되어 고시된 것으로 본다. 이 경우 종전에 도시·군관리계획으로 결정된 사항 중 고시 내용에 저촉되는 사항은 고시된 내용으로 변경된 것으로 본다.

> **기출유형** 고시된 실시계획의 내용 중 국토의 계획 및 이용에 관한 법률에 따라 도시·군관리계획으로 결정하여야 하는 사항이 종전에 도시·군관리계획으로 결정된 사항에 저촉되면 종전에 도시·군관리계획으로 결정된 사항이 우선하여 적용된다.(×)

③ **관련 인ㆍ허가 등의 의제**: 실시계획을 작성하거나 인가할 때 지정권자가 해당 실시계획에 대한 다른 법률에 따른 허가ㆍ승인ㆍ심사ㆍ인가 등(이하 "인ㆍ허가 등")에 관하여 관계 행정기관의 장과 협의한 사항에 대하여는 해당 인ㆍ허가 등을 받은 것으로 보며, 협의 요청을 받은 관계 행정기관의 장은 20일 이내에 의견을 제출하여야 하며, 그 기간 내에 의견을 제출하지 아니하면 협의한 것으로 본다.

## 2. 시행방식 등 제30회, 제32회, 제35회

### (1) 도시개발사업의 시행 방식

도시개발사업은 시행자가 도시개발구역의 토지 등을 수용 또는 사용하는 방식이나 환지 방식 또는 이를 혼용하는 방식으로 시행할 수 있다.

| 수용 또는 사용방식 | 계획적이고 체계적인 도시개발 등 집단적인 조성과 공급이 필요한 경우 |
|---|---|
| 환지방식 | ① 대지로서의 효용증진과 공공시설의 정비를 위하여 토지의 교환ㆍ분할ㆍ합병, 그 밖의 구획변경, 지목 또는 형질의 변경이나 공공시설의 설치ㆍ변경이 필요한 경우<br>② 도시개발사업을 시행하는 지역의 지가가 인근의 다른 지역에 비하여 현저히 높아 수용 또는 사용방식으로 시행하는 것이 어려운 경우 |
| 혼용방식 | 도시개발구역으로 지정하려는 지역이 부분적으로 환지방식과 수용 또는 사용방식에 해당하는 경우(분할 혼용방식 또는 미분할 혼용방식) |

> **기출유형** 주택건설에 필요한 택지 등의 집단적인 조성이 필요한 경우에 환지방식으로 시행하는 것을 원칙으로 한다.(×)

### (2) 시행방식의 변경

지정권자는 도시개발구역 지정 이후 지가상승 등 지역개발 여건의 변화로 도시개발사업 시행방식 지정 당시의 요건을 충족하지 못하는 경우에는 다음에 따라 도시개발사업의 시행방식을 변경할 수 있다.

① 시행방식을 변경하려면 개발계획을 변경하여야 한다.
② 공공사업시행자가 수용 또는 사용방식에서 전부 환지방식으로 변경하는 경우
③ 공공사업시행자가 혼용방식에서 전부 환지방식으로 변경하는 경우
④ 조합을 제외한 사업시행자(공공사업자포함)가 수용 또는 사용 방식에서 혼용방식으로 변경하는 경우

> **기출유형** 도시개발사업을 시행하는 지방자치단체는 도시개발구역 지정 이후 그 시행방식을 혼용방식에서 수용 또는 사용 방식으로 변경할 수 있다.(×)

## 3. 도시개발사업의 시행 제32회

### (1) 수용요건

시행자는 도시개발사업에 필요한 토지 등을 수용하거나 사용할 수 있다. 이 경우 <u>민간사업시행자(조합은 제외)</u>는 사업대상 토지면적의 3분의 2 이상에 해당하는 토지를 소유하고 토지 소유자 총수의 2분의 1 이상에 해당하는 자의 동의를 받아야 한다.

### (2) 수용절차

① **준용법률**: 토지 등의 수용 또는 사용에 관하여 이 법에 특별한 규정이 있는 경우 <u>외에는</u> 「공익사업을 위한 토지 등의 취득 및 보상에 관한 법률」을 준용한다.

> **기출유형** 도시개발사업을 위한 토지의 수용에 관하여 특별한 규정이 없으면 「도시 및 주거환경정비법」에 따른다.(×)

② **사업인정·고시 의제**: 수용 또는 사용의 대상이 되는 토지의 세부목록을 고시한 경우에는 「공익사업을 위한 토지등의 취득 및 보상에 관한 법률」에 따른 사업인정 및 그 고시가 있었던 것으로 본다.

③ **재결신청 기간의 연장**: 재결신청은 「공익사업을 위한 토지 등의 취득 및 보상에 관한 법률」에도 불구하고 개발계획에서 정한 도시개발사업의 시행 기간 종료일까지 하여야 한다.

## 4. 선수금

### (1) 선수금

시행자는 조성토지 등과 도시개발사업으로 조성되지 아니한 상태의 토지(원형지)를 공급받거나 이용하려는 자로부터 해당 대금의 <u>전부 또는 일부를 미리 받을 수 있다.</u>

> **기출유형** 시행자는 조성토지를 공급받는 자로부터 해당 대금의 전부를 미리 받을 수 없다.(×)

### (2) 승인

시행자(지정권자가 시행자인 경우는 제외)는 선수금을 미리 받으려면 다음의 구분에 따른 요건을 갖추어 지정권자의 승인을 받아야 한다.

| 공공사업 시행자 | 개발계획을 수립·고시한 후에 사업시행 토지면적의 <u>100분의 10 이상</u>의 토지에 대한 소유권을 확보할 것(사용동의 포함) |
|---|---|
| 민간사업 시행자 | 해당 도시개발구역에 대하여 실시계획인가를 받은 후 다음요건을 모두 갖출 것<br>① 공급하려는 토지에 대한 소유권을 확보하고, 해당 토지에 설정된 저당권을 말소하였을 것<br>② 공급하려는 토지에 대한 공사 진척률이 <u>100분의 10 이상</u>일 것<br>③ 공급계약의 불이행시 선수금의 환불을 담보하기 위해 보증서를 지정권자에게 제출할 것 |

> **기출유형** 토지 소유자인 시행자의 경우 선수금을 받기 위한 공사 진척률이 100분의 20 이상이다.(×)

## 5. 원형지의 공급과 개발 제23회, 제25회, 제26회, 제27회, 제30회, 제32회, 제34회

### (1) 원형지의 공급

시행자는 도시를 자연친화적으로 개발하거나 복합적·입체적으로 개발하기 위하여 필요한 경우에는 미리 지정권자의 승인을 받아 다음에 해당하는 자에게 원형지를 공급하여 개발하게 할 수 있다. 이 경우 공급될 수 있는 원형지의 면적은 도시개발구역 전체 토지 면적의 3분의 1 이내로 한정한다.

① 국가·지방자치단체, 공공기관 및 지방공사
② 국가나 지방자치단체 또는 공공기관인 시행자가 복합개발 등을 위하여 실시한 공모에서 선정된 자
③ 원형지를 학교나 공장 등의 부지로 직접 사용하는 자

**기출유형** 시행자는 지방자치단체에게 도시개발구역 전체 토지면적의 2분의 1 이내에서 원형지를 공급하여 개발하게 할 수 있다.(×)

### (2) 지정권자의 승인

지정권자는 개발계획을 수립한 후 원형지 공급을 승인할 수 있다. 이 경우 지정권자는 용적률 등 개발밀도, 토지용도별 면적·배치, 교통처리계획 및 기반시설의 설치 등에 관한 이행조건을 붙일 수 있다.

### (3) 원형지개발자의 선정 등

① **선정방법**: 원형지개발자의 선정은 수의계약의 방법으로 한다. 다만, 원형지를 학교나 공장 등의 부지로 직접 사용하는 자의 선정은 경쟁입찰의 방식으로 하며, 경쟁입찰이 2회 이상 유찰된 경우에는 수의계약의 방법으로 할 수 있다.

② **공급가격**: 원형지 공급가격은 개발계획이 반영된 원형지의 감정가격에 시행자가 원형지에 설치한 기반시설 등의 공사비를 더한 금액을 기준으로 시행자와 원형지 개발자가 협의하여 결정한다.

### (4) 매각제한

원형지개발자(국가 및 지방자치단체는 제외)는 10년의 범위에서 대통령령으로 정하는 기간(다음의 기간 중 먼저 끝나는 기간을 말함) 안에는 원형지를 매각할 수 없다. 다만, 이주용 주택이나 공공·문화시설(원형지를 기반시설용지나 임대주택용지로 사용하는 경우) 등 미리 지정권자의 승인을 받은 경우에는 예외로 한다.

① 원형지에 대한 공사완료 공고일부터 5년
② 원형지 공급 계약일부터 10년

**기출유형** 원형지를 공급받아 개발하는 지방자치단체는 원형지에 대한 공사완료 공고일부터 5년이 지난 시점이 아니라면 해당 원형지를 매각할 수 없다.(×)

### (5) 공급계약해제

매각, 미착수, 지연, 계약내용위반에 해당하는 경우는 원형지 개발자에게 2회 이상 시정요구 후 시정하지 아니한 경우 공급계약을 해제할 수 있다.

**암기** 매, 미, 지, 위

## 6. 조성토지 등의 공급 제22회, 제24회, 제26회

### (1) 공급계획

① 시행자(지정권자가 시행자인 경우는 제외)는 조성토지 등을 공급하려고 할 때에는 조성토지 등의 공급계획을 작성하거나 변경하는 경우 <u>지정권자의 승인</u>을 받아야 한다.

② 시행자는 조성토지 등을 공급계획에 따라 공급하여야 한다. 이 경우 시행자는 기반시설의 원활한 설치를 위하여 필요하면 공급대상자의 자격을 제한하거나 공급조건을 부여할 수 있다.

### (2) 공급방법

① **원칙**: 조성토지 등의 공급은 <u>경쟁입찰</u>의 방법에 따른다.

② **추첨**: 다음에 해당하는 토지는 <u>추첨의 방법</u>으로 분양할 수 있다.

> ㉠ 330m² 이하의 단독주택용지
> ㉡ 공장용지
> ㉢ 「주택법」에 따른 국민주택규모 이하의 주택건설용지. 다만, 공공사업시행자가 임대주택 건설용지를 공급하는 경우에는 추첨의 방법으로 분양하여야 한다.
> ㉣ 「주택법」에 따른 공공택지
> ㉤ 수의계약의 방법으로 조성토지를 공급하기로 하였으나 공급 신청량이 공급계획에서 계획된 면적을 초과

**기출유형** 원형지가 공공택지 용도인 경우 원형지개발자의 선정은 추첨의 방법으로 할 수 있다.(×)

**암기** 공, 단, 국민, 면적초과는 추첨해라

③ **수의계약**: 시행자는 다음에 해당하는 경우에는 <u>수의계약</u>의 방법으로 조성토지 등을 공급할 수 있다. 다만, 공급 신청량이 지정권자에게 제출한 조성토지 등의 공급계획에서 계획된 면적을 초과하는 경우에는 추첨의 방법에 따른다.

> ㉠ 학교용지, 공공청사용지 등 일반에게 분양할 수 없는 공공용지를 국가, 지방자치단체, 그 밖의 법령에 따라 해당 시설을 설치할 수 있는 자에게 공급하는 경우
> ㉡ 임대주택 건설용지를 국가나 지방자치단체, 한국토지주택공사 및 주택사업을 목적으로 설립된 지방공사가 단독 또는 공동으로 총지분의 100분의 50을 초과하여 출자한 「부동산투자회사법」에 따른 부동산투자회사에 공급하는 경우
> ㉢ 토지상환채권에 의하여 토지를 상환하는 경우
> ㉣ 경쟁입찰 또는 추첨의 결과 2회 이상 유찰된 경우 등

### (3) 공급가격

① **가격평가**: 조성토지 등의 가격 평가는 <u>감정가격</u>으로 한다. 경쟁입찰의 경우 최고가격으로 입찰한 자를 낙찰자로 한다.

② **특례**: 시행자는 학교, 폐기물처리시설, 그 밖에 다음의 시설을 설치하기 위한 조성토지 등과 이주단지의 조성을 위한 토지를 공급하는 경우에는 해당 토지의 가격을 감정평가법인 등이 감정평가한 가격 이하로 정할 수 있다.

> ㉠ 공공청사
> ㉡ 사회복지시설. 다만, 「사회복지사업법」에 따른 사회복지시설의 경우에는 유료시설을 제외한 시설로서 관할 지방자치단체의 장의 추천을 받은 경우로 한정한다.
> ㉢ 임대주택 등

**기출유형** 공공청사용지를 지방자치단체에게 공급하는 경우에는 수의계약의 방법으로 할 수 없다.(×)

## 1. 환지계획 제21회, 제22회, 제23회, 제24회, 제25회, 제27회, 제29회, 제30회, 제32회

### (1) 작 성

시행자는 도시개발사업의 전부 또는 일부를 환지 방식으로 시행하려면 다음사항이 포함된 환지계획을 작성하여야 한다.

> ① 환지설계
> ② 필지별로 된 환지 명세
> ③ 필지별과 권리별로 된 청산대상토지 명세
> ④ 체비지 또는 보류지의 명세
> ⑤ 입체 환지를 계획하는 경우 입체 환지용 건축물의 명세와 공급 방법·규모에 관한 사항

### (2) 작성기준

① **적응환지의 원칙**: 환지계획은 종전의 토지와 환지의 <u>위치·지목·면적·토질·수리(水利)·이용상황·환경, 그 밖의 사항을 종합적으로</u> 고려하여 합리적으로 정하여야 한다.

② 환지계획의 작성에 따른 환지계획의 <u>기준</u>, 보류지(체비지·공공시설 용지)의 책정 기준 등에 관하여 필요한 사항은 <u>국토교통부령</u>으로 정할 수 있다.

> ㉠ 환지의 방식구분
> ⓐ <u>평면 환지</u>: 환지 전 토지에 대한 권리를 도시개발사업으로 조성되는 토지에 이전하는 방식
> ⓑ <u>입체 환지</u>: 환지 전 토지나 건축물(무허가 건축물은 제외)에 대한 권리를 도시개발사업으로 건설되는 구분건축물에 이전하는 방식
> ㉡ 환지설계는 평가식(도시개발사업 시행 전후의 토지의 평가가액에 비례하여 환지를 결정하는 방법)을 원칙으로 하되, 환지지정으로 인하여 토지의 이동이 경미하거나 기반시설의 단순한 정비 등의 경우에는 면적식(도시개발사업 시행 전의 토지 및 위치를 기준으로 환지를 결정하는 방식)을 적용할 수 있다. 이 경우 하나의 환지계획구역에서는 같은 방식을 적용하여야 하며, 입체 환지를 시행하는 경우에는 반드시 평가식을 적용하여야 한다.
> ㉢ 환지설계 시 적용되는 토지·건축물의 평가액은 최초 환지계획인가 시를 기준으로 하여 정하고 변경할 수 없으며, 환지 후 토지·건축물의 평가액은 실시계획의 변경으로 평가 요인이 변경된 경우에만 환지 계획의 변경인가를 받아 변경할 수 있다.

▶ **기출유형** 환지설계 시 적용되는 토지·건축물의 평가액은 최초 환지계획인가 신청 시를 기준으로 하여 정하되, 환지계획의 변경인가를 받아 변경할 수 있다.(×)

▶ **비교** 기준하면 원칙은 장관이나, 환지계획작성 기준은 국토교통부령

③ **가격평가**: 시행자는 환지 방식이 적용되는 도시개발구역에 있는 조성토지 등의 가격을 평가할 때에 는 토지평가협의회의 심의를 거쳐 결정하되, 그에 앞서 공인평가기관(감정평가업자)이 평가하게 하 여야 한다.

## (3) 면적식 환지 기준

① **토지부담률의 산정**: 시행자는 면적식으로 환지 계획을 수립하는 경우에는 환지계획구역 안의 토지 소유자가 도시개발사업을 위하여 부담하는 토지의 비율(토지부담률)을 산정하여야 한다.

② **기준**: 환지계획구역의 평균 토지부담률은 50%를 초과할 수 없다. 다만, 해당 환지계획구역의 특성 을 고려하여 지정권자가 인정하는 경우에는 60%까지로 할 수 있으며, <u>환지계획구역의 토지 소유자 총수(조합인 경우에는 총회에서 의결권 총수)의 3분의 2 이상이 동의하는 경우에는 60%를 초과하여 정할 수 있다.</u>

③ **도로부지의 부담**: 환지계획구역의 외부와 연결되는 환지계획구역 안의 도로로서 너비 25m 이상의 간선도로는 <u>토지 소유자가 도로의 부지를 부담</u>하고, 관할 지방자치단체가 공사비를 보조하여 건설 할 수 있다.

> **기출유형** 환지계획구역의 외부와 연결되는 환지계획구역 안의 도로로서 너비 25m 이상의 간선도로는 관 할 지방자치단체가 도로의 부지를 부담한다.(×)

## (4) 작성기준의 특례

① **신청·동의에 따른 환지부지정**: 토지 소유자가 신청하거나 동의하면 해당 토지의 전부 또는 일부에 대하여 환지를 정하지 아니할 수 있다. 다만, 해당 토지에 관하여 <u>임차권자 등이 있는 경우에는 그 동의를 받아야 한다.</u>

> **기출유형** 토지 소유자의 환지 제외 신청이 있으면 해당 토지에 관한 임차권자 등이 동의하지 않아도 해당 토지를 환지에서 제외할 수 있다.(×)

② **직접 환지부지정**: 시행자가 도시개발사업의 시행으로 국가 또는 지방자치단체가 소유한 공공시설 과 대체되는 공공시설을 설치하는 경우 종전의 공공시설의 전부 또는 일부의 용도가 폐지되거나 변 경되어 사용하지 못하게 될 토지는 환지를 정하지 아니하며, 이를 다른 토지에 대한 환지의 대상으 로 하여야 한다.

③ **증환지·감환지**: 시행자는 토지 면적의 규모를 조정할 특별한 필요가 있다.

  ㉠ 면적이 <u>작은 토지</u>는 과소토지가 되지 아니하도록 <u>면적을 늘려</u> 환지를 정하거나 환지 대상에서 제 외할 수 있다.

  ㉡ <u>면적이 넓은 토지는 그 면적을 줄여서 환지를 정할 수 있다</u>(제외불가).

> **기출유형** 시행자는 토지면적의 규모를 조정할 특별한 필요가 있으면 면적이 넓은 토지는 그 면적을 줄여 서 환지를 정하거나 환지 대상에서 제외할 수 있다.(×)

④ **작성기준 비적용**: 도로 등 공공시설의 용지에 대하여는 환지계획을 정할 때 그 위치·면적 등에 관 하여 작성기준을 적용하지 아니할 수 있다.

### (5) 입체환지

① **입체환지의 신청**: 시행자는 도시개발사업을 원활히 시행하기 위하여 특히 필요한 경우에는 토지 또는 건축물 소유자의 신청(동의×)을 받아 건축물의 일부와 그 건축물이 있는 토지의 공유지분을 부여할 수 있다.

② **대상제외**: 토지 또는 건축물이 대통령령으로 정하는 기준(입체환지를 신청하는 자의 종전 소유 토지 및 건축물의 권리가액이 도시개발사업으로 조성되는 토지에 건축되는 구분건축물의 최소 공급가격의 100분의 70) 이하인 경우에는 시행자가 규약·정관 또는 시행규정으로 신청대상에서 제외할 수 있다. 다만, 환지 전 토지에 주택을 소유하고 있던 토지 소유자는 권리가액과 관계없이 입체환지를 신청할 수 있다.

③ **통지·공고**: 입체환지의 경우 시행자는 환지계획 작성 전에 실시계획의 내용, 환지 계획 기준, 환지 대상 필지 및 건축물의 명세, 환지신청 기간 등을 토지 소유자(건축물 소유자 포함)에게 통지하고 해당 지역에서 발행되는 일간신문에 공고하여야 한다.

④ **신청기간**: 입체환지의 신청 기간은 통지한 날부터 30일 이상 60일 이하로 하여야 한다. 다만, 시행자는 환지계획의 작성에 지장이 없다고 판단하는 경우에는 20일의 범위에서 그 신청기간을 연장할 수 있다.

⑤ **입체환지의 신청**: 입체환지를 받으려는 토지 소유자는 환지신청 기간 이내에 대통령령으로 정하는 방법 및 절차에 따라 시행자에게 환지신청을 하여야 한다.

⑥ **주택 공급**: 시행자는 입체환지로 건설된 주택 등 건축물을 환지계획에 따라 환지신청자에게 공급하여야 한다. 이 경우 주택을 공급하는 경우에는 「주택법」에 따른 주택의 공급에 관한 기준을 적용하지 아니하고, 다음의 기준에 따른다.

> ㉠ 1주택 공급 원칙: 1세대 또는 1명이 하나 이상의 주택 또는 토지를 소유한 경우 1주택을 공급하고, 같은 세대에 속하지 아니하는 2명 이상이 1주택 또는 1토지를 공유한 경우에는 1주택만 공급할 것
> ㉡ 예외: 시행자는 다음에 해당하는 토지 소유자에 대하여는 소유한 주택의 수만큼 공급할 수 있다.
> ⓐ 과밀억제권역에 위치하지 아니하는 도시개발구역의 토지 소유자
> ⓑ 근로자 숙소나 기숙사의 용도로 주택을 소유하고 있는 토지 소유자
> ⓒ 국가·지방자치단체, 공공기관, 정부출연기관 및 지방공사인 토지 소유자

### (6) 체비지 등

① **보류지·체비지**: 시행자는 도시개발사업에 필요한 경비에 충당하거나 규약·정관·시행규정 또는 실시계획으로 정하는 목적을 위하여 일정한 토지를 환지로 정하지 아니하고 보류지로 정할 수 있으며, 그 중 일부를 체비지로 정하여 도시개발사업에 필요한 경비에 충당할 수 있다.

> **기출유형** 시행자는 규약으로 정하는 목적을 위하여 일정한 토지를 환지로 정하지 않고 보류지가 아닌 체비지로 정할 수 있다.(×)
> **key point** 보류지는 체비지를 포함한다.

② **체비지의 집단지정**: 특별자치도지사·시장·군수 또는 구청장은 「주택법」에 따른 공동주택의 건설을 촉진하기 위하여 필요하다고 인정하면 체비지 중 일부를 같은 지역에 집단으로 정하게 할 수 있다.

### (7) 환지계획의 인가

행정청이 아닌 시행자가 환지 계획을 작성한 경우에는 <u>특별자치도지사 · 시장 · 군수 또는 구청장의 인</u>
<u>가</u>를 받아야 한다. 인가받은 내용을 변경하려는 경우에도 같다. 다만, 다음의 경미한 사항을 변경하는
경우에는 그러하지 아니하다.

> ① 종전 토지의 합필 또는 분필로 환지명세가 변경되는 경우
> ② 토지 또는 건축물 소유자의 동의에 따라 환지 계획을 변경하는 경우. 다만, 다른 토지 또는 건축
>   물 소유자에 대한 환지 계획의 변경이 없는 경우로 한정한다.
> ③ 「공간정보의 구축 및 관리 등에 관한 법률」에 따른 지적측량의 결과를 반영하기 위하여 환지
>   계획을 변경하는 경우
> ④ 환지로 지정된 토지나 건축물을 금전으로 청산하는 경우

## 2. 환지예정지 제35회

### (1) 환지예정지의 지정

① **임의적 지정**: 시행자는 도시개발사업의 시행을 위하여 필요하면 도시개발구역의 토지에 대하여 환
   지 예정지를 <u>지정할 수 있다</u>. 이 경우 종전의 토지에 대한 임차권자 등이 있으면 해당 환지 예정지에
   대하여 해당 권리의 목적인 토지 또는 그 부분을 아울러 지정하여야 한다.

② **지정통지**: 시행자가 환지 예정지를 지정하려면 관계 토지 소유자와 임차권자 등에게 환지 예정지의
   위치 · 면적과 환지 예정지 지정의 효력발생 시기를 알려야 한다.

### (2) 환지예정지 지정의 효과

① **환지예정지의 사용 · 수익(<u>처분×</u>)**

> ㉠ 사용 · 수익권의 이전: 환지 예정지가 지정되면 종전의 토지의 소유자와 임차권자 등은 <u>환지</u>
>   <u>예정지 지정의 효력발생일부터 환지처분이 공고되는 날까지 환지 예정지나 해당 부분에 대하</u>
>   <u>여 종전과 같은 내용의 권리를 행사할 수 있으며 종전의 토지는 사용하거나 수익할 수 없다.</u>
> ㉡ 사용 · 수익 개시일의 지정: 시행자는 환지 예정지를 지정한 경우에 해당 토지를 사용하거나
>   수익하는 데에 장애가 될 물건이 그 토지에 있거나 그 밖에 특별한 사유가 있으면 그 토지의
>   사용 또는 수익을 시작할 날을 따로 정할 수 있다.
> ㉢ 수인의무: 환지 예정지의 종전의 소유자 또는 임차권자 등은 환지처분이 공고되는 날까지 이
>   를 사용하거나 수익할 수 없으며, 환지예정지로 지정받은 자의 권리의 행사를 방해할 수 없다.

② **체비지의 사용 · 수익 또는 처분**: 시행자는 체비지의 용도로 환지 예정지가 지정된 경우에는 도시개
   발사업에 드는 비용을 충당하기 위하여 이를 <u>사용 또는 수익하게 하거나 처분할 수 있다</u>.

> **기출유형** 시행자는 체비지의 용도로 환지 예정지가 지정된 경우에는 도시개발사업에 드는 비용을 충당하
> 기 위하여 이를 처분할 수 없다.(×)

③ **사용·수익의 정지**

> ㉠ 사용·수익의 정지: 시행자는 환지를 정하지 아니하기로 결정된 토지 소유자나 임차권자 등에게 날짜를 정하여 그날부터 해당 토지 또는 해당 부분의 사용 또는 수익을 정지시킬 수 있다. 이 경우 시행자는 30일 이상의 기간을 두고 미리 해당 토지 소유자 또는 임차권자 등에게 알려야 한다.
> ㉡ 토지의 관리: 환지 예정지의 지정이나 사용 또는 수익의 정지처분으로 이를 사용하거나 수익할 수 있는 자가 없게 된 토지 또는 해당 부분은 환지 예정지의 지정일이나 사용 또는 수익의 정지처분이 있은 날부터 환지처분을 공고한 날까지 시행자가 관리한다.

④ **임차권자 등의 권리 조정**

> ㉠ 임대료 등의 증감청구: 환지 예정지의 지정으로 임차권 등의 목적인 토지 또는 지역권에 관한 승역지(承役地)의 이용이 증진되거나 방해를 받아 종전의 임대료·지료(地料), 그 밖의 사용료 등이 불합리하게 되면 당사자는 계약 조건에도 불구하고 장래에 관하여 그 증감(增減)을 청구할 수 있다. 건축물이 이전된 경우 그 임대료에 관하여도 또한 같다. 이 경우 당사자는 해당 권리를 포기하거나 계약을 해지하여 그 의무를 지지 아니할 수 있다.
> ㉡ 권리의 포기 등: 환지 예정지의 지정으로 지역권 또는 임차권 등을 설정한 목적을 달성할 수 없게 되면 당사자는 해당 권리를 포기하거나 계약을 해지할 수 있다. 건축물이 이전되어 그 임대의 목적을 달성할 수 없게 된 경우에도 또한 같다.
> ㉢ 손실보상의 청구: 권리를 포기하거나 계약을 해지한 자는 그로 인한 손실을 보상하여 줄 것을 시행자에게 청구할 수 있다.
> ㉣ 시행자의 구상: 손실을 보상한 시행자는 해당 토지 또는 건축물의 소유자 또는 그로 인하여 이익을 얻는 자에게 이를 구상(求償)할 수 있다.
> ㉤ 행사시효: 환지 예정지 지정의 효력발생일부터 60일이 지나면 임대료·지료, 그 밖의 사용료 등의 증감청구 또는 권리의 포기나 계약을 해지할 수 없다.

> **기출유형** 권리를 포기하거나 계약을 해지한 자는 그로 인한 손실을 보상하여 줄 것을 시행자에게 청구할 수 없다.(×)

**(3) 장애물 등의 이전과 제거**

① **이전·제거**: 시행자는 환지예정지를 지정하거나 종전의 토지에 관한 사용 또는 수익을 정지시키는 경우나 기반시설의 변경·폐지에 관한 공사를 시행하는 경우 필요하면 도시개발구역에 있는 건축물과 그 밖의 공작물이나 물건(이하 "건축물 등") 및 죽목(竹木), 토석, 울타리 등의 장애물(이하 "장애물 등")을 이전하거나 제거할 수 있다. 이 경우 행정청이 아닌 시행자는 미리 관할 특별자치도지사·시장·군수 또는 구청장의 허가를 받아야 한다.

② **사전 통지**: 시행자가 건축물 등과 장애물 등을 이전하거나 제거하려고 하는 경우에는 그 소유자나 점유자에게 미리 알려야 한다. 다만, 주거용으로 사용하고 있는 건축물을 이전하거나 철거하려고 하는 경우에는 이전하거나 철거하려는 날부터 늦어도 2개월 전에 통지를 하여야 한다.

## 3. 환지처분 제21회, 제23회, 제24회, 제26회, 제28회, 제33회, 제34회, 제35회

환지처분이란 공사가 완료된 후 인가된 환지계획에 따라 종전의 토지에 갈음하여 새로운 토지를 교부하고, 그 과부족분에 대하여는 금전으로 청산할 것을 결정하는 시행자의 행정처분을 말한다.

### (1) 환지처분의 절차

① **공사완료의 공고 · 공람** : 시행자는 환지 방식으로 도시개발사업에 관한 공사를 끝낸 경우에는 지체 없이 관보 또는 공보에 이를 공고하고 공사 관계 서류를 14일 이상 일반인에게 공람시켜야 한다.

② **준공검사의 신청** : 시행자는 공람 기간에 의견서의 제출이 없거나 제출된 의견서에 따라 필요한 조치를 한 경우에는 지정권자에 의한 준공검사를 신청하거나 도시개발사업의 공사를 끝내야 한다.

③ **환지처분** : 시행자는 지정권자에 의한 준공검사를 받은 경우(지정권자가 시행자인 경우에는 공사 완료 공고가 있는 때)에는 60일 이내에 환지처분을 하여야 한다. 이 경우 시행자는 환지계획에서 정한 사항을 토지 소유자에게 알리고 관보 또는 공보에 다음의 사항을 공고하여야 한다.

> ㉠ 사업의 명칭, 시행자, 시행기간, 환지처분일
> ㉡ 사업비 정산내역
> ㉢ 체비지 매각대금과 보조금, 그 밖에 사업비의 재원별 내역

### (2) 환지처분의 효과

① **권리의 이동**

> ㉠ 환지의 효력 : 환지계획에서 정하여진 환지는 그 환지처분이 공고된 날의 다음 날부터 종전의 토지로 보며, 환지계획에서 환지를 정하지 아니한 종전의 토지에 있던 권리는 그 환지처분이 공고된 날이 끝나는 때에 소멸한다.
> ㉡ 입체환지처분의 효과 : 환지 계획에 따라 입체환지처분을 받은 자는 환지처분이 공고된 날의 다음 날에 환지 계획으로 정하는 바에 따라 건축물의 일부와 해당 건축물이 있는 토지의 공유지분을 취득한다. 이 경우 종전의 토지에 대한 저당권은 환지처분이 공고된 날의 다음 날부터 해당 건축물의 일부와 해당 건축물이 있는 토지의 공유지분에 존재하는 것으로 본다.
> ㉢ 체비지 · 보류지의 취득 : 체비지는 시행자가, 보류지는 환지 계획에서 정한 자가 각각 환지처분이 공고된 날의 다음 날에 해당 소유권을 취득한다. 다만, 환지 예정지의 지정에 따라 이미 처분된 체비지는 그 체비지를 매입한 자가 소유권 이전 등기를 마친 때에 소유권을 취득한다.

> **기출유형** 체비지는 시행자가, 보류지는 환지계획에서 정한 자가 각각 환지처분이 공고된 날에 해당 소유권을 취득한다.(×)

② **예 외**

> ㉠ 행정상 · 재판상 처분 : 환지처분은 행정상 처분이나 재판상의 처분(경제적 가치가 있는 것은 제외)으로서 종전의 토지에 전속(專屬)하는 것에 관하여는 영향을 미치지 아니한다.
> ㉡ 지역권 : 도시개발구역의 토지에 대한 지역권은 종전의 토지에 존속한다. 다만, 도시개발사업의 시행으로 행사할 이익이 없어진 지역권은 환지처분이 공고된 날이 끝나는 때에 소멸한다.

> **기출유형** 환지처분은 재판상의 처분(경제적 가치가 있는 것은 제외)으로서 종전의 토지에 전속하는 것에 관하여는 영향을 미친다.(×)

### (3) 환지등기

① **촉탁 · 신청**: 시행자는 환지처분이 공고되면 공고 후 14일 이내에 관할 등기소에 이를 알리고 토지와 건축물에 관한 등기를 촉탁하거나 신청하여야 한다.

② **타등기의 제한**: 환지처분이 공고된 날부터 환지등기가 있는 때까지는 다른 등기를 할 수 없다. 다만, 등기신청인이 확정일자가 있는 서류로 환지처분의 공고일 전에 등기원인이 생긴 것임을 증명하면 다른 등기를 할 수 있다.

### (4) 청산금

① **청산기준**: 환지를 정하거나 그 대상에서 제외한 경우 그 과부족분(過不足分)은 종전의 토지(입체환지 방식으로 사업을 시행하는 경우에는 환지 대상 건축물을 포함) 및 환지의 위치 · 지목 · 면적 · 토질 · 수리 · 이용 상황 · 환경, 그 밖의 사항을 종합적으로 고려하여 금전으로 청산하여야 한다.

② **결정**: 청산금은 환지처분을 하는 때에 결정하여야 한다. 다만, 환지 대상에서 제외한 토지 등에 대하여는 청산금을 교부하는 때에 청산금을 결정할 수 있다.

③ **확정**: 청산금은 환지처분이 공고된 날의 다음 날에 확정된다.

④ **징수 · 교부 시기**: 시행자는 환지처분이 공고된 후에 확정된 청산금을 징수하거나 교부하여야 한다. 다만, 환지를 정하지 아니하는 토지에 대하여는 환지처분 전이라도 청산금을 교부할 수 있다.

⑤ **분할징수 · 교부**: 청산금은 대통령령으로 정하는 바에 따라 이자를 붙여 분할징수하거나 분할교부할 수 있다.

> **기출유형** 청산금은 이자를 붙여 분할징수하거나 분할교부할 수 없다.(×)

⑥ **강제징수**: 행정청인 시행자는 청산금을 내야 할 자가 이를 내지 아니하면 국세 또는 지방세 체납처분의 예에 따라 징수할 수 있으며, 행정청이 아닌 시행자는 특별자치도지사 · 시장 · 군수 또는 구청장에게 청산금의 징수를 위탁할 수 있다.

⑦ **위탁징수**: 특별자치도지사 · 시장 · 군수 또는 구청장이 청산금의 징수를 위탁받으면 지방세 체납처분의 예에 따라 징수할 수 있다. 이 경우 시행자는 특별자치도지사 · 시장 · 군수 또는 구청장이 징수한 금액의 100분의 4에 해당하는 금액을 해당 특별자치도 · 시 · 군 또는 구에 지급하여야 한다.

⑧ **소멸시효**: 청산금을 받을 권리나 징수할 권리를 5년간 행사하지 아니하면 시효로 소멸한다.

> **기출유형** 청산금을 받을 권리나 징수할 권리를 3년간 행사하지 아니하면 시효로 소멸한다.(×)

### (5) 감가보상금

① 행정청인 시행자는 도시개발사업의 시행으로 사업 시행 후의 토지 가액(價額)의 총액이 사업 시행 전의 토지 가액의 총액보다 줄어든 경우에는 그 차액에 해당하는 감가보상금을 종전의 토지 소유자나 임차권자 등(저당권자×)에게 지급하여야 한다.

② 청산금이 아니고 환지방식의 경우에만 인정된다.

## 4. 준공검사 등 <sup></sup>제27회

### (1) 준공검사

시행자(지정권자가 시행자인 경우는 제외)가 도시개발사업의 공사를 끝낸 때에는 공사완료 보고서를 작성하여 지정권자의 준공검사를 받아야 한다.

### (2) 공사완료의 공고

① 지정권자는 준공검사를 한 결과 도시개발사업이 실시계획대로 끝났다고 인정되면 시행자에게 준공 검사 증명서를 내어주고 공사 완료 공고를 하여야 하며, 실시계획대로 끝나지 아니하였으면 지체 없이 보완 시공 등 필요한 조치를 하도록 명하여야 한다.

② 지정권자가 시행자인 경우 그 시행자는 도시개발사업의 공사를 완료한 때에는 공사완료 공고를 하여야 한다.

### (3) 조성토지 등의 준공 전 사용제한

준공검사 전 또는 공사 완료 공고 전에는 조성토지 등(체비지는 제외)을 사용할 수 없다. 다만, 사업 시행의 지장 여부를 확인받는 등 대통령령으로 정하는 바에 따라 지정권자로부터 사용허가를 받은 경우에는 그러하지 아니하다.

**기출유형** 도시개발사업의 준공검사 전에는 체비지를 사용할 수 없다.(×)

# 도시개발채권 & 비용부담

## 1. 비용부담 제27회

### (1) 시행자 부담의 원칙

도시개발사업에 필요한 비용은 이 법이나 다른 법률에 특별한 규정이 있는 경우 외에는 <u>시행자가 부담</u>한다.

### (2) 지방자치단체의 비용 부담

① 지정권자가 시행자인 경우 그 시행자는 그가 시행한 도시개발사업으로 이익을 얻는 시·도 또는 시·군·구가 있으면 그 도시개발사업에 든 비용의 일부를 그 이익을 얻는 시·도 또는 시·군·구에 부담시킬 수 있다. 다만, 부담금의 총액은 해당 도시개발사업에 소요된 비용의 2분의 1을 넘지 못한다. 이 경우 도시개발사업에 소요된 비용에는 해당 도시개발사업의 조사비, 측량비, 설계비 및 관리비는 포함하지 아니한다.

② 시장(대도시 시장은 제외)·군수 또는 구청장은 그가 시행한 도시개발사업으로 이익을 얻는 다른 지방자치단체가 있으면 그 도시개발사업에 든 비용의 일부를 그 이익을 얻는 다른 지방자치단체와 협의하여 그 지방자치단체에 부담시킬 수 있다. 이 경우 협의가 성립되지 아니하면 관할 시·도지사의 결정에 따르며, 그 시·군·구를 관할하는 시·도지사가 서로 다른 경우에는 행정안전부장관의 결정에 따른다.

> **기출유형** 도시개발사업에 관한 비용 부담에 대해 대도시 시장과 시·도지사 간의 협의가 성립되지 아니하는 경우에는 기획재정부장관의 결정에 따른다.(×)

## 2. 도시개발채권 제21회, 제24회, 제28회, 제29회, 제32회

### (1) 발행자

<u>시·도지사</u>가 도시개발사업 또는 도시·군계획시설사업에 필요한 자금을 조달하기 위하여 <u>도시개발채권</u>을 발행할 수 있다.

### (2) 발행승인권자

시·도지사가 도시개발채권을 발행하려는 경우에는 채권의 발행총액, 발행방법·발행조건, 상환방법 및 절차에 대하여 <u>행정안전부장관의 승인</u>을 받아야 한다.

> **기출유형** 시·도지사는 도시개발채권을 발행하려는 경우 채권의 발행총액에 대하여 국토교통부장관의 승인을 받아야 한다.(×)

### ⑶ 발행방법 등

① **발행방법**: 도시개발채권은 「주식·사채 등의 전자등록에 관한 법률」에 따라 전자등록하여 발행하거나 무기명으로 발행할 수 있으며, 발행방법에 필요한 세부적인 사항은 시·도의 조례로 정한다.

② **발행이율**: 도시개발채권의 이율은 채권의 발행 당시의 국·공채 등의 금리와 특별회계의 상황 등을 고려하여 해당 시·도의 조례로 정한다.

③ **상환기간**: 도시개발채권의 상환은 5년부터 10년까지의 범위에서 지방자치단체의 조례로 정한다.

> **기출유형** 도시개발채권의 상환기간은 5년보다 짧게 정할 수 있다.(×)

### ⑷ 소멸시효

도시개발채권의 소멸시효는 상환일부터 기산(起算)하여 원금은 5년, 이자는 2년으로 한다.

> **기출유형** 도시개발채권의 소멸시효는 상환일부터 기산하여 원금은 3년, 이자는 2년으로 한다.(×)

### ⑸ 도시개발채권의 매입

① **매입의무자**: 다음에 해당하는 자는 도시개발채권을 매입하여야 한다.

> ① 수용 또는 사용방식으로 시행하는 도시개발사업의 경우 공공사업시행자와 공사의 도급계약을 체결하는 자
> ② 공공사업시행자 외에 도시개발사업을 시행하는 자
> ③ 「국토의 계획 및 이용에 관한 법률」에 따른 개발행위허가 중 토지의 형질변경허가를 받은 자

② **보관의무**: 매입필증을 제출받는 자는 매입자로부터 제출받은 매입필증을 5년간 따로 보관하여야 하며, 지방자치단체의 장이나 도시개발채권 사무취급기관 그 밖에 관계기관의 요구가 있는 때에는 이를 제시하여야 한다.

> **기출유형** 도시개발채권 매입필증을 제출받는 자는 매입필증을 3년간 보관하여야 한다.(×)

### ⑹ 도시개발채권의 중도상환

도시개발채권은 다음에 해당하는 경우를 제외하고는 중도에 상환할 수 없다.

> ① 도시개발채권의 매입사유가 된 허가 또는 인가가 매입자의 귀책사유 없이 취소된 경우
> ② 수용 또는 사용방식으로 시행하는 도시개발사업의 경우 공공사업시행자와 공사의 도급계약을 체결하는 자의 귀책사유 없이 해당 도급계약이 취소된 경우
> ③ 도시개발채권의 매입의무자가 아닌 자가 착오로 도시개발채권을 매입한 경우
> ④ 도시개발채권의 매입의무자가 매입하여야 할 금액을 초과하여 도시개발채권을 매입한 경우

## 3. 행정심판

이 법에 따라 시행자가 행한 처분에 불복하는 자는 「행정심판법」에 따라 행정심판을 제기할 수 있다. 다만, 행정청이 아닌 시행자가 한 처분에 관하여는 다른 법률에 특별한 규정이 있는 경우 외에는 지정권자에게 행정심판을 제기하여야 한다.

## 4. 토지상환채권 제20회, 제33회, 제35회

### (I) 발 행

① **발행자**: 시행자는 토지 소유자가 원하면 토지 등의 매수 대금의 일부를 지급하기 위하여 사업 시행으로 조성된 토지·건축물로 상환하는 채권(토지상환채권)을 발행할 수 있다.

② **발행규모**: 토지상환채권의 발행규모는 그 토지상환채권으로 상환할 토지·건축물이 해당 도시개발사업으로 조성되는 분양토지·건축물 면적의 2분의 1을 초과하지 아니하도록 하여야 한다.

> **기출유형** 토지상환채권의 발행규모는 그 토지상환채권으로 상환할 토지 또는 건축물이 해당 도시개발사업으로 조성되는 분양토지 또는 분양건축물 면적의 3분의 1을 넘지 않아야 한다.(×)

③ **지급보증**: 민간사업시행자는 금융기관(「은행법」에 따른 은행, 「보험업법」에 따른 보험회사 및 「건설산업기본법」에 따른 공제조합)으로부터 지급보증을 받은 경우에만 토지상환채권을 발행할 수 있다.

> **기출유형** 한국토지주택공사가 발행하려는 토지상환채권의 경우 보증기관 및 보증의 내용, 토지가격의 추산방법은 발행계획에 포함되어야 한다.(×)

④ **발행승인**: 시행자(지정권자가 시행자인 경우는 제외)는 토지상환채권을 발행하려면 발행계획을 작성하여 미리 지정권자의 승인을 받아야 한다.

### (2) 발행조건 등

① **발행이율**: 토지상환채권의 이율은 발행당시의 은행의 예금금리 및 부동산 수급상황을 고려하여 발행자가 정한다.

> **기출유형** 토지상환채권의 이율은 발행당시의 은행의 예금금리 및 부동산 수급상황을 고려하여 기획재정부장관이 정한다.(×)

② **발행방법**: 토지상환채권은 기명식(記名式) 증권으로 한다.

③ **이전과 대항력**: 토지상환채권을 이전하는 경우 취득자는 그 성명과 주소를 토지상환채권원부에 기재하여 줄 것을 요청하여야 하며, 취득자의 성명과 주소가 토지상환채권에 기재되지 아니하면 취득자는 발행자 및 그 밖의 제3자에게 대항하지 못한다.

④ **질권의 대항력**: 토지상환채권을 질권의 목적으로 하는 경우에는 질권자의 성명과 주소가 토지상환채권원부에 기재되지 아니하면 질권자는 발행자 및 그 밖의 제3자에게 대항하지 못한다.

> **기출유형** 토지상환채권은 질권의 목적으로 할 수 없다.(×)

MEMO

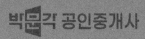박문각 공인중개사

# 도시 및
# 주거환경정비법

# 용어정의 & 정비기본계획 및 정비구역지정

## 01 용어정의

### 1. 정비구역

정비사업을 계획적으로 시행하기 위하여 지정·고시된 구역을 말한다.

### 2. 정비사업 제23회, 제24회, 제27회, 제28회, 제29회, 제32회

이 법에서 정한 절차에 따라 도시기능을 회복하기 위하여 정비구역에서 정비기반시설을 정비하거나 주택 등 건축물을 개량 또는 건설하는 다음의 사업을 말한다.

| | |
|---|---|
| **주거환경개선사업** | 도시저소득 주민이 집단거주하는 지역으로서 정비기반시설이 <u>극히 열악</u>하고 노후·불량건축물이 <u>과도하게 밀집</u>한 지역의 주거환경을 개선하거나 단독주택 및 다세대주택이 밀집한 지역에서 정비기반시설과 공동이용시설의 확충을 통하여 주거환경을 보전·정비·개량하기 위한 사업 |
| **재개발사업** | 정비기반시설이 <u>열악</u>하고 노후·불량건축물이 <u>밀집</u>한 지역에서 주거환경을 개선하거나 상업지역·공업지역 등에서 도시기능의 회복 및 상권활성화 등을 위하여 도시환경을 개선하기 위한 사업 |
| **공공재개발사업**<br>(①+②) | ① 특별자치시장, 특별자치도지사, 시장, 군수, 자치구의 구청장 또는 토지주택공사 등(조합과 공동으로 시행하는 경우를 포함)이 주거환경개선사업의 시행자, 재개발사업의 시행자나 재개발사업의 대행자일 것<br>② 건설·공급되는 주택의 전체 세대수 또는 전체 연면적 중 토지등소유자 대상 분양분(지분형주택은 제외)을 제외한 나머지 주택의 세대수 또는 <u>연면적의 100분의 20 이상 100분의 50 이하</u>의 범위에서 대통령령으로 정하는 기준에 따라 특별시·광역시·특별자치시·도·특별자치도 또는 「지방자치법」 서울특별시·광역시 및 특별자치시를 제외한 인구 50만 이상 대도시(이하 "대도시"라 한다)의 조례(이하 "시·도조례"라 한다)로 정하는 비율 이상을 지분형주택, 「공공주택 특별법」에 따른 공공임대주택 또는 「민간임대주택에 관한 특별법」 공공지원민간임대주택으로 건설·공급할 것. 이 경우 주택 수 산정방법 및 주택 유형별 건설비율은 대통령령으로 정한다. |
| **재건축사업** | 정비기반시설은 <u>양호</u>하나 노후·불량건축물에 해당하는 <u>공동주택이 밀집</u>한 지역에서 주거환경을 개선하기 위한 사업 |
| **공공재건축사업**<br>(①+②) | ① 시장·군수 등 또는 토지주택공사 등(조합과 공동으로 시행하는 경우를 포함)이 재건축사업의 시행자나 재건축사업의 대행자일 것<br>② 종전의 용적률, 토지면적, 기반시설 현황 등을 고려하여 공공재건축사업을 추진하는 단지의 종전 세대수의 100분의 160에 해당하는 세대수 이상을 건설·공급할 것. 다만, 정비구역의 지정권자가 도시·군기본계획, 토지이용 현황 등 대통령령으로 정하는 불가피한 사유로 해당하는 세대수를 충족할 수 없다고 인정하는 경우에는 그러하지 아니하다. |

## 3. 기반시설 제34회

| 정비기반<br>시설 | 도로·상하수도·구거(도랑)·공원·공용주차장·공동구, 그 밖에 주민의 생활에 필요한 열·가스 등의 공급시설 : 필요적시설<br>① 녹지, 하천, 공공공지, 광장<br>② 소방용수시설, 비상대피시설, 가스공급시설, 지역난방시설 |
|---|---|
| 공동이용<br>시설 | 주민이 공동으로 사용하는 놀이터·마을회관·공동작업장, 그 밖에 대통령령으로 정하는 시설 : 있으면 편리한 시설<br>① 공동으로 사용하는 구판장·세탁장·화장실 및 수도<br>② 탁아소·어린이집·경로당 등 노유자시설(유치원×) |

**기출유형** 정비기반시설이란 도로·공동구·상하수도·공원·마을회관·공동으로 사용하는 구판장을 말한다.(×)

## 4. 노후·불량건축물

① 건축물이 훼손되거나 일부가 멸실되어 붕괴, 그 밖의 안전사고의 우려가 있는 건축물

② 해당 건축물을 준공일 기준으로 40년까지 사용하기 위하여 보수·보강하는데 드는 비용이 철거 후 새로운 건축물을 건설하는 데 드는 비용보다 클 것으로 예상되는 건축물

③ 준공된 후 20년 이상 30년 이하의 범위에서 시·도조례로 정하는 기간이 지난 건축물 등

## 5. 대 지

정비사업으로 조성된 토지

## 6. 토지주택공사 등

한국토지주택공사 또는 지방공사

## 7. 주택단지

① 「주택법」에 따른 사업계획승인을 받아 주택 및 부대시설·복리시설을 건설한 일단의 토지

② 「건축법」에 따라 건축허가를 받아 아파트 또는 연립주택을 건설한 일단의 토지

**기출유형** 「건축법」에 따라 건축허가를 받아 아파트 또는 연립주택을 건설한 일단의 토지는 주택단지에 해당하지 않는다.(×)

## 8. 토지등소유자 <sup>제35회</sup>

① **주거환경개선사업 및 재개발사업의 경우**: 정비구역에 위치한 토지 또는 건축물의 소유자 또는 그 지상권자

② **재건축사업의 경우**: 정비구역에 위치한 <u>건축물 및 그 부속토지의 소유자</u>(지상권자×)

> **기출유형** 정비구역에 위치한 토지 또는 건축물의 소유자 또는 그 지상권자는 재건축사업의 토지등소유자에 해당한다.(×)

---

## 02 정비기본계획

### 1. 도시ㆍ주거환경정비 기본방침

국토교통부장관은 도시 및 주거환경을 개선하기 위하여 <u>10년마다</u> 다음의 사항을 포함한 <u>기본방침</u>을 정하고, 5년마다 타당성을 검토하여 그 결과를 기본방침에 반영하여야 한다.

> ① 도시 및 주거환경 정비를 위한 국가 정책 방향
> ② 도시ㆍ주거환경정비기본계획의 수립 방향
> ③ 노후ㆍ불량 주거지 조사 및 개선계획의 수립
> ④ 도시 및 주거환경 개선에 필요한 재정지원계획 등

### 2. 도시ㆍ주거환경정비 기본계획 <sup>제22회, 제26회, 제27회, 제29회, 제30회</sup>

#### (1) 기본계획의 수립

① **수립권자**: 특별시장ㆍ광역시장ㆍ특별자치시장ㆍ특별자치도지사 또는 시장(기본계획의 수립권자)은 관할 구역에 대하여 도시ㆍ주거환경정비 기본계획(기본계획)을 <u>10년 단위로 수립</u>하여야 한다. 다만, 도지사가 대도시가 아닌 시로서 기본계획을 수립할 필요가 없다고 인정하는 시에 대하여는 기본계획을 수립하지 아니할 수 있다.

> **기출유형** 도지사가 기본계획을 수립할 필요가 없다고 인정하더라도 대도시가 아닌 시는 기본계획을 수립하여야 한다.(×)

② **타당성 검토**: 기본계획의 수립권자는 기본계획에 대하여 <u>5년마다 타당성 여부를 검토</u>하여 그 결과를 기본계획에 반영하여야 한다.

> **비교** 수립단위 등 정리
>
> | 10년 단위로 수립 | 정비기본계획, 리모델링기본계획 |
> |---|---|
> | 5년마다 타당성 검토 | 도시ㆍ군기본계획, 도시ㆍ군관리계획, 정비기본계획, 리모델링기본계획 |

## (2) 기본계획의 내용

① **내용** : 기본계획에는 다음의 사항이 포함되어야 한다.

> ㉠ 정비사업의 기본방향, 정비사업의 계획기간, 주거지 관리계획
> ㉡ 인구·건축물·토지이용·정비기반시설·지형 및 환경 등의 현황
> ㉢ 토지이용계획·정비기반시설계획·공동이용시설설치계획 및 교통계획
> ㉣ 녹지·조경·에너지공급·폐기물처리 등에 관한 환경계획
> ㉤ 사회복지시설 및 주민문화시설 등의 설치계획
> ㉥ 도시의 광역적 재정비를 위한 기본방향
> ㉦ 정비구역으로 지정할 예정인 구역(정비예정구역)의 개략적 범위
> ㉧ 단계별 정비사업 추진계획(정비예정구역별 정비계획의 수립시기가 포함)
> ㉨ 건폐율·용적률 등에 관한 건축물의 밀도계획
> ㉩ 세입자에 대한 주거안정대책 등

② **생략 사항** : 기본계획의 수립권자는 기본계획에 다음의 사항을 포함하는 경우에는 ①의 ㉦ 및 ㉧의 사항을 생략할 수 있다.

> ㉠ 정비사업의 기본방향, 정비사업의 계획기간, 주거지 관리계획
> ㉡ 인구·건축물·토지이용·정비기반시설·지형 및 환경 등의 현황

③ **작성기준** : 기본계획의 작성기준 및 작성방법은 <u>국토교통부장관</u>이 정하여 고시한다.

## (3) 수립절차

① **주민 의견청취** : 기본계획의 수립권자는 기본계획을 수립하거나 변경하려는 경우에는 <u>14일 이상 주민에게 공람하여 의견을 들어야</u> 하며, 제시된 의견이 타당하다고 인정되면 이를 기본계획에 반영하여야 한다.

> **기출유형** 기본계획의 수립권자는 기본계획을 수립하려는 경우 30일 이상 주민에게 공람하여 의견을 들어야 한다.(×)

② **지방의회 의견청취** : 기본계획의 수립권자는 공람과 함께 지방의회의 의견을 들어야 한다. 이 경우 지방의회는 기본계획의 수립권자가 기본계획을 통지한 날부터 60일 이내에 의견을 제시하여야 하며, 의견제시 없이 60일이 지난 경우 이의가 없는 것으로 본다. 다만, 대통령령으로 정하는 경미한 사항을 변경하는 경우에는 주민공람과 지방의회의 의견청취 절차를 거치지 아니할 수 있다.

③ **협의·심의** : 기본계획의 수립권자(대도시의 시장이 아닌 시장은 제외)는 기본계획을 수립하거나 변경하려면 관계 행정기관의 장과 협의한 후 지방도시계획위원회의 심의를 거쳐야 한다. 다만, 대통령령으로 정하는 경미한 사항을 변경하는 경우에는 관계 행정기관의 장과의 협의 및 지방도시계획위원회의 심의를 거치지 아니한다.

④ **승인** : <u>대도시의 시장이 아닌 시장</u>은 기본계획을 수립하거나 변경하려면 <u>도지사의 승인</u>을 받아야 하며, 도지사가 이를 승인하려면 관계 행정기관의 장과 협의한 후 지방도시계획위원회의 심의를 거쳐야 한다. 다만, 경미한 사항을 변경하는 경우에는 도지사의 승인을 받지 아니할 수 있다.

⑤ **고시·열람** : 기본계획의 수립권자는 기본계획을 수립하거나 변경한 때에는 지체 없이 이를 해당 지방자치단체의 공보에 고시하고 일반인이 열람할 수 있도록 하여야 하며, <u>국토교통부장관에게 보고</u>하여야 한다.

> **기출유형** 대도시의 시장이 아닌 시장은 기본계획을 수립하거나 변경하려면 국토교통부장관의 승인을 받아야 한다.(×)

## 03 정비구역의 지정 등

### 1. 재건축진단 제22회, 제25회, 제28회

#### (1) 재건축진단의 실시

① **원칙**: 정비계획의 시장·군수 등은 재건축사업 정비계획의 입안을 위하여 정비예정구역별 정비계획의 수립시기가 도래한 때에 재건축진단을 실시하여야 한다.

② **예외**(요청에 따른 실시): 정비계획의 시장·군수 등은 다음에 해당하는 경우에는 재건축진단을 실시하여야 한다.

> ㉠ 정비계획의 입안을 요청하려는 자가 입안을 요청하기 전에 해당 정비예정구역 또는 사업예정구역에 위치한 건축물 및 그 부속토지의 소유자 10분의 1 이상의 동의를 받아 재건축진단의 실시를 요청하는 경우
>
> ㉡ 정비계획의 입안을 제안하려는 자가 입안을 제안하기 전에 해당 정비예정구역에 위치한 건축물 및 그 부속토지의 소유자 10분의 1 이상의 동의를 받아 재건축진단의 실시를 요청하는 경우
>
> ㉢ 정비예정구역을 지정하지 아니한 지역에서 재건축사업을 하려는 자가 사업예정구역에 있는 건축물 및 그 부속토지의 소유자 10분의 1 이상의 동의를 받아 재건축진단의 실시를 요청하는 경우
>
> ㉣ 건축물의 소유자로서 재건축사업을 시행하려는 자가 해당 사업예정구역에 위치한 건축물 및 그 부속토지의 소유자 10분의 1 이상의 동의를 받아 재건축진단의 실시를 요청하는 경우
>
> ㉤ 정비계획을 입안하여 주민에게 공람한 지역 또는 정비구역으로 지정된 지역에서 재건축사업을 시행하려는 자가 해당 구역에 위치한 건축물 및 그 부속토지의 소유자 10분의 1 이상의 동의를 받아 재건축진단의 실시를 요청하는 경우
>
> ㉥ 시장·군수 등의 승인을 받은 조합설립추진위원회 또는 사업시행자가 재건축진단의 실시를 요청하는 경우

**기출유형** 재건축진단의 요청 시에는 토지등소유자의 3분의 2 이상의 동의를 받아야 한다.(×)

③ **비용부담**: 정비계획의 시장·군수 등은 재건축진단에 드는 비용을 해당 재건축진단의 실시를 요청하는 자에게 부담하게 할 수 있다.

#### (2) 재건축진단의 대상

재건축진단은 주택단지의 건축물을 대상으로 한다. 다만, 다음은 재건축진단 대상에서 제외할 수 있다.

> ① 천재지변 등으로 주택이 붕괴되어 신속히 재건축을 추진할 필요가 있다고 인정하는 것
> ② 주택의 구조안전상 사용금지가 필요하다고 정비계획의 입안권자가 인정하는 것
> ③ 진입도로 등 기반시설 설치를 위하여 불가피하게 정비구역에 포함된 것으로 인정하는 건축물
> ④ 「시설물의 안전 및 유지관리에 관한 특별법」에 따라 지정받은 안전등급이 D(미흡) 또는 E(불량)인 건축물 등

#### (3) 재건축진단 실시여부의 결정 등

① 정비계획의 시장·군수 등은 재건축진단의 요청이 있는 때에는 요청일부터 30일 이내에 국토교통부장관이 정하는 바에 따라 재건축진단의 실시여부를 결정하여 요청인에게 통보하여야 한다.

② 특별시장·광역시장·특별자치시장·도지사·특별자치도지사(시·도지사)는 필요한 경우 「국토안전관리원법」에 따른 국토안전관리원 또는 「과학기술분야 정부출연연구기관 등의 설립·운영 및 육성에 관한 법률」에 따른 한국건설기술연구원에 재건축진단 결과의 적정성에 대한 검토를 의뢰할 수 있다.

③ 재건축진단을 의뢰받은 재건축진단기관은 국토교통부장관이 정하여 고시하는 기준(건축물의 내진성능 확보를 위한 비용을 포함)에 따라 재건축진단을 실시하여야 하며, 국토교통부령으로 정하는 방법 및 절차에 따라 재건축진단 결과보고서를 작성하여 시장·군수 등 및 재건축진단의 실시를 요청한 자에게 제출하여야 한다.

### (4) 재건축진단 결과의 적정성 검토

① 시장·군수 등(특별자치시장 및 특별자치도지사는 제외)은 재건축진단 결과보고서를 제출받은 경우에는 지체 없이 특별시장·광역시장·도지사에게 결정내용과 해당 재건축진단 결과보고서를 제출하여야 한다.

② 시·도지사는 적정성 여부의 검토결과에 따라 정비계획의 입안권자에게 정비계획 입안결정의 취소 등 필요한 조치를 요청할 수 있으며, 정비계획의 입안권자는 특별한 사유가 없으면 그 요청에 따라야 한다.


## 2. 정비계획의 입안 및 정비구역의 지정 <sub>제28회</sub>

### (1) 정비계획의 입안 제안

① **제안 사유**: 토지등소유자 또는 추진위원회는 다음에 해당하는 경우에는 정비계획의 입안권자에게 정비계획의 <u>입안을 제안할 수 있다.</u>

> ㉠ 단계별 정비사업 추진계획상 정비예정구역별 정비계획의 입안시기가 지났음에도 불구하고 정비계획이 입안되지 아니하거나 정비예정구역별 정비계획의 수립시기를 정하고 있지 아니한 경우
>
> ㉡ 토지등소유자가 토지주택공사 등을 사업시행자로 지정 요청하려는 경우
>
> ㉢ 토지등소유자(조합이 설립된 경우에는 조합원)가 3분의 2 이상의 동의(경미한 사항을 변경하는 경우에는 제외)로 정비계획의 변경을 요청하는 경우 등

② **제안서 제출**: 토지등소유자가 정비계획의 입안권자에게 정비계획의 입안을 제안하려는 경우 <u>토지등소유자의 3분의 2 이하 및 토지면적 3분의 2 이하의 범위</u>에서 시·도조례로 정하는 비율 이상의 동의를 받은 후 정비계획도서, 계획설명서, 그 밖의 필요한 서류를 첨부하여 정비계획의 입안권자에게 제출하여야 한다.

③ **반영여부 통보**: 정비계획의 입안권자는 제안이 있는 경우에는 <u>제안일부터 60일 이내</u>에 정비계획에의 반영여부를 제안자에게 통보하여야 한다. 다만, 부득이한 사정이 있는 경우에는 한 차례만 30일을 연장할 수 있다.

(2) **정비계획의 입안대상지역**

① **입안권자**: 특별자치시장·특별자치도지사·시장·군수 또는 자치구의 구청장은 정비계획을 입안할 수 있다.

② **정비계획의 내용**

> ㉠ 정비사업의 명칭, 정비구역 및 그 면적
> ㉡ 도시·군계획시설의 설치에 관한 계획
> ㉢ 공동이용시설 설치계획, 환경보전 및 재난방지에 관한 계획
> ㉣ 건축물의 주용도·건폐율·용적률·높이에 관한 계획
> ㉤ 정비구역 주변의 교육환경 보호에 관한 계획
> ㉥ 세입자 주거대책, 정비사업시행 예정시기
> ㉦ 지구단위계획에 관한 사항(임의적 - 필요한 경우로 한함)

③ **작성기준**: 정비계획의 작성기준 및 작성방법은 국토교통부장관이 정하여 고시한다.

(3) **입안절차**

① **주민 의견청취**: 정비계획의 입안권자는 정비계획을 입안하거나 변경하려면 주민에게 서면으로 통보한 후 주민설명회 및 30일 이상 주민에게 공람하여 의견을 들어야 하며, 제시된 의견이 타당하다고 인정되면 이를 정비계획에 반영하여야 한다.

② **지방의회 의견청취**: 정비계획의 입안권자는 주민공람과 함께 지방의회의 의견을 들어야 한다. 이 경우 지방의회는 정비계획의 입안권자가 정비계획을 통지한 날부터 60일 이내에 의견을 제시하여야 하며, 의견제시 없이 60일이 지난 경우 이의가 없는 것으로 본다. 다만, 대통령령으로 정하는 경미한 사항을 변경하는 경우에는 주민의 의견청취 및 지방의회의 의견청취 절차를 거치지 아니할 수 있다.

(4) **정비구역의 지정**

① **지정권자**: 특별시장·광역시장·특별자치시장·특별자치도지사·시장 또는 군수(광역시의 군수는 제외)는 기본계획에 적합한 범위에서 노후·불량건축물이 밀집하는 등 대통령령으로 정하는 요건에 해당하는 구역에 대하여 정비계획을 결정하여 정비구역을 지정(변경지정을 포함)할 수 있다.

② **직접 입안**: 정비구역의 지정권자는 정비구역 지정을 위하여 직접 정비계획을 입안할 수 있다.

③ **정비구역의 지정신청**: 자치구의 구청장 또는 광역시의 군수(구청장 등)는 정비계획을 입안하여 특별시장·광역시장에게 정비구역 지정을 신청하여야 한다(지방의회의 의견을 첨부).

④ **천재지변 등 지정**: 천재지변, 「재난 및 안전관리 기본법」 또는 「시설물의 안전 및 유지관리에 관한 특별법」에 따른 사용제한·사용금지, 그 밖의 불가피한 사유로 긴급하게 정비사업을 시행할 필요가 있다고 인정하는 때에는 기본계획을 수립하거나 변경하지 아니하고 정비구역을 지정할 수 있다.

⑤ **진입로설치 위한 지정**: 정비구역의 지정권자는 정비구역의 진입로 설치를 위하여 필요한 경우에는 진입로 지역과 그 인접지역을 포함하여 정비구역을 지정할 수 있다.

(5) **정비계획의 결정 및 정비구역의 지정·고시**

① **심의**: 정비구역의 지정권자는 정비구역을 지정하거나 변경지정하려면 지방도시계획위원회의 심의를 거쳐야 한다. 다만, 경미한 사항을 변경하는 경우에는 지방도시계획위원회의 심의를 거치지 아니할 수 있다.

② **고시, 보고 및 열람**: 정비구역의 지정권자는 정비구역을 지정(변경지정을 포함)하거나 정비계획을 결정 (변경결정을 포함)한 때에는 정비계획을 포함한 정비구역 지정의 내용을 해당 지방자치단체의 공보에 고시하고 국토교통부장관에게 보고하여야 하며, 관계 서류를 일반인이 열람할 수 있도록 하여야 한다.

## (6) 지정 · 고시의 효력 등

① **지구단위계획구역 등 의제**: 정비구역의 지정 · 고시가 있는 경우 해당 정비구역 및 정비계획 중 「국토의 계획 및 이용에 관한 법률」의 지구단위계획에 해당하는 사항은 <u>지구단위계획구역 및 지구단위계획으로 결정 · 고시</u>된 것으로 본다.

② **정비구역 의제**: 「국토의 계획 및 이용에 관한 법률」에 따른 지구단위계획구역에 대하여 정비계획의 내용을 모두 포함한 지구단위계획을 결정 · 고시(변경 결정 · 고시하는 경우 포함)하는 경우 해당 지구단위계획구역은 정비구역으로 지정 · 고시된 것으로 본다.

## 3. 행위제한 등 제20회, 제21회, 제22회, 제25회, 제30회

### (1) 허가대상

정비구역에서 다음에 해당하는 행위를 하려는 자는 시장 · 군수 등의 허가를 받아야 한다. 허가받은 사항을 변경하려는 때에도 또한 같다.

---

① 건축물의 건축 등: 「건축법」에 따른 건축물(가설건축물을 포함)의 건축, 용도변경(대수선×)
② 공작물의 설치
③ 토지의 형질변경: 절토 · 성토 · 정지 · 포장 등의 방법으로 토지의 형상을 변경하는 행위, 토지의 굴착 또는 공유수면의 매립
④ 토석의 채취: 흙 · 모래 · 자갈 · 바위 등의 토석을 채취하는 행위(토지의 형질변경을 목적으로 하는 것은 제외)
⑤ 토지분할
⑥ 물건을 쌓아놓는 행위: 이동이 쉽지 아니한 물건을 1개월 이상 쌓아놓는 행위
⑦ 죽목의 벌채 및 식재

---

**비교** 허가대상에 도시개발법은 대수선이 있으나 정비법은 대수선이 없다.

**기출유형** 허가받은 사항을 변경하고자 하는 때에는 시장 · 군수 등에게 신고하여야 한다.(×)

### (2) 허가 없이 허용

다음에 해당하는 행위는 허가를 받지 아니하고 할 수 있다.

---

① 재해복구 또는 재난수습에 필요한 응급조치를 위한 행위
② 기존 건축물의 붕괴 등 안전사고의 우려가 있는 경우 해당 건축물에 대한 안전조치를 위한 행위
③ 농림수산물의 생산에 직접 이용되는 것으로서 비닐하우스. 건조장, 버섯재재사, 종묘배양장, 간이공작물의 설치
④ 경작을 위한 토지의 형질변경
⑤ 정비구역의 개발에 지장을 주지 아니하고 자연경관을 손상하지 아니하는 범위에서의 토석의 채취
⑥ 정비구역에 존치하기로 결정된 대지에 물건을 쌓아놓는 행위
⑦ 관상용 죽목의 임시식재(경작지에서의 임시식재는 제외)

---

**기출유형** 농림수산물의 생산에 직접 이용되는 것으로서 간이공작물의 설치는 시장의 허가를 받지 아니하고 이를 할 수 없다.(×)

### (3) 시행자 의견청취 등

① **의견청취**: 시장·군수 등은 허가를 하려는 경우로서 사업시행자가 있는 경우에는 미리 그 사업시행자의 의견을 들어야 한다.

② **기득권 보호**: 허가를 받아야 하는 행위로서 정비구역의 지정 및 고시 당시 이미 관계 법령에 따라 행위허가를 받았거나 허가를 받을 필요가 없는 행위에 관하여 그 공사 또는 사업에 착수한 자는 정비구역이 지정·고시된 날부터 30일 이내에 그 공사 또는 사업의 진행상황과 시행계획을 첨부하여 관할 시장·군수 등에게 신고한 후 이를 계속 시행할 수 있다.

③ **허가의 의제**: 허가를 받은 경우에는 「국토의 계획 및 이용에 관한 법률」에 따라 개발행위허가를 받은 것으로 본다.

> **기출유형** 정비구역 안에서 허가를 받은 행위는 「국토의 계획 및 이용에 관한 법률」에 따라 개발행위허가를 받은 것으로 의제되지 않는다.(×)

## 4. 정비구역 등의 해제 제24회

### (1) 정비구역 등의 해제의무

① **의무적 해제(다음 날×)**: 정비구역의 지정권자는 다음에 해당하는 경우에는 정비구역 등을 <u>해제하여야 한다</u>(구청장 등은 특별시장·광역시장에게 정비구역등의 해제를 요청).

> ㉠ 정비예정구역에 대하여 기본계획에서 정한 정비구역 지정 예정일부터 <u>3년</u>이 되는 날까지 특별자치시장, 특별자치도지사, 시장 또는 군수가 정비구역을 지정하지 아니하거나 구청장 등이 정비구역의 지정을 신청하지 아니하는 경우
> ㉡ 재개발사업·재건축사업(조합이 시행하는 경우로 한정)이 다음에 해당하는 경우
>   ⓐ 토지등소유자가 정비구역으로 지정·고시된 날부터 <u>2년</u>이 되는 날까지 <u>추진</u>위원회의 승인을 신청하지 아니하는 경우
>   ⓑ <u>추진위원회</u>가 추진위원회 승인일부터 2년이 되는 날까지 조합설립인가를 신청하지 아니하는 경우
>   ⓒ 조합이 조합설립인가를 받은 날부터 3년이 되는 날까지 사업시행계획인가를 신청하지 아니하는 경우
> ㉢ <u>토지등소유자가 시행</u>하는 재개발사업으로서 토지등소유자가 정비구역으로 지정·고시된 날부터 5년이 되는 날까지 사업시행계획인가를 신청하지 아니하는 경우

> **비교** 지정해제 비교

| 도시개발법(다음 날) | 개발 2년, 실시 3년, 330m²이상 5년 |
|---|---|
| 정비법(다음 날X) | 추진 2년, 추진× 3년, 토지등소유자 시행 5년 |

> **기출유형** 정비구역의 지정권자는 토지등소유자가 시행하는 재개발사업으로서 토지 소유자가 정비구역으로 지정고시된 날부터 3년이 되는 날까지 사업시행계획인가를 신청하지 아니하는 경우에는 정비구역 등을 해제하여야 한다.(×)

② **해제의무기간의 연장**: 정비구역의 지정권자는 다음에 해당하는 경우에는 ①의 규정에 따른 해당 기간을 2년의 범위에서 연장하여 정비구역 등을 해제하지 아니할 수 있다.

> ㉠ 정비구역 등의 토지등소유자(조합을 설립한 경우에는 조합원)가 100분의 30 이상의 동의로 해제의무의 해당 기간이 도래하기 전까지 연장을 요청하는 경우
> ㉡ 정비사업의 추진 상황으로 보아 주거환경의 계획적 정비 등을 위하여 정비구역 등의 존치가 필요하다고 인정하는 경우

## ⑵ 정비구역 등의 직권해제(임의적)

정비구역의 지정권자는 다음에 해당하는 경우 지방도시계획위원회의 심의를 거쳐 정비구역등을 해제할 수 있다.

> ① 정비사업의 시행으로 토지등소유자에게 과도한 부담이 발생할 것으로 예상되는 경우
> ② 정비구역등의 추진 상황으로 보아 지정 목적을 달성할 수 없다고 인정되는 경우
> ③ 토지등소유자의 100분의 30 이상이 정비구역 등(추진위원회가 구성되지 아니한 구역으로 한정)의 해제를 요청하는 경우
> ④ 스스로 주택보전·개량방법으로 시행 중인 주거환경개선사업의 정비구역이 지정·고시된 날부터 10년 이상 경과하고, 추진 상황으로 보아 지정 목적을 달성할 수 없다고 인정되는 경우로서 토지등소유자의 3분의 2 이상이 정비구역의 해제에 동의하는 경우
> ⑤ 추진위원회 구성 또는 조합 설립에 동의한 토지등소유자의 2분의 1 이상 3분의 2 이하의 범위에서 시도조례로 정하는 비율 이상의 동의로 정비구역의 해제를 요청하는 경우(사업시행계획인가를 신청하지 아니한 경우로 한정)
> ⑥ 추진위원회가 구성되거나 조합이 설립된 정비구역에서 토지등소유자 과반수의 동의로 정비구역의 해제를 요청하는 경우(사업시행계획인가를 신청하지 아니한 경우로 한정)

## ⑶ 정비구역 등 해제의 효력

① **용도지역 등의 환원**: 정비구역등이 해제된 경우에는 정비계획으로 변경된 용도지역, 정비기반시설 등은 정비구역 지정 이전의 상태로 환원된 것으로 본다.

② **주거환경개선구역의 지정**: 정비구역 등(재개발사업 및 재건축사업을 시행하려는 경우로 한정)이 해제된 경우 정비구역의 지정권자는 해제된 정비구역등을 주택보전·개량방법으로 시행하는 주거환경개선구역(주거환경개선사업을 시행하는 정비구역을 말함)으로 지정할 수 있다.

③ **해제·고시효과**: 정비구역등이 해제·고시된 경우 추진위원회 구성승인 또는 조합설립인가는 취소된 것으로 보고, 시장·군수 등은 해당 지방자치단체의 공보에 그 내용을 고시하여야 한다.

# 정비사업시행 및 시행자 & 정비조합

## 01 정비사업의 시행자 및 시행방법

### 1. 정비사업의 시행방법 제28회, 제29회, 제35회

| | |
|---|---|
| 주거환경<br>개선사업 | 다음에 해당하는 방법 또는 이를 혼용하는 방법으로 한다.<br>① 사업시행자가 정비구역에서 정비기반시설 및 공동이용시설을 새로 설치하거나 확대하고 토지등소유자가 <u>스스로 주택을 보전·정비하거나 개량</u>하는 방법(직접방법)<br>② 사업시행자가 정비구역의 전부 또는 일부를 <u>수용</u>하여 주택을 건설한 후 토지등소유자에게 우선 공급하거나 대지를 토지등소유자 또는 토지등소유자 외의 자에게 공급하는 방법(수용방법)<br>③ 사업시행자가 <u>환지</u>로 공급하는 방법(환지방법)<br>④ 사업시행자가 정비구역에서 인가받은 <u>관리처분계획</u>에 따라 주택 및 부대시설·복리시설을 건설하여 공급하는 방법(관리처분방법) |
| 재개발사업 | 재개발사업은 정비구역에서 인가받은 <u>관리처분계획</u>에 따라 건축물을 건설하여 공급하거나 <u>환지</u>로 공급하는 방법으로 한다. |
| 재건축사업 | 재건축사업은 정비구역에서 인가받은 <u>관리처분계획</u>에 따라 주택, 부대시설·복리시설 및 <u>오피스텔</u>을 건설하여 공급하는 방법으로 한다. |
| | ❶ 오피스텔을 건설하여 공급하는 경우에는 「국토의 계획 및 이용에 관한 법률」에 따른 <u>준주거지역 및 상업지역</u>에서만 건설할 수 있다. 이 경우 오피스텔의 연면적은 전체 건축물 연면적의 <u>100분의 30</u> 이하이어야 한다. |

> 기출유형 | 재개발사업은 정비구역에서 환지방식에 따라 주택, 부대시설·복리시설 및 오피스텔을 건설하여 공급하는 방법으로 한다.(×)

> 기출유형 | 재건축사업은 국토의 계획 및 이용에 관한 법률에 따른 일반주거지역인 정비구역에서 인가받은 관리처분계획에 따라 「건축법」에 따른 오피스텔을 건설하여 공급하는 방법으로 한다.(×)

## 2. 정비사업의 시행자 제26회, 제28회, 제30회, 제35회

### (1) 사업 시행자

| | |
|---|---|
| 주거환경<br>개선사업 | ① <u>직접 시행하는 경우</u>: 시장·군수 등이 직접 시행하되, 토지주택공사 등을 사업시행자로 지정하여 시행하게 하려는 경우에는 정비계획입안을 위한 공람공고일 현재 토지등소유자의 과반수의 동의를 받아야 한다.<br>② <u>수용방법, 환지방법 및 관리처분방법의 경우</u><br>　㉠ 단독시행: 시장·군수 등이 직접 시행하거나 다음에 해당하는 자를 사업시행자로 지정하는 경우<br>　　ⓐ 토지주택공사 등<br>　　ⓑ 주거환경개선사업을 시행하기 위하여 국가, 지방자치단체, 토지주택공사 등 또는 공공기관이 총지분의 100분의 50을 초과하는 출자로 설립한 법인<br>　㉡ 공동시행: 시장·군수 등이 ㉠에 해당하는 자와 다음에 해당하는 자를 공동시행자로 지정하는 경우<br>　　ⓐ 「건설산업기본법」에 따른 건설업자(건설업자)<br>　　ⓑ 「주택법」에 따라 건설업자로 보는 등록사업자(등록사업자)<br>③ 동의 요건: 정비계획입안을 위한 공람공고일 현재 해당 정비예정구역의 <u>토지등소유자의 3분의 2 이상의 동의와 세입자 세대수의 과반수의 동의</u>를 각각 받아야 한다. 다만, 세입자의 세대수가 토지등소유자의 2분의 1 이하인 경우 등 대통령령이 정하는 사유가 있는 경우에는 세입자의 동의절차를 거치지 아니할 수 있다.<br>④ 예외: 시장·군수 등은 천재지변, 그 밖의 불가피한 사유로 건축물이 붕괴할 우려가 있어 긴급히 정비사업을 시행할 필요가 있다고 인정하는 경우에는 토지등소유자 및 세입자의 동의 없이 자신이 직접 시행하거나 토지주택공사 등을 사업시행자로 지정하여 시행하게 할 수 있다. |
| 재개발사업 | ① <u>조합이 시행</u>하거나 조합이 <u>조합원의 과반수의 동의</u>를 받아 시장·군수 등, 토지주택공사 등, 건설업자, 등록사업자 또는 대통령령으로 정하는 요건을 갖춘 자(신탁업자와 한국부동산원)와 공동으로 시행할 수 있다.<br>② 토지등소유자가 <u>20인 미만(조합×)</u>인 경우에는 토지등소유자가 시행하거나 토지등소유자가 토지등소유자의 과반수의 동의를 받아 시장·군수 등, 토지주택공사 등, 건설업자, 등록사업자 또는 대통령령으로 정하는 요건을 갖춘 자(신탁업자와 한국부동산원)와 공동으로 시행할 수 있다. |
| 재건축사업 | <u>조합</u>이 시행하거나 조합이 <u>조합원의 과반수의 동의</u>를 받아 시장·군수 등, 토지주택공사 등, 건설업자 또는 등록사업자와 공동으로 시행할 수 있다. |

**기출유형** 재개발조합은 조합원의 3분의 2의 동의를 받아 한국부동산원과 공동으로 시행할 수 있다.(×)

**기출유형** 재건축사업은 조합을 설립하지 않고 토지등소유자가 직접 시행할 수 있다.(×)

## (2) 재개발사업 · 재건축사업의 공공시행자

시장 · 군수 등은 재개발사업 및 재건축사업이 다음에 해당하는 때에는 직접 정비사업을 시행하거나 토지주택공사 등(건설업자 또는 등록사업자와 공동으로 시행하는 경우 포함)을 사업시행자로 지정하여 정비사업을 시행하게 할 수 있다. 이 경우 시장 · 군수 등은 정비사업 시행구역 등 토지등소유자에게 알릴 필요가 있는 사항으로서 대통령령으로 정하는 사항을 해당 지방자치단체의 공보에 고시하고 토지등소유자에게 고시한 내용을 통지하여야 한다.

> ① 천재지변, 「재난 및 안전관리 기본법」 또는 「시설물의 안전 및 유지관리에 관한 특별법」에 따른 사용제한 · 사용금지, 그 밖의 불가피한 사유로 긴급하게 정비사업을 시행할 필요가 있다고 인정하는 때
> ② 정비계획에서 정한 정비사업시행 예정일부터 2년 이내에 사업시행계획인가를 신청하지 아니하거나 신청한 내용이 위법 또는 부당하다고 인정하는 때(재건축사업의 경우는 제외)
> ③ 추진위원회가 시장 · 군수 등의 구성승인을 받은 날부터 3년 이내에 조합설립인가를 신청하지 아니하거나, 조합이 조합설립인가를 받은 날부터 3년 이내에 사업시행계획인가를 신청하지 아니한 때
> ④ 해당 정비구역의 국 · 공유지 면적 또는 국 · 공유지와 토지주택공사 등이 소유한 토지를 합한 면적이 전체 토지면적의 2분의 1 이상으로서 토지등소유자의 과반수가 시장 · 군수 등 또는 토지주택공사 등을 사업시행자로 지정하는 것에 동의하는 때
> ⑤ 해당 정비구역의 토지면적 2분의 1 이상의 토지 소유자와 토지등소유자의 3분의 2 이상에 해당하는 자가 시장 · 군수 등 또는 토지주택공사 등을 사업시행자로 지정할 것을 요청하는 때

> **기출유형** 재개발조합이 조합설립인가를 받은 날부터 2년 이내에 사업시행계획인가를 신청하지 아니한 때에는 시장 · 군수 등은 직접 정비사업을 시행할 수 있다.(×)

## 02 정비조합

### 1. 조합설립추진위원회 제23회, 제26회

### (1) 추진위원회의 구성

① **구성 및 승인**: 조합을 설립하려는 경우에는 정비구역 지정 · 고시 후 추진위원장을 포함한 5명 이상의 추진위원회 위원에 대하여 토지등소유자 과반수의 동의를 받아 조합설립을 위한 추진위원회를 구성하여 시장 · 군수 등의 승인을 받아야 한다.

> **기출유형** 추진위원회는 토지등소유자 과반수의 동의를 받아 추진위원회 위원장을 포함한 7명 이상의 위원으로 구성하고 시장 · 군수 등의 승인을 받아야 한다.(×)

② **동의 의제**: 추진위원회의 구성에 동의한 토지등소유자는 조합의 설립에 동의한 것으로 본다. 다만, 조합설립인가를 신청하기 전에 시장 · 군수 등 및 추진위원회에 조합설립에 대한 반대의 의사표시를 한 추진위원회 동의자의 경우에는 그러하지 아니하다.

③ **추진위원**: 추진위원회는 추진위원회를 대표하는 추진위원장 1명과 감사(이사×)를 두어야 한다.

> **기출유형** 추진위원회는 추진위원회를 대표하는 추진위원장 1명과 이사를 두어야 한다.(×)

### ⑵ 추진위원회의 기능

① **업무** : 추진위원회는 다음의 업무를 수행할 수 있다.

> ㉠ 정비사업전문관리업자의 선정 및 변경
> ㉡ 설계자의 선정 및 변경
> ㉢ 개략적인 정비사업 시행계획서의 작성
> ㉣ 조합설립인가를 받기 위한 준비업무
> ㉤ 추진위원회 운영규정의 작성
> ㉥ 토지등소유자의 동의서의 접수
> ㉦ 조합의 설립을 위한 창립총회의 개최
> ㉧ 조합정관의 초안 작성

② **관리업자의 선정방법** : 추진위원회가 정비사업전문관리업자를 선정하려는 경우에는 추진위원회 승인을 받은 후 경쟁입찰 또는 수의계약(2회 이상 경쟁입찰이 유찰된 경우로 한정)의 방법으로 선정하여야 한다.

### ⑶ 추진위원회의 운영

① **경비의 납부** : 추진위원회는 운영규정에 따라 운영하여야 하며, 토지등소유자는 운영에 필요한 경비를 운영규정에 따라 납부하여야 한다.

② **포괄승계** : 추진위원회는 수행한 업무를 총회에 보고하여야 하며, 그 업무와 관련된 권리·의무는 조합이 포괄승계한다.

## 2. 조합의 설립 제21회, 제24회, 제25회, 제26회, 제27회, 제29회, 제35회

### ⑴ 조합설립의무

시장·군수 등, 토지주택공사 등 또는 지정개발자가 아닌 자가 정비사업을 시행하려는 경우에는 토지등소유자로 구성된 조합을 설립하여야 한다. 다만, 토지등소유자가 20인 미만인 재개발사업을 시행하려는 경우에는 그러하지 아니하다.

### ⑵ 조합설립인가

| | |
|---|---|
| ① 재개발사업 | 재개발사업의 추진위원회(추진위원회를 구성하지 아니하는 경우에는 토지등소유자)가 조합을 설립하려면 토지등소유자의 4분의 3 이상 및 토지면적의 2분의 1 이상의 토지 소유자의 동의를 받아 정관 등의 사항을 첨부하여 시장·군수 등의 인가를 받아야 한다. |
| ② 재건축사업 | ㉠ 재건축사업의 추진위원회가 조합을 설립하려는 때에는 주택단지의 공동주택의 각 동별 구분소유자의 과반수 동의와 주택단지의 전체 구분소유자의 4분의 3 이상 및 토지면적의 4분의 3 이상의 토지 소유자의 동의를 받아 시장·군수 등의 인가를 받아야 한다.<br>㉡ 주택단지가 아닌 지역이 정비구역에 포함된 때에는 주택단지가 아닌 지역의 토지 또는 건축물 소유자의 4분의 3 이상 및 토지면적의 3분의 2 이상의 토지 소유자의 동의를 받아야 한다. |

①과②(㉠)로 설립된 조합이 인가받은 사항을 변경하고자 하는 때에는 총회에서 조합원의 3분의 2 이상의 찬성으로 의결하고, 시장·군수 등의 인가를 받아야 한다.

▶ **기출유형** 재개발사업의 추진위원회가 조합을 설립하려면 토지등소유자의 4분의 3 이상 및 토지면적의 4분의 3 이상의 토지 소유자의 동의를 받아 정관 등의 서류를 첨부하여 시장·군수 등의 인가를 받아야 한다.(×)

### (3) 토지등소유자의 동의방법

① **서면동의** : 동의(동의한 사항의 철회 또는 반대의 의사표시를 포함)는 서면동의서에 토지등소유자가 성명을 적고 지장(指章)을 날인하는 방법으로 하며, 주민등록증, 여권 등 신원을 확인할 수 있는 신분증명서의 사본을 첨부하여야 한다.

> **기출유형** 조합설립추진위원회의 조합 설립을 위한 토지 등 소유자의 동의는 구두로도 할 수 있다.(×)

② **동의자수 산정방법** : 토지등소유자(토지면적에 관한 동의자수를 산정하는 경우에는 토지 소유자를 말함)의 동의는 다음의 기준에 따라 산정한다.

> ㉠ 주거환경개선사업, 재개발사업의 경우에는 다음의 기준에 의할 것
>   ⓐ 1필지의 토지 또는 하나의 건축물을 여럿이서 공유할 때에는 그 여럿을 대표하는 1인을 토지등소유자로 산정할 것
>   ⓑ 토지에 지상권이 설정되어 있는 경우 토지의 소유자와 해당 토지의 지상권자를 대표하는 1인을 토지등소유자로 산정할 것
>   ⓒ 1인이 다수 필지의 토지 또는 다수의 건축물을 소유하고 있는 경우에는 필지나 건축물의 수에 관계없이 토지등소유자를 1인으로 산정할 것
>   ⓓ 둘 이상의 토지 또는 건축물을 소유한 공유자가 동일한 경우에는 그 공유자 여럿을 대표하는 1인을 토지등소유자로 산정할 것
> ㉡ 재건축사업의 경우에는 다음 기준에 따를 것
>   ⓐ 소유권 또는 구분소유권을 여럿이서 공유하는 경우에는 그 여럿을 대표하는 1인을 토지등소유자로 산정할 것
>   ⓑ 1인이 둘 이상의 소유권 또는 구분소유권을 소유하고 있는 경우에는 소유권 또는 구분소유권의 수에 관계없이 토지등소유자를 1인으로 산정할 것
>   ⓒ 둘 이상의 소유권 또는 구분소유권을 소유한 공유자가 동일한 경우에는 그 공유자 여럿을 대표하는 1인을 토지등소유자로 할 것
> ㉢ 추진위원회의 구성 또는 조합의 설립에 동의한 자로부터 토지 또는 건축물을 취득한 자는 추진위원회의 구성 또는 조합의 설립에 동의한 것으로 볼 것
> ㉣ 국·공유지에 대해서는 그 재산관리청 각각을 토지등소유자로 산정할 것

### (4) 동의의 철회

① **철회시기** : 동의(의제된 동의를 포함)의 철회 또는 반대의사 표시의 시기는 다음의 기준에 따른다.

> ㉠ 동의의 철회 또는 반대의사의 표시는 해당 동의에 따른 인·허가 등을 신청하기 전까지 할 수 있다.
> ㉡ ㉠에도 불구하고 다음의 동의는 최초로 동의한 날부터 30일까지만 철회할 수 있다. 다만, ⓑ의 동의는 최초로 동의한 날부터 30일이 지나지 아니한 경우에도 조합설립을 위한 창립총회 후에는 철회할 수 없다.
>   ⓐ 정비구역의 해제에 대한 동의
>   ⓑ 조합설립에 대한 동의(동의 후 동의서의 내용이 변경되지 아니한 경우로 한정)

② **효력발생시기** : 동의의 철회나 반대의 의사표시는 철회서가 동의의 상대방에게 도달한 때 또는 시장·군수 등이 동의의 상대방에게 철회서가 접수된 사실을 통지한 때 중 빠른 때에 효력이 발생한다.

### ⑸ 조합의 법인격 등

① **법적성격**: 조합은 <u>법인</u>으로 한다.

② **성립시기**: 조합은 조합설립인가를 받은 날부터 30일 이내에 주된 사무소의 소재지에서 대통령령으로 정하는 사항을 등기하는 때에 성립한다.

③ **조합명칭**: 조합의 명칭에 "정비사업조합"이라는 문자를 사용하여야 한다.

> **기출유형** 조합은 명칭에 "정비사업조합"이라는 문자를 사용할 필요는 없다.(×)

④ **민법준용**: 조합에 관하여는 이 법에 규정된 사항을 <u>제외</u>하고는 「민법」 중 사단법인에 관한 규정을 준용한다.


## 3. 조합원

### ⑴ 조합원의 자격

정비사업의 조합원(사업시행자가 신탁업자인 경우에는 위탁자를 말함)은 토지등소유자(재건축사업의 경우에는 재건축사업에 동의한 자만 해당)로 하되, 다음에 해당하는 때에는 그 여러 명을 대표하는 1명을 조합원으로 본다.

> ① 토지 또는 건축물의 소유권과 지상권이 여러 명의 공유에 속하는 때
> ② 여러 명의 토지등소유자가 1세대에 속하는 때
> ③ 조합설립인가(조합설립인가 전에 신탁업자를 사업시행자로 지정한 경우에는 사업시행자의 지정을 말함) 후 1명의 토지등소유자로부터 토지 또는 건축물의 소유권이나 지상권을 양수하여 여러 명이 소유하게 된 때

### ⑵ 조합원 지위의 양도

① **원칙**: 조합설립인가 후 양도·증여·판결 등으로 조합원의 권리가 이전된 때에는 조합원의 권리를 취득한 자를 조합원으로 본다.

② **예외**: 「주택법」에 따른 <u>투기과열지구에서 재건축사업을 시행하는 경우에는 조합설립인가 후</u>, <u>재개발사업을 시행하는 경우에는 관리처분계획의 인가 후</u> 해당 정비사업의 건축물 또는 토지를 양수(매매·증여, 그 밖의 권리의 변동을 수반하는 일체의 행위를 포함하되, 상속·이혼은 제외)한 자는 조합원이 될 수 없다. 다만, 양도인이 다음에 해당하는 경우 그 양도인으로부터 그 건축물 또는 토지를 양수한 자는 그러하지 아니하다.

> ① 세대원(세대주가 포함된 세대의 구성원을 말함)의 근무상 또는 생업상의 사정이나 질병치료(「의료법」에 따른 의료기관의 장이 1년 이상의 치료나 요양이 필요하다고 인정하는 경우로 한정)·취학·결혼으로 세대원이 모두 해당 사업구역에 위치하지 아니한 특별시·광역시·특별자치시·특별자치도·시 또는 군으로 이전하는 경우
> ② 상속으로 취득한 주택으로 세대원 모두 이전하는 경우
> ③ 세대원 모두 해외로 이주하거나 세대원 모두 2년 이상 해외에 체류하려는 경우
> ④ 1세대 1주택자로서 양도하는 주택에 대한 소유기간이 10년 이상 및 거주기간이 5년 이상인 경우
> ⑤ 지분형주택을 공급받기 위하여 건축물 또는 토지를 토지주택공사 등과 공유하려는 경우

## 4. 정 관 제28회

### (1) 정관의 기재내용

조합의 정관에는 다음의 사항이 포함되어야 한다.

> ① 조합의 명칭 및 사무소의 소재지
> ② 정비구역의 위치 및 면적
> ③ 조합원의 자격, 제명·탈퇴 및 교체
> ④ 조합임원의 수 및 업무의 범위·권리·의무·보수·선임방법·변경 및 해임
> ⑤ 대의원의 수, 선임방법, 선임절차 및 대의원회의 의결방법
> ⑥ 조합의 비용부담 및 조합의 회계
> ⑦ 정비사업비의 부담 시기 및 절차
> ⑧ 청산금의 징수·지급의 방법 및 절차
> ⑨ 시공자·설계자의 선정 및 계약서에 포함될 내용
> ⑩ 정관의 변경절차

### (2) 정관의 변경 제25회, 제26회, 제34회

① **변경인가**: 조합이 정관을 변경하려는 경우에는 총회를 개최하여 조합원 과반수의 찬성으로 시장·군수 등의 인가를 받아야 한다. 다만, 다음의 경우에는 <u>조합원 3분의 2 이상의 찬성</u>으로 한다.

> ㉠ 조합원의 자격, 제명·탈퇴 및 교체
> ㉡ 정비구역의 위치 및 면적
> ㉢ 시공자·설계자의 선정 및 계약서에 포함될 내용
> ㉣ 정비사업비의 부담 시기 및 절차
> ㉤ 조합의 비용부담 및 조합의 회계

> **암기** 제자, 위치, 계약, 시, 비는 3분의 2 동의필요

② **변경신고**: 경미한 사항을 변경하려는 때에는 이 법 또는 정관으로 정하는 방법에 따라 변경하고 시장·군수 등에게 신고하여야 한다.

## 5. 조합의 임원 제23회, 제32회, 제33회, 제34회

### (1) 임원조직

① **임원**: 조합은 조합원으로서 정비구역에 위치한 건축물 또는 토지(<u>재건축사업의 경우에는 건축물과 그 부속토지소유자 한함</u>)를 소유한 자[하나의 건축물 또는 토지의 소유권을 다른 사람과 공유한 경우에는 가장 많은 지분을 소유(2인 이상의 공유자가 가장 많은 지분을 소유한 경우를 포함)한 경우로 한정] 중 다음의 요건을 갖춘 <u>조합장 1명과 이사, 감사를 임원</u>으로 둔다. 이 경우 조합장은 선임일부터 관리처분계획인가를 받을 때까지는 해당 정비구역에서 거주(영업을 하는 자의 경우 영업)하여야 한다.

> ㉠ 정비구역에 위치한 건축물 또는 토지를 <u>5년 이상</u> 소유할 것
> ㉡ 정비구역에서 거주하고 있는 자로서 선임일 직전 <u>3년 동안</u> 정비구역에서 <u>1년 이상</u> 거주할 것

> ✔**key point** 지상권자는 재개발조합원O, 임원X

② **조합임원 수**: 조합에 두는 <u>이사의 수는 3명 이상</u>으로 하고, <u>감사의 수는 1명 이상 3명 이하</u>로 한다. 다만, 토지등소유자의 수가 <u>100인을 초과</u>하는 경우에는 <u>이사의 수를 5명 이상</u>으로 한다.

> **기출유형** 조합설립추진위원회는 토지등소유자의 수가 200인인 경우 3명 이상의 감사를 두어야 한다.(×)

③ **임원임기**: 조합임원의 <u>임기는 3년 이하</u>의 범위에서 정관으로 정하되, 연임할 수 있다.

④ **전문조합관리인 선정**: 조합임원의 선출방법 등은 정관으로 정한다. 다만 시장·군수 등은 다음에 해당하는 경우 시·도조례로 정하는 바에 따라 변호사·회계사·기술사 등으로서 대통령령으로 정하는 요건을 갖춘 자를 전문조합관리인으로 선정하여 <u>조합임원의 직무를 대행</u>하게 할 수 있다.

> ㉠ 조합임원이 사임, 해임, 임기만료, 그 밖에 불가피한 사유 등으로 직무를 수행할 수 없는 때부터 6개월 이상 선임되지 아니한 경우
> ㉡ 총회에서 조합원 과반수의 출석과 출석 조합원 과반수의 동의로 전문조합관리인의 선정을 요청하는 경우

> ✔ **key point** 시장·군수 등이 전문조합관리인을 선정한 경우 전문조합관리인이 업무를 대행할 임원은 당연 퇴임한다

## (2) 조합임원의 직무

① 조합장은 조합을 대표하고, 그 사무를 총괄하며, 총회 또는 대의원회의 의장이 된다.

② 조합장이 대의원회의 의장이 되는 경우에는 대의원으로 본다.

③ 조합장 또는 이사가 자기를 위하여 조합과 계약이나 소송을 할 때에는 <u>감사가 조합을 대표</u>한다.

> **기출유형** 조합장의 자기를 위한 조합과의 계약에 관하여는 이사가 조합을 대표한다.(×)

④ 조합임원은 같은 목적의 정비사업을 하는 다른 조합의 임원 또는 직원을 겸할 수 없다.

## (3) 조합임원의 결격사유 및 해임

① **결격사유**: 다음에 해당하는 자는 조합의 임원 또는 전문조합관리인이 될 수 없다.

> ㉠ 미성년자·피성년후견인 또는 피한정후견인
> ㉡ 파산선고를 받고 복권되지 아니한 자
> ㉢ 금고 이상의 실형을 선고받고 그 집행이 종료되거나 집행이 면제된 날부터 2년이 경과되지 아니한 자
> ㉣ 금고 이상의 형의 집행유예를 받고 그 유예기간 중에 있는 자
> ㉤ <u>이 법을 위반하여 벌금 100만원 이상의 형을 선고받고 10년</u>이 지나지 아니한 자
> ㉥ 조합설립 인가권자에 해당하는 <u>지방자치단체의 장, 지방의회의원</u> 또는 그 배우자·직계존속·직계비속

② **퇴임**: 조합임원이 결격사유에 해당하게 되거나 선임 당시 그에 해당하는 자이었음이 판명된 경우 또는 조합임원이 자격요건을 갖추지 못한 경우에는 당연 퇴임한다. 다만, 퇴임된 임원이 퇴임 전에 관여한 행위는 그 효력을 잃지 아니한다.

③ **해임**: 조합임원은 조합원 10분의 1 이상의 요구로 소집된 총회에서 조합원 과반수의 출석과 출석 조합원 과반수의 동의를 받아 해임할 수 있다.

## 6. 총 회 제30회

### (1) 필수의결기관

① **구성**: 조합에는 조합원으로 구성되는 총회를 둔다.

② **총회 소집**

㉠ 총회는 조합장이 직권으로 소집하거나 <u>조합원 5분의 1 이상</u>(정관의 기재사항 중 조합임원의 권리·의무·보수·선임방법·변경 및 해임에 관한 사항을 변경하기 위한 총회의 경우는 10분의 1 이상으로 한다) 또는 <u>대의원 3분의 2 이상</u>의 요구로 조합장이 소집하며, 조합원 또는 대의원의 요구로 총회를 소집하는 경우 조합은 소집을 요구하는 자가 본인인지 여부를 대통령령으로 정하는 기준에 따라 정관으로 정하는 방법으로 확인하여야 한다.

㉡ 조합임원의 사임, 해임 또는 임기만료 후 6개월 이상 조합임원이 선임되지 아니한 경우에는 시장·군수 등이 조합임원 선출을 위한 총회를 소집할 수 있다.

㉢ 총회를 소집하려는 자는 총회가 개최되기 7일 전까지 회의 목적·안건·일시 및 장소를 정하여 조합원에게 통지하여야 한다.

### (2) 총회의 개최

① **총회의결**: 총회의 의결은 이 법 또는 정관에 다른 규정이 없으면 조합원 과반수의 출석과 출석 조합원의 과반수 찬성으로 한다.

② **총회의 의결 정족수**: 정비사업비가 100분의 10(생산자물가상승률분, 분양신청을 하지 아니한 자 등에 대한 손실보상 금액은 제외) 이상 늘어나는 경우에는 조합원 3분의 2 이상의 찬성으로 의결하여야 한다.

③ **총회의 소집**: 총회의 의결은 조합원의 <u>100분의 10 이상</u>이 직접 출석(<u>시공자의 선정을 의결하는 총회의 경우에는 조합원의 과반수 직접 출석</u>)하여야 하고, 다음의 경우에는 조합원의 <u>100분의 20 이상</u>이 직접 출석하여야 한다.

> ㉠ 창립총회
> ㉡ 시공자 선정 취소를 위한 총회, 사업시행계획서의 작성 및 변경, 관리처분계획의 수립 및 변경을 의결하는 총회

## 7. 대의원회 제27회, 제32회 제33회, 제34회

### (1) 필수적 대의기관

① **설치**: 조합원의 수가 <u>100명 이상</u>인 조합은 <u>대의원회를 두어야 한다</u>.

② **대의원의 수**: 대의원회는 조합원의 10분의 1 이상으로 구성한다. 다만, 조합원의 10분의 1이 100명을 넘는 경우에는 조합원의 10분의 1의 범위에서 100명 이상으로 구성할 수 있다.

③ **겸직금지**: <u>조합장이 아닌 조합임원은 대의원이 될 수 없다</u>.

> **기출유형** 조합장이 아닌 조합임원은 대의원이 될 수 있다.(×)

## (2) 대의원회 총회권한 대행

대의원회는 총회의 의결사항 중 다음의 사항 <u>외에는</u> 총회의 권한을 대행할 수 있다.

① 정관의 변경에 관한 사항(경미한 사항의 변경은 법 또는 정관에서 총회의결사항으로 정한 경우로 한정), 자금의 차입과 그 방법·이자율 및 상환방법에 관한 사항, 예산으로 정한 사항 외에 조합원에게 부담이 되는 계약에 관한 사항, 시공자·설계자 또는 감정평가법인 등(시장·군수 등이 선정·계약하는 감정평가업자는 제외)의 선정 및 변경에 관한 사항, <u>정비사업전문관리업자의 선정 및 변경에 관한 사항</u>
② 조합임원의 선임 및 해임과 대의원의 선임 및 해임에 관한 사항. 다만, 정관으로 정하는 바에 따라 임기 중 궐위된 자(<u>조합장은 제외</u>)를 보궐선임하는 경우를 제외한다.
③ 사업시행계획서의 작성 및 변경에 관한 사항(정비사업의 중지 또는 폐지에 관한 사항을 포함하며, 경미한 변경은 제외), 관리처분계획의 수립 및 변경에 관한 사항(경미한 변경은 제외)
④ 총회에 상정하여야 하는 사항
⑤ 조합의 합병 또는 해산에 관한 사항(<u>사업완료로 인한 해산의 경우는 제외</u>)
⑥ 건축물의 설계 개요의 변경에 관한 사항, <u>정비사업비의 변경에 관한 사항</u>

**기출유형** 조합임원의 선임 및 해임은 대의원회가 총회를 대행할 수 있다.(×)

## 8. 토지등소유자 전체회의

### (1) 의결사항

사업시행자로 지정된 신탁업자는 다음의 사항에 관하여 해당 정비사업의 토지등소유자(재건축사업의 경우에는 신탁업자를 사업시행자로 지정하는 것에 동의한 토지등소유자를 말한다) 전원으로 구성되는 회의(토지등소유자 전체회의)의 의결을 거쳐야 한다.

① 시행규정의 확정 및 변경
② 정비사업비의 사용 및 변경
③ 정비사업전문관리업자와의 계약 등 토지등소유자의 부담이 될 계약
④ 시공자의 선정 및 변경
⑤ 정비사업비의 토지등소유자별 분담내역
⑥ 자금의 차입과 그 방법·이자율 및 상환방법
⑦ 사업시행계획서의 작성 및 변경(정비사업의 중지 또는 폐지에 관한 사항을 포함하나 경미한 변경은 제외)
⑧ 관리처분계획의 수립 및 변경(경미한 변경은 제외한다)
⑨ 청산금의 징수·지급(<u>분할징수·분할지급을 포함</u>한다)과 조합 해산 시의 회계보고
⑩ 비용의 금액 및 징수방법

### (2) 회의소집

토지등소유자 전체회의는 사업시행자가 직권으로 소집하거나 토지등소유자 5분의 1 이상의 요구로 사업시행자가 소집한다.

## 9. 주민대표회의 제31회, 제32회

### (1) 조직 구성

① 토지등소유자가 시장·군수 등 또는 토지주택공사 등의 사업시행을 원하는 경우에는 정비구역 지정·고시 후 주민대표기구(주민대표회의)를 구성하여야 한다.

② 주민대표회의는 위원장을 포함하여 5명 이상 25명 이하로 구성한다.(위원장과 부위원장 각1명과 1명 이상 3명 이하 감사)

▶ **기출유형** 주민대표회의에는 위원장과 부위원장 각 1명과 5명 이하의 감사를 둔다.(×)

### (2) 절 차

① 주민대표회의는 토지등소유자의 과반수의 동의를 받아 구성하며, 국토교통부령으로 정하는 방법 및 절차에 따라 시장·군수 등의 승인을 받아야 한다.

② 주민대표회의의 구성에 동의한 자는 사업시행자의 지정에 동의한 것으로 본다. 다만, 사업시행자의 지정 요청 전에 시장·군수 등 및 주민대표회의에 사업시행자의 지정에 대한 반대의 의사표시를 한 토지등소유자의 경우에는 그러하지 아니하다.

③ 주민대표회의 또는 세입자(상가세입자를 포함)는 사업시행자가 다음에 관하여 시행규정을 정하는 때에 의견을 제시할 수 있다. 이 경우 사업시행자는 주민대표회의 또는 세입자의 의견을 반영하기 위하여 노력하여야 한다.

○ ㉠ 건축물의 철거
○ ㉡ 주민의 이주(세입자의 퇴거에 관한 사항을 포함한다)
○ ㉢ 토지 및 건축물의 보상(세입자에 대한 주거이전비 등 보상에 관한 사항을 포함한다)
○ ㉣ 정비사업비의 부담
○ ㉤ 세입자에 대한 임대주택의 공급 및 입주자격

④ 주민대표회의의 운영, 비용부담, 위원의 선임 방법 및 절차 등에 필요한 사항은 대통령령으로 정한다.

**비교** 추진위원회와 주민대표회의 비교

| 추진위원회 | 주민대표회의 |
|---|---|
| 5명 이상 | 5~25명 이하 |
| 추진위원장, 감사 | 위원장·부위원장 1명, 감사 1-3명 |
| 대의원회 | 상가세입자도 의견제시 |
| 토지등 소유자 과반수 동의 ||
| 시장·군수 등의 승인 ||

## Chapter 32

# 사업시행계획인가 & 관리처분계획 & 공사완료조치 & 청산금

01 **사업시행계획인가**

### 1. 사업시행계획 <sup>제22회</sup>

(Ⅰ) **사업시행계획인가**

① **사업시행계획인가**: 사업시행자(공동시행의 경우를 포함하되, 사업시행자가 시장·군수 등인 경우는 제외)는 정비사업을 시행하려는 경우에는 사업시행계획서에 정관 등의 서류를 첨부하여 시장·군수 등에게 제출하고 사업시행계획인가를 받아야 하고, 인가받은 사항을 변경하거나 정비사업을 중지 또는 폐지하려는 경우에도 또한 같다. 다만, 대통령령으로 정하는 다음의 경미한 사항을 변경하려는 때에는 시장·군수 등에게 <u>신고</u>하여야 한다.

> ㉠ 정비사업비를 <u>10%</u>의 범위에서 변경하거나 관리처분계획의 인가에 따라 변경하는 때. 다만, 「주택법」에 따른 국민주택을 건설하는 사업인 경우에는 「주택도시기금법」에 따른 주택도시기금의 지원금액이 증가되지 아니하는 경우만 해당한다.
> ㉡ 대지면적을 <u>10%</u>의 범위에서 변경하는 때

> ▶기출유형 사업시행자가 사업시행인가를 받은 후 대지면적을 20퍼센트의 범위 안에서 변경하는 경우 시장·군수에게 신고하여야 한다.(×)

② **인가여부의 통보**: 시장·군수 등은 특별한 사유가 없으면 사업시행계획서의 제출이 있은 날부터 60일 이내에 인가 여부를 결정하여 사업시행자에게 통보하여야 한다.

③ **인가신청 전 동의**: 사업시행자(시장·군수 등 또는 토지주택공사 등은 제외)는 사업시행계획인가를 신청하기 전에 미리 총회의 의결을 거쳐야 하며, 인가받은 사항을 변경하거나 정비사업을 중지 또는 폐지하려는 경우에도 또한 같다. 다만, 경미한 사항의 변경은 총회의 의결을 필요로 하지 아니한다.

④ **공람**: 시장·군수 등은 사업시행계획인가를 하거나 사업시행계획서를 작성하려는 경우에는 대통령령으로 정하는 방법 및 절차에 따라 관계 서류의 사본을 14일 이상 일반인이 공람할 수 있게 하여야 한다. 다만, 경미한 사항을 변경하려는 경우에는 그러하지 아니하다.

⑤ **교육감과 협의**: 시장·군수 등은 사업시행계획인가(시장·군수 등이 사업시행계획서를 작성한 경우를 포함)를 하려는 경우 정비구역부터 <u>200m 이내에 교육시설이 설치</u>되어 있는 때에는 해당 지방자치단체의 <u>교육감 또는 교육장과 협의</u>하여야 하며, 인가받은 사항을 변경하는 경우에도 또한 같다.

⑥ **고시**: 시장·군수 등은 사업시행계획인가(시장·군수 등이 사업시행계획서를 작성한 경우를 포함)를 하거나 정비사업을 변경·중지 또는 폐지하는 경우에는 국토교통부령으로 정하는 방법 및 절차에 따라 그 내용을 해당 지방자치단체의 공보에 고시하여야 한다. 다만, 경미한 사항을 변경하려는 경우에는 그러하지 아니하다.

### (2) 사업시행계획서

사업시행자는 정비계획에 따라 다음의 사항을 포함하는 사업시행계획서를 작성하여야 한다.

> ① 토지이용계획(건축물배치계획을 포함)
> ② 정비기반시설 및 공동이용시설의 설치계획
> ③ 임시거주시설을 포함한 주민이주대책
> ④ 세입자의 주거 및 이주 대책
> ⑤ 사업시행기간 동안 정비구역 내 가로등 설치, 폐쇄회로 텔레비전 설치 등 범죄예방대책
> ⑥ 임대주택의 건설계획(재건축사업 제외)
> ⑦ 국민주택규모 주택의 건설계획(주거환경개선사업 제외)
> ⑧ 공공지원민간임대주택 또는 임대관리 위탁주택의 건설계획(필요한 경우로 한정)
> ⑨ 건축물의 높이 및 용적률 등에 관한 건축계획
> ⑩ 정비사업의 시행과정에서 발생하는 폐기물의 처리계획
> ⑪ 교육시설의 교육환경 보호에 관한 계획(정비구역부터 200m 이내에 교육시설이 설치되어 있는 경우로 한정)
> ⑫ 정비사업비

**기출유형** 사업시행계획서에는 사업시행기간 동안의 정비구역 내 가로등 설치, 폐쇄회로 텔레비전 설치 등 범죄예방대책을 포함시킬 필요는 없다.(×)

### (3) 용적률 완화 및 국민주택규모 건설비율

① **용적률 완화** : 사업시행자는 다음에 해당하는 정비사업(「도시재정비 촉진을 위한 특별법」에 따른 재정비촉진지구에서 시행되는 재개발사업 및 재건축사업은 제외)을 시행하는 경우 정비계획으로 정하여진 용적률에도 불구하고 지방도시계획위원회의 심의를 거쳐 「국토의 계획 및 이용에 관한 법률」 및 관계 법률에 따른 용적률의 상한(이하 "법적상한용적률")까지 건축할 수 있다.

> ㉠ 「수도권정비계획법」에 따른 과밀억제권역에서 시행하는 재개발사업 및 재건축사업(「국토의 계획 및 이용에 관한 법률」에 따른 주거·공업지역으로 한정)
> ㉡ ㉠이외의 경우 시·도조례로 정하는 지역에서 시행하는 재개발사업 및 재건축사업

② **국민주택규모의 건설** : 사업시행자는 법적상한용적률에서 정비계획으로 정하여진 용적률을 뺀 용적률(초과용적률)의 다음에 따른 비율에 해당하는 면적에 국민주택규모 주택을 건설하여야 한다. 다만, 천재지변 등 긴급하게 정비사업을 시행할 필요가 있는 때에는 그러하지 아니하다.

> ㉠ 과밀억제권역에서 시행하는 재건축사업은 초과용적률의 100분의 30 이상 100분의 50 이하로서 시·도조례로 정하는 비율
> ㉡ 과밀억제권역에서 시행하는 재개발사업은 초과용적률의 100분의 50 이상 100분의 75 이하로서 시·도조례로 정하는 비율
> ㉢ 과밀억제권역 외의 지역에서 시행하는 재건축사업은 초과용적률의 100분의 50 이하로서 시·도조례로 정하는 비율
> ㉣ 과밀억제권역 외의 지역에서 시행하는 재개발사업은 초과용적률의 100분의 75 이하로서 시·도조례로 정하는 비율

### (4) 사업시행계획인가의 특례

① **존치** : 사업시행자는 일부 건축물의 존치 또는 리모델링에 관한 내용이 포함된 사업시행계획서를 작성하여 사업시행계획인가를 신청할 수 있다.

② **특례** : 시장·군수 등은 존치 또는 리모델링하는 건축물 및 건축물이 있는 토지가 「주택법」 및 「건축법」에 따른 다음의 건축 관련 기준에 적합하지 아니하더라도 대통령령으로 정하는 다음의 기준에 따라 사업시행계획인가를 할 수 있다.

> ㉠ 「주택법」에 따른 주택단지의 범위
> ㉡ 부대시설 및 복리시설의 설치기준
> ㉢ 「건축법」에 따른 대지와 도로의 관계
> ㉣ 건축선의 지정
> ㉤ 일조 등의 확보를 위한 건축물의 높이 제한

③ **동의요건** : 사업시행자가 사업시행계획서를 작성하려는 경우에는 존치 또는 리모델링하는 건축물 소유자(구분소유자가 있는 경우에는 구분소유자의 3분의 2 이상의 동의와 해당 건축물 연면적의 3분의 2 이상의 구분소유자)의 동의를 받아야 한다. 다만, 정비계획에서 존치 또는 리모델링하는 것으로 계획된 경우에는 그러하지 아니한다.

## 2. 정비사업의 시행 제22회, 제25회

### (1) 순환정비방식의 정비사업

① **대상** : 주거환경개선사업, 재개발사업, 재건축사업

② **순환정비방식** : 사업시행자는 정비구역의 안과 밖에 새로 건설한 주택 또는 이미 건설되어 있는 주택의 경우 그 정비사업의 시행으로 철거되는 주택의 소유자 또는 세입자(정비구역에서 실제 거주하는 자로 한정)를 임시로 거주하게 하는 등 그 정비구역을 순차적으로 정비하여 주택의 소유자 또는 세입자의 이주대책을 수립하여야 한다.

③ **순환용주택의 분양·임대** : 사업시행자는 순환용주택에 거주하는 자가 정비사업이 완료된 후에도 순환용주택에 계속 거주하기를 희망하는 때에는 대통령령으로 정하는 바에 따라 분양하거나 계속 임대할 수 있다. 이 경우 사업시행자가 소유하는 순환용주택은 인가받은 관리처분계획에 따라 토지등소유자에게 처분된 것으로 본다.

### (2) 임시거주시설·임시상가의 설치

① **임시거주시설** : 사업시행자는 주거환경개선사업 및 재개발사업의 시행으로 철거되는 주택의 소유자 또는 세입자에게 해당 정비구역 안과 밖에 위치한 임대주택 등의 시설에 임시로 거주하게 하거나 주택자금의 융자를 알선하는 등 임시거주에 상응하는 조치를 하여야 한다.

② **일시사용** : 사업시행자는 임시거주시설의 설치 등을 위하여 필요한 때에는 국가·지방자치단체, 그 밖의 공공단체 또는 개인의 시설이나 토지를 일시 사용할 수 있다.

③ **국·공유지의 무상사용** : 국가 또는 지방자치단체는 사업시행자로부터 임시거주시설에 필요한 건축물이나 토지의 사용신청을 받은 때에는 그 건축물이나 토지에 관하여 다음사유가 없는 한 이를 거절하지 못한다(사용료 또는 대부료는 면제).

┌─────────────────────────────────────────────────────────────────────┐
│ ㉠ 임시거주시설의 설치를 위하여 필요한 건축물이나 토지에 대하여 제3자와 이미 <u>매매계약을</u> │
│   체결한 경우 │
│ ㉡ 사용신청 이전에 임시거주시설의 설치를 위하여 필요한 건축물이나 토지에 대한 사용계획이 │
│   <u>확정</u>된 경우 │
│ ㉢ 제3자에게 이미 임시거주시설의 설치를 위하여 필요한 건축물이나 토지에 대한 <u>사용허가를</u> │
│   한 경우 │
└─────────────────────────────────────────────────────────────────────┘

④ **원상회복**: 사업시행자는 정비사업의 공사를 완료한 때에는 완료한 날부터 30일 이내에 임시거주시설을 철거하고, 사용한 건축물이나 토지를 원상회복하여야 한다.

⑤ **임시상가의 설치**: <u>재개발사업</u>의 사업시행자는 사업시행으로 이주하는 상가세입자가 사용할 수 있도록 정비구역 또는 정비구역 인근에 임시상가를 설치할 수 있다.

⑥ **손실보상**: 사업시행자는 공공단체(지방자치단체는 제외) 또는 개인의 시설이나 토지를 일시 사용함으로써 손실을 입은 자가 있는 경우에는 손실을 보상하여야 하며, 손실을 보상하는 경우에는 손실을 입은 자와 협의하여야 한다.

## ⑶ 지정개발자의 정비사업비의 예치

① **예치 대상**: 시장·군수 등은 재개발사업의 사업시행계획인가를 하는 경우 해당 정비사업의 사업시행자가 지정개발자(지정개발자가 토지등소유자인 경우로 한정)인 때에는 정비사업비의 <u>100분의 20</u>의 범위에서 시·도조례로 정하는 금액을 예치하게 할 수 있다.

> **기출유형** 시장·군수 등은 재개발사업의 사업시행계획인가를 하는 경우 사업시행자가 지정개발자인 때에는 정비사업비의 100분의 30의 금액을 예치하게 할 수 있다.(×)

② **예치금반환**: 예치금은 청산금의 지급이 완료된 때에 반환한다.

## ⑷ 용적률의 특례

사업시행자가 다음에 해당하는 경우에는 「국토의 계획 및 이용에 관한 법률」에도 불구하고 해당 정비구역에 적용되는 용적률의 <u>100분의 125 이하</u>의 범위에서 대통령령으로 정하는 바에 따라 특별시·광역시·특별자치시·특별자치도·시 또는 군의 조례로 용적률을 완화하여 정할 수 있다.

┌─────────────────────────────────────────────────────────────────────┐
│ ① 대통령령으로 정하는 손실보상의 기준 이상으로 세입자에게 주거이전비를 지급하거나 영업의 │
│   폐지 또는 휴업에 따른 손실을 보상하는 경우 │
│ ② 손실보상에 더하여 임대주택을 추가로 건설하거나 임대상가를 건설하는 등 추가적인 세입자 손│
│   실보상 대책을 수립하여 시행하는 경우 │
└─────────────────────────────────────────────────────────────────────┘

## ⑸ 재건축사업시 매도청구

① **동의 여부의 회답 촉구**: <u>재건축사업</u>의 사업시행자는 사업시행계획인가의 고시가 있은 날부터 30일 이내에 다음의 자에게 조합설립 또는 사업시행자의 지정에 관한 동의 여부를 회답할 것을 서면으로 촉구하여야 하며, 토지등소유자는 촉구를 받은 날부터 <u>2개월</u> 이내에 회답하여야 한다.

┌─────────────────────────────────────────────────────────────────────┐
│ ㉠ 조합설립에 동의하지 아니한 자 │
│ ㉡ 시장·군수 등, 토지주택공사 등 또는 신탁업자의 사업시행자 지정에 동의하지 아니한 자 │
└─────────────────────────────────────────────────────────────────────┘

② **간주**: 동의 여부를 회답하지 아니한 경우 그 토지등소유자는 조합설립 또는 사업시행자의 지정에 동의하지 아니하겠다는 뜻을 회답한 것으로 본다.

③ **매도청구**: 2개월 이내의 회답기간이 지나면 사업시행자는 그 기간이 만료된 때부터 2개월 이내에 조합설립 또는 사업시행자 지정에 동의하지 아니하겠다는 뜻을 회답한 토지등소유자와 건축물 또는 토지만 소유한 자에게 건축물 또는 토지의 소유권과 그 밖의 권리를 <u>매도할 것을 청구할 수 있다.</u>

## (6) 재건축사업의 범위에 관한 특례

① **토지분할의 청구**: 사업시행자 또는 추진위원회는 다음에 해당하는 경우에는 그 주택단지 안의 일부 토지에 대하여 「건축법」 대지의 분할 제한에도 불구하고 분할하려는 토지면적이 분할제한 면적에 미달되더라도 토지분할을 청구할 수 있다.

> ㉠ 「주택법」에 따라 사업계획승인을 받아 건설한 둘 이상의 건축물이 있는 주택단지에 재건축사업을 하는 경우
> ㉡ 조합설립의 동의요건을 충족시키기 위하여 필요한 경우

② **토지분할의 협의**: 사업시행자 또는 추진위원회는 토지분할 청구를 하는 때에는 토지분할의 대상이 되는 토지 및 그 위의 건축물과 관련된 토지등소유자와 협의하여야 한다.

③ **재판상 분할 청구**: 사업시행자 또는 추진위원회는 토지분할의 협의가 성립되지 아니한 경우에는 법원에 토지분할을 청구할 수 있다.

④ **조합설립인가 등의 특례**: 시장·군수 등은 법원에 토지분할이 청구된 경우에 분할되어 나가는 토지 및 그 위의 건축물이 다음의 요건을 충족하는 때에는 토지분할이 완료되지 아니하여 동의요건에 미달되더라도 건축위원회의 심의를 거쳐 조합설립인가와 사업시행계획인가를 할 수 있다.

> ㉠ 해당 토지 및 건축물과 관련된 토지등소유자의 수가 전체의 10분의 1 이하일 것
> ㉡ 분할되어 나가는 토지 위의 건축물이 분할선 상에 위치하지 아니할 것 등

## (7) 국민주택채권매입 규정 배제

주거환경개선사업에 따른 건축허가를 받은 때와 부동산등기(소유권 보존등기 또는 이전등기로 한정)를 하는 때에는 「주택도시기금법」 국민주택채권의 매입에 관한 규정을 적용하지 아니한다.

**기출유형** | 주거환경개선사업에 따른 건축허가를 받은 때에는 「주택도시기금법」상의 국민주택채권의 매입에 관한 규정이 적용된다.(×)

## 02 관리처분계획

### 1. 분양공고 및 분양신청 제30회, 제32회, 제33회, 제34회, 제35회

#### (1) 분양공고

① **분양신청의 통지·공고**: 사업시행자는 사업시행계획인가의 고시가 있는 날(사업시행계획인가 이후 시공자를 선정한 경우에는 시공자와 계약을 체결한 날)부터 <u>120일 이내</u>에 다음의 사항을 토지등소유자에게 통지하고, 분양의 대상이 되는 대지 또는 건축물의 내역 등 대통령령으로 정하는 사항을 해당 지역에서 발간되는 일간신문에 공고하여야 한다. 다만, 토지등소유자 1인이 시행하는 재개발사업의 경우에는 그러하지 아니하다.

| 분양신청통지 | 분양공고 |
|---|---|
| ㉠ 분양대상자별 종전의 토지 또는 건축물의 명세 및 사업시행계획인가의 고시가 있는 날을 기준으로 한 가격(사업시행계획인가 전에 철거된 건축물은 시장·군수 등에게 허가를 받은 날을 기준으로 한 가격) <br> ㉡ 분양대상자별 분담금의 추산액 <br> ㉢ 분양신청기간 <br> ㉣ 사업시행인가의 내용 <br> ㉤ 정비사업의 종류·명칭 및 정비구역의 위치·면적 <br> ㉥ 분양신청기간 및 장소 <br> ㉦ 분양대상 대지 또는 건축물의 내역 <br> ㉧ 분양신청자격 <br> ㉨ 분양신청방법 <br> ㉩ <u>분양을 신청하지 아니한 자에 대한 조치</u> <br> ㉪ 분양신청서 | ㉠ 사업시행인가의 내용 <br> ㉡ 정비사업의 종류·명칭 및 정비구역의 위치·면적 <br> ㉢ 분양신청기간 및 장소 <br> ㉣ 분양대상 대지 또는 건축물의 내역 <br> ㉤ 분양신청자격 <br> ㉥ 분양신청방법 <br> ㉦ 토지등소유자외의 권리자의 권리신고방법 <br> ㉧ <u>분양을 신청하지 아니한 자에 대한 조치</u> |

② **분양신청기간**: 분양신청기간은 통지한 날부터 <u>30일 이상 60일 이내</u>로 하여야 한다. 다만, 사업시행자는 관리처분계획의 수립에 지장이 없다고 판단하는 경우에는 분양신청기간을 <u>20일의 범위</u>에서 한 차례만 연장할 수 있다.

#### (2) 분양신청을 하지 아니한 자 등에 대한 조치

① **손실보상의 협의**: 사업시행자는 관리처분계획이 인가·고시된 다음 날부터 <u>90일 이내</u>에 다음에서 정하는 자와 토지, 건축물 또는 그 밖의 권리의 손실보상에 관한 협의를 하여야 한다. 다만, 사업시행자는 분양신청기간 종료일의 다음 날부터 협의를 시작할 수 있다.

> ㉠ 분양신청을 하지 아니한 자
> ㉡ 분양신청기간 종료 이전에 분양신청을 철회한 자
> ㉢ 5년이내 투기과열지구에서 분양신청을 할 수 없는 자
> ㉣ 인가된 관리처분계획에 따라 분양대상에서 제외된 자

**기출유형** 사업시행자는 관리처분계획이 인가·고시된 다음 날부터 90일 이내에 분양신청기간 종료 후에 분양신청을 철회한 자와 토지, 건축물 또는 그 밖의 권리의 손실보상에 관한 협의를 하여야 한다. (×)

② **매도청구소송 제기**: 사업시행자는 손실보상의 협의가 성립되지 아니하면 그 기간의 만료일 다음 날부터 60일 이내에 수용재결을 신청하거나 매도청구소송을 제기하여야 한다.

## 2. 관리처분계획의 인가 제21회, 제22회, 제23회, 제29회, 제32회

### (1) 관리처분계획의 수립 및 인가

① 사업시행자는 분양신청기간이 종료된 때에는 분양신청의 현황을 기초로 관리처분계획을 수립(변경·중지 또는 폐지 포함)하여 시장·군수 등의 인가를 받아야 한다.

② 조합은 관리처분계획의 수립 및 변경(경미한 변경 제외)의 사항을 의결하기 위한 총회의 개최일부터 1개월 전에 ©부터 ⑰까지의 규정에 해당하는 사항을 각 조합원에게 문서로 통지하여야 한다.

> ① 분양설계 : 분양신청기간이 만료하는 날을 기준으로 하여 수립한다.
> ⓒ 분양대상자의 주소 및 성명
> ⓒ 분양대상자별 분양예정인 대지 또는 건축물의 추산액(임대관리 위탁주택에 관한 내용을 포함)
> ② 다음에 해당하는 보류지 등의 명세와 추산액 및 처분방법 : ⓐ 일반 분양분 ⓑ 공공지원민간 임대주택(선정된 임대사업자의 성명·주소를 포함) ⓒ 임대주택 ⓓ 부대시설·복리시설
> ⑰ 분양대상자별 종전의 토지 또는 건축물 명세 및 사업시행계획인가 고시가 있은 날(사업시행계획인가 전에 철거된 건축물은 시장·군수 등에게 허가를 받은 날)을 기준으로 한 가격(종전가)
> ⑭ 정비사업비의 추산액(재건축사업의 경우에는 「재건축초과이익 환수에 관한 법률」에 따른 재건축부담금에 관한 사항을 포함) 및 그에 따른 조합원 분담규모 및 분담시기

### (2) 변경 신고

계산착오·오기·누락 등에 따른 조서의 단순정정인 경우(불이익을 받는 자가 없는 경우만 해당) 등 경미한 경우에는 시장·군수 등에게 신고하여야 한다.

### (3) 관리처분계획의 수립기준

① **원칙** : 종전의 토지 또는 건축물의 면적·이용 상황·환경, 그 밖의 사항을 종합적으로 고려하여 대지 또는 건축물이 균형 있게 분양신청자에게 배분되고 합리적으로 이용되도록 한다.

② **증환지·감환지** : 지나치게 좁거나 넓은 토지 또는 건축물은 넓히거나 좁혀 대지 또는 건축물이 적정 규모가 되도록 한다.

③ **환지부지정** : 너무 좁은 토지 또는 건축물이나 정비구역 지정 후 분할된 토지를 취득한 자에게는 현금으로 청산할 수 있다.

④ **토지규모의 조정** : 재해 또는 위생상의 위해를 방지하기 위하여 토지의 규모를 조정할 특별한 필요가 있는 때에는 너무 좁은 토지를 넓혀 토지를 갈음하여 보상을 하거나 건축물의 일부와 그 건축물이 있는 대지의 공유지분을 교부할 수 있다.

### (4) 주택공급기준

① **원칙** : 1세대 또는 1명이 하나 이상의 주택 또는 토지를 소유한 경우 1주택을 공급하고, 같은 세대에 속하지 아니하는 2명 이상이 1주택 또는 1토지를 공유한 경우에는 1주택만 공급한다.

② **1토지를 공유한 경우** : 2명 이상이 1토지를 공유한 경우로서 시·도조례로 주택공급을 따로 정하고 있는 경우에는 시·도조례로 정하는 바에 따라 주택을 공급할 수 있다.

③ **2주택 공급**: 분양대상자별 종전의 토지 또는 건축물의 사업시행계획인가 고시가 있은 날을 기준으로 한 가격의 범위 또는 종전 주택의 주거전용면적의 범위에서 2주택을 공급할 수 있고, 이 중 1주택은 주거전용면적을 60㎡ 이하로 한다. 다만, 60㎡ 이하로 공급받은 1주택은 이전고시일 다음 날부터 3년이 지나기 전에는 주택을 전매(매매·증여나 그 밖에 권리의 변동을 수반하는 모든 행위를 포함하되, 상속은 제외)하거나 전매를 알선할 수 없다.

④ **3주택까지 공급**: 과밀억제권역에 위치한 재건축사업의 경우에는 토지등소유자가 소유한 주택수의 범위에서 3주택까지 공급할 수 있다. 다만, 투기과열지구 또는 「주택법」에 따라 지정된 조정대상지역에서 사업시행계획인가(최초 사업시행계획인가를 말함)를 신청하는 재건축사업의 경우에는 그러하지 아니하다.

⑤ **소유한 주택 수만큼 공급**: 다음에 해당하는 토지등소유자에게는 소유한 주택 수만큼 공급할 수 있다.
  ㉠ 과밀억제권역에 위치하지 아니한 재건축사업의 토지등소유자. 다만, 투기과열지구 또는 「주택법」에 따라 지정된 조정대상지역에서 사업시행계획인가(최초 사업시행계획인가를 말함)를 신청하는 재건축사업의 토지등소유자는 제외한다.
  ㉡ 근로자(공무원 포함) 숙소, 기숙사 용도로 주택을 소유하고 있는 토지등소유자
  ㉢ 국가, 지방자치단체 및 토지주택공사 등

> **기출유형** 관리처분계획상 분양대상자별 종전의 토지 또는 건축물의 명세에서 종전 주택의 주거전용면적이 60㎡를 넘지 않은 경우 2주택을 공급할 수 없다.(×)

### (5) 관리처분계획의 타당성 검증 요청

시장·군수 등은 다음에 해당하는 경우에는 대통령령으로 정하는 공공기관에 관리처분계획의 타당성 검증을 요청하여야 한다. 이 경우 시장·군수 등은 타당성 검증 비용을 사업시행자에게 부담하게 할 수 있다.

> ① 정비사업비가 정비사업비 기준으로 100분의 10 이상으로서 대통령령으로 정하는 비율 이상 늘어나는 경우
> ② 조합원 분담규모가 분양대상자별 분담금의 추산액 총액 기준으로 100분의 20 이상으로서 대통령령으로 정하는 비율 이상 늘어나는 경우
> ③ 조합원 5분의 1 이상이 관리처분계획인가 신청이 있는 날부터 15일 이내에 시장·군수 등에게 타당성 검증을 요청한 경우

## 3. 관리처분계획에 따른 처분 제25회, 제28회, 제32회, 제34회

### (1) 조성된 대지 등의 처분

① **원칙**: 정비사업의 시행으로 조성된 대지 및 건축물은 관리처분계획에 따라 처분 또는 관리하여야 한다.

② **건축물의 공급**: 사업시행자는 정비사업의 시행으로 건설된 건축물을 인가받은 관리처분계획에 따라 토지등소유자에게 공급하여야 한다.

③ **잔여분의 처리**: 사업시행자는 분양신청을 받은 후 잔여분이 있는 경우에는 정관등 또는 사업시행계획으로 정하는 목적을 위하여 그 잔여분을 보류지(건축물 포함)로 정하거나 조합원 또는 토지등소유자 이외의 자에게 분양할 수 있다.

## (2) 재개발임대주택의 인수 제25회

① **인수 의무**: 국토교통부장관, 시·도지사, 시장, 군수, 구청장 또는 토지주택공사 등은 조합이 요청하는 경우 재개발사업의 시행으로 건설된 임대주택(재개발임대주택)을 인수하여야 한다.

② **우선 인수**: 조합이 재개발임대주택의 인수를 요청하는 경우 시·도지사 또는 시장, 군수, 구청장이 우선하여 인수하여야 하며, 시·도지사 또는 시장, 군수, 구청장이 예산·관리인력의 부족 등 부득이한 사정으로 인수하기 어려운 경우에는 국토교통부장관에게 토지주택공사 등을 인수자로 지정할 것을 요청할 수 있다.

## (3) 일반 공급 제28회

① **일반 공급**: 사업시행자는 공급대상자에게 주택을 공급하고 남은 주택을 공급대상자 외의 자에게 공급할 수 있다.

② **준용법률**: 주택의 공급 방법·절차 등은 「주택법」을 준용한다. 다만, 사업시행자가 매도청구소송을 통하여 법원의 승소판결을 받은 후 입주예정자에게 피해가 없도록 손실보상금을 공탁하고 분양예정인 건축물을 담보한 경우에는 법원의 승소판결이 확정되기 전이라도 「주택법」에 불구하고 입주자를 모집할 수 있으나, 준공인가 신청 전까지 해당 주택건설 대지의 소유권을 확보하여야 한다.

## (4) 지분형주택 등의 공급 제32회, 제34회

① **지분형주택의 공급**: 사업시행자가 토지주택공사 등인 경우에는 분양대상자와 사업시행자가 공동 소유하는 방식으로 주택(**지분형주택**)을 공급할 수 있다. 이 경우 공급되는 지분형주택의 규모(60제곱미터 미만), 공동 소유기간(10년) 및 분양대상자 등 필요한 사항은 대통령령으로 정한다.

② **토지임대부 분양주택의 공급**: 국토교통부장관, 시·도지사, 시장, 군수, 구청장 또는 토지주택공사 등은 정비구역에 세입자와 다음의 요청이 있는 경우에는 인수한 재개발임대주택의 일부를 「주택법」에 따른 토지임대부 분양주택으로 전환하여 공급하여야 한다.

> ㉠ 면적이 90제곱미터 미만의 토지를 소유한 자로서 건축물을 소유하지 아니한 자
> ㉡ 바닥면적이 40제곱미터 미만의 사실상 주거를 위하여 사용하는 건축물을 소유한 자로서 토지를 소유하지 아니한 자

| 03 | 공사완료에 따른 조치 |

## 1. 정비사업의 준공인가 등 제29회

### (1) 준공인가

시장·군수 등이 아닌 사업시행자가 정비사업 공사를 완료한 때에는 대통령령으로 정하는 방법 및 절차에 따라 시장·군수 등의 준공인가를 받아야 한다. 다만, 토지주택공사 등인 사업시행자(공동시행자 포함)가 다른 법률에 의하여 자체적으로 준공인가를 처리한 경우에는 준공인가를 받은 것으로 보며, 이 경우 토지주택공사 등인 사업시행자는 그 내용을 지체 없이 시장·군수 등에게 통보하여야 한다.

### (2) 공사완료의 고시

① 시장·군수 등은 준공검사를 실시한 결과 정비사업이 인가받은 사업시행계획대로 완료되었다고 인정되는 때에는 준공인가를 하고 공사의 완료를 해당 지방자치단체의 공보에 고시하여야 한다.

② 시장·군수 등은 직접 시행하는 정비사업에 관한 공사가 완료된 때에는 그 완료를 해당 지방자치단체의 공보에 고시하여야 한다.

### (3) 준공인가 전 사용허가

시장·군수 등은 준공인가를 하기 전이라도 완공된 건축물이 사용에 지장이 없는 등 대통령령으로 정하는 기준에 적합한 경우에는 입주예정자가 완공된 건축물을 사용할 수 있도록 사업시행자에게 허가할 수 있다. 다만, 시장·군수 등이 사업시행자인 경우에는 허가를 받지 아니하고 입주예정자가 완공된 건축물을 사용하게 할 수 있다.

### (4) 준공인가 등에 따른 정비구역의 해제

① 정비구역의 지정은 준공인가의 고시가 있은 날(관리처분계획을 수립하는 경우에는 이전·고시가 있은 때를 말함)의 다음 날에 해제된 것으로 본다. 이 경우 지방자치단체는 해당 지역을 「국토의 계획 및 이용에 관한 법률」에 따른 지구단위계획으로 관리하여야 한다.

> **기출유형** 정비구역의 지정은 준공인가의 고시가 있은 날에 해제된 것으로 본다.(×)

② 정비구역의 해제는 조합의 존속에 영향을 주지 아니한다.

## 2. 소유권 이전·고시 제21회, 제26회, 제27회, 제32회

### (1) 이전·고시(분양처분)

① **이전 절차**: 사업시행자는 공사완료의 고시가 있은 때에는 지체 없이 대지확정측량을 하고 토지의 분할절차를 거쳐 관리처분계획에서 정한 사항을 분양받을 자에게 통지하고 대지 또는 건축물의 소유권을 이전하여야 한다. 다만, 정비사업의 효율적인 추진을 위하여 필요한 경우에는 해당 정비사업에 관한 공사가 전부 완료되기 전이라도 완공된 부분은 준공인가를 받아 대지 또는 건축물별로 분양받을 자에게 소유권을 이전할 수 있다.

② **고시 후 보고**: 사업시행자는 대지 및 건축물의 소유권을 이전하려는 때에는 그 내용을 해당 지방자치단체의 공보에 고시한 후 시장·군수 등에게 보고하여야 한다.

## (2) 이전·고시의 효과

① **소유권의 취득**: 대지 또는 건축물을 분양받을 자는 이전·고시가 있은 날의 <u>다음 날</u>에 그 대지 또는 건축물의 소유권을 <u>취득</u>한다.

② **권리의 이동**: 대지 또는 건축물을 분양받을 자에게 소유권을 이전한 경우 종전의 토지 또는 건축물에 설정된 지상권·전세권·저당권·임차권·가등기담보권·가압류 등 등기된 권리 및 「주택임대차보호법」의 요건을 갖춘 임차권은 소유권을 이전받은 대지 또는 건축물에 설정된 것으로 본다.

## (3) 등기절차 및 권리변동의 제한

① **분양등기**: 사업시행자는 이전·고시가 있은 때에는 <u>지체 없이</u> 대지 및 건축물에 관한 등기를 지방법원지원 또는 등기소에 촉탁 또는 신청하여야 한다.

> **비교** | 등기촉탁: 도시개발법(14일 이내) 정비법(지체 없이)

② **다른 등기의 제한**: 정비사업에 관하여 이전·고시가 있은 날부터 등기가 있을 때까지는 저당권 등의 다른 등기를 하지 못한다.

## (4) 청산금

① **의의**: 대지 또는 건축물을 분양받은 자가 종전에 소유하고 있던 토지 또는 건축물의 가격과 분양받은 대지 또는 건축물의 가격 사이에 차이가 있는 경우 사업시행자는 이전·고시가 있은 후에 그 차액에 상당하는 금액(청산금)을 분양받은 자로부터 징수하거나 분양받은 자에게 지급하여야 한다.

② **분할징수·분할지급**: 사업시행자는 정관등에서 분할징수 및 분할지급을 정하고 있거나 총회의 의결을 거쳐 따로 정한 경우에는 관리처분계획인가 후부터 이전고시가 있은 날까지 일정 기간별로 <u>분할징수하거나 분할지급</u>할 수 있다.

③ **강제징수 및 징수위탁**

㉠ 시장·군수 등인 사업시행자는 청산금을 납부할 자가 이를 납부하지 아니하는 경우 지방세 체납처분의 예에 따라 징수(분할징수를 포함)할 수 있다.

㉡ <u>시장·군수 등이 아닌 사업시행자</u>는 시장·군수 등에게 청산금의 징수를 위탁할 수 있다. 이 경우 사업시행자는 징수한 금액의 <u>100분의 4에 해당하는 금액</u>을 해당 시장·군수 등에게 교부하여야 한다.

④ **공탁**: 청산금을 지급받을 자가 받을 수 없거나 받기를 거부한 때에는 사업시행자는 그 청산금을 공<u>탁할 수 있다.</u>

⑤ **소멸시효**: 청산금을 지급(분할지급을 포함)받을 권리 또는 이를 징수할 권리는 이전·고시일의 <u>다음 날부터 5년간</u> 행사하지 아니하면 소멸한다.

> **기출유형** | 청산금을 지급받을 권리는 소유권이전·고시일의 5년간 행사하지 아니하면 소멸한다.(×)

⑥ **저당권자의 물상대위**: 정비구역에 있는 토지 또는 건축물에 저당권을 설정한 권리자는 사업시행자가 저당권이 설정된 토지 또는 건축물의 소유자에게 청산금을 지급하기 전에 압류절차를 거쳐 저당권을 행사할 수 있다.

## 04 | 비용의 부담

### 1. 비 용 제30회, 제32회, 제33회

**(1) 비용부담**

① **시행자 부담**(원칙) : 정비사업비는 이 법 또는 다른 법령에 특별한 규정이 있는 경우를 제외하고는 사업시행자가 부담한다.

② **시장·군수 등의 부담**(예외) : 시장·군수 등은 시장·군수 등이 아닌 사업시행자가 시행하는 정비사업의 정비계획에 따라 설치되는 다음의 시설에 대하여는 그 건설에 드는 비용의 전부 또는 일부를 <u>부담할 수 있다</u>.

> ㉠ 도시·군계획시설 중 다음의 주요 정비기반시설 및 공동이용시설 : 도로, 상·하수도, 공원, 공용주차장, 공동구, 녹지, 하천, 공공공지 및 광장
> ㉡ 임시거주시설

**(2) 비용의 조달**

① **부과금** : 사업시행자는 토지등소유자로부터 사업비용과 정비사업의 시행과정에서 발생한 수입의 차액을 부과금으로 부과·징수할 수 있다.

② **연체료** : 사업시행자는 토지등소유자가 부과금의 납부를 태만히 한 때에는 연체료를 부과·징수할 수 있다.

③ 부과금 및 연체료의 부과·징수에 필요한 사항은 정관등으로 정한다.

④ **부과·징수의 위탁**

㉠ 시장·군수 등이 아닌 사업시행자는 부과금 또는 연체료를 체납하는 자가 있는 때에는 시장·군수 등에게 그 부과·징수를 <u>위탁할 수 있다</u>.

㉡ 부과·징수를 위탁받은 시장·군수 등은 지방세 체납처분의 예에 따라 부과·징수할 수 있다. 이 경우 사업시행자는 징수한 금액의 <u>100분의 4</u>에 해당하는 금액을 해당 시장·군수 등에게 교부하여야 한다.

**(3) 보조·융자**

국가 또는 지방자치단체는 시장·군수 등이 아닌 사업시행자가 시행하는 정비사업에 드는 비용의 일부를 <u>보조 또는 융자하거나 융자를 알선할 수 있다</u>.

> **기출유형** 지방자치단체는 시장·군수 등이 아닌 사업시행자가 시행하는 정비사업에 드는 비용에 대해 융자를 알선할 수는 있으나 직접적으로 보조할 수는 없다.(×)

## 2. 정비기반시설의 설치 제23회, 제32회

### (1) 정비기반시설의 설치

사업시행자는 관할 지방자치단체의 장과의 협의를 거쳐 정비구역에 정비기반시설(주거환경개선사업의 경우에는 공동이용시설을 포함)을 설치하여야 한다.

### (2) 정비기반시설 및 토지 등의 귀속

① **시장 · 군수 또는 주택공사 등인 시행자** : 시장 · 군수 등 또는 토지주택공사 등이 정비사업의 시행으로 새로 정비기반시설을 설치하거나 기존의 정비기반시설을 대체하는 정비기반시설을 설치한 경우에는 「국유재산법」 및 「공유재산 및 물품 관리법」에도 불구하고 종래의 정비기반시설은 사업시행자에게 무상으로 귀속되고, 새로 설치된 정비기반시설은 그 시설을 관리할 국가 또는 지방자치단체에 무상으로 귀속된다.

② **시장 · 군수 또는 주택공사 등이 아닌 시행자** : 시장 · 군수 등 또는 토지주택공사 등이 아닌 사업시행자가 정비사업의 시행으로 새로 설치한 정비기반시설은 그 시설을 관리할 국가 또는 지방자치단체에 무상으로 귀속되고, 정비사업의 시행으로 용도가 폐지되는 국가 또는 지방자치단체 소유의 정비기반시설은 사업시행자가 새로 설치한 정비기반시설의 설치비용에 상당하는 범위에서 그에게 무상으로 양도된다.

③ **관리청의 의견청취** : 시장 · 군수 등은 정비기반시설의 귀속 및 양도에 관한 사항이 포함된 정비사업을 시행하거나 그 시행을 인가하려는 경우에는 미리 그 관리청의 의견을 들어야 한다. 인가받은 사항을 변경하려는 경우에도 또한 같다.

④ **귀속시기** : 사업시행자는 관리청에 귀속될 정비기반시설과 사업시행자에게 귀속 또는 양도될 재산의 종류와 세목을 정비사업의 준공 전에 관리청에 통지하여야 하며, 해당 정비기반시설은 그 정비사업이 준공인가되어 관리청에 준공인가통지를 한 때에 국가 또는 지방자치단체에 귀속되거나 사업시행자에게 귀속 또는 양도된 것으로 본다.

⑤ 정비구역의 국유 · 공유재산은 정비사업 <u>외의 목적</u>으로 매각되거나 <u>양도될 수 없다</u>.

### (3) 정비사업전문관리업의 등록취소(필요적)

① 거짓, 그 밖의 부정한 방법으로 등록을 한 때
② 업무를 직접 수행하지 아니한 때
③ 최근 3년간 2회 이상의 업무정지처분을 받은 자로서 그 정지처분을 받은 기간이 합산하여 12개월을 초과한 때
④ 다른 사람에게 자기의 성명 또는 상호를 사용하여 이 법에서 정한 업무를 수행하게 하거나 등록증을 대여한 때

## 3. 공공재개발사업 및 공공재건축사업 제32회

### (1) 공공재개발사업 예정구역의 지정·고시

① 정비구역의 지정권자는 비경제적인 건축행위 및 투기 수요의 유입을 방지하고, 합리적인 사업계획을 수립하기 위하여 공공재개발사업을 추진하려는 구역을 공공재개발사업 예정구역으로 지정할 수 있다.

② 정비계획의 입안권자 또는 토지주택공사 등은 정비구역의 지정권자에게 공공재개발사업 예정구역의 지정을 신청할 수 있다. 이 경우 토지주택공사 등은 정비계획의 입안권자를 통하여 신청하여야 한다.

③ 지방도시계획위원회는 공공재개발사업 예정구역 지정의 신청이 있는 경우 신청일부터 30일 이내에 심의를 완료해야 한다. 다만, 30일 이내에 심의를 완료할 수 없는 정당한 사유가 있다고 판단되는 경우에는 심의기간을 30일의 범위에서 한 차례 연장할 수 있다.

④ 정비구역의 지정권자는 공공재개발사업 예정구역이 지정·고시된 날부터 2년이 되는 날까지 공공재개발사업 예정구역이 공공재개발사업을 위한 정비구역으로 지정되지 아니하거나, 공공재개발사업 시행자가 지정되지 아니하면 그 2년이 되는 날의 다음 날에 공공재개발사업 예정구역 지정을 해제하여야 한다. 다만, 정비구역의 지정권자는 1회에 한하여 1년의 범위에서 공공재개발사업 예정구역의 지정을 연장할 수 있다.

### (2) 공공재개발사업을 위한 정비구역 지정

① 정비구역의 지정권자는 기본계획을 수립하거나 변경하지 아니하고 공공재개발사업을 위한 정비계획을 결정하여 정비구역을 지정할 수 있다.

② 정비계획의 입안권자는 공공재개발사업의 추진을 전제로 정비계획을 작성하여 정비구역의 지정권자에게 공공재개발사업을 위한 정비구역의 지정을 신청할 수 있다. 이 경우 공공재개발사업을 시행하려는 공공재개발사업 시행자는 정비계획의 입안권자에게 공공재개발사업을 위한 정비계획의 수립을 제안할 수 있다.

③ 정비계획의 지정권자는 공공재개발사업을 위한 정비구역을 지정·고시한 날부터 1년이 되는 날까지 공공재개발사업 시행자가 지정되지 아니하면 그 1년이 되는 날의 다음 날에 공공재개발사업을 위한 정비구역의 지정을 해제하여야 한다. 다만, 정비구역의 지정권자는 1회에 한하여 1년의 범위에서 공공재개발사업을 위한 정비구역의 지정을 연장할 수 있다.

### (3) 공공재개발사업 예정구역 및 공공재개발사업·공공재건축사업을 위한 정비구역 지정을 위한 특례

① 지방도시계획위원회 또는 도시재정비위원회는 공공재개발사업 예정구역 또는 공공재개발사업·공공재건축사업을 위한 정비구역의 지정에 필요한 사항을 심의하기 위하여 분과위원회를 둘 수 있다. 이 경우 분과위원회의 심의는 지방도시계획위원회 또는 도시재정비위원회의 심의로 본다.

② 정비구역의 지정권자가 공공재개발사업 또는 공공재건축사업을 위한 정비구역의 지정·변경을 고시한 때에는 기본계획의 수립·변경, 「도시재정비 촉진을 위한 특별법」 제5조에 따른 재정비촉진지구의 지정·변경 및 재정비촉진계획의 결정·변경이 고시된 것으로 본다.

### ⑷ 공공재개발사업에서의 용적률 완화 및 주택 건설비율

① 공공재개발사업 시행자는 공공재개발사업(「도시재정비촉진을 위한 특별법」 재정비촉진지구에서 시행되는 공공재개발사업을 포함)을 시행하는 경우 「국토의 계획 및 이용에 관한 법률」에도 불구하고 지방도시계획위원회 및 도시재정비위원회의 심의를 거쳐 <u>법적상한용적률의 100분의 120</u>(법적상한초과용적률)까지 건축할 수 있다.

② 공공재개발사업 시행자는 법적상한초과용적률에서 정비계획으로 정하여진 용적률을 뺀 용적률의 100분의 20 이상 100분의 70 이하로서 시·도조례로 정하는 비율에 해당하는 면적에 국민주택규모 주택을 건설하여 인수자에게 공급하여야 한다.

### ⑸ 공공재건축사업에서의 용적률 완화 및 주택 건설비율

① 공공재건축사업을 위한 정비구역에 대해서는 해당 정비구역의 지정·고시가 있은 날부터 「국토의 계획 및 이용에 관한 법률」상 주거지역을 세분하여 정하는 지역 중 대통령령으로 정하는 지역으로 결정·고시된 것으로 보아 해당 지역에 적용되는 용적률 상한까지 용적률을 정할 수 있다. 다만, 다음에 해당하는 경우에는 그러하지 아니하다.

> ㉠ 해당 정비구역이 「개발제한구역의 지정 및 관리에 관한 특별조치법」에 따라 결정된 개발제한 구역인 경우
> ㉡ 시장·군수 등이 공공재건축사업을 위하여 필요하다고 인정하여 해당 정비구역의 일부분을 종전 용도지역으로 그대로 유지하거나 동일면적의 범위에서 위치를 변경하는 내용으로 정비 계획을 수립한 경우
> ㉢ 시장·군수 등이 정비계획을 수립한 경우

② 공공재건축사업 시행자는 공공재건축사업(「도시재정비 촉진을 위한 특별법」 재정비촉진지구에서 시행되는 공공재건축사업을 포함한다)을 시행하는 경우 용적률에서 정비계획으로 정하여진 용적률을 뺀 용적률의 100분의 40 이상 100분의 70 이하로서 주택증가 규모, 공공재건축사업을 위한 정비구역의 재정적 여건 등을 고려하여 시·도조례로 정하는 비율에 해당하는 면적에 국민주택규모 주택을 건설하여 인수자에게 공급하여야 한다.

③ 주택의 공급가격은 「공공주택 특별법」 국토교통부장관이 고시하는 공공건설임대주택의 표준건축비로 하고, 분양을 목적으로 인수한 주택의 공급가격은 「주택법」 국토교통부장관이 고시하는 기본형 건축비로 한다. 이 경우 부속 토지는 인수자에게 기부채납한 것으로 본다.

④ 분양주택의 인수자는 감정평가액의 100분의 50 이상의 범위에서 대통령령으로 정하는 가격으로 부속 토지를 인수하여야 한다.

## 4. 보 칙

### (1) 정비사업의 공공지원

시장·군수 등은 정비사업의 투명성 강화 및 효율성 제고를 위하여 시·도조례로 정하는 정비사업에 대하여 사업시행 과정을 지원(이하 "공공지원")하거나 토지주택공사 등, 신탁업자, 「주택도시기금법」에 따른 주택도시보증공사 또는 대통령령으로 정하는 기관에 공공지원을 위탁할 수 있다.

### (2) 청 문

국토교통부장관, 시·도지사, 시장, 군수 또는 구청장은 다음에 해당하는 처분을 하려는 경우에는 청문을 하여야 한다.

> ① 정비사업전문관리업의 등록취소
> ② 추진위원회 승인의 취소, 조합설립인가의 취소, 사업시행계획인가의 취소 또는 관리처분계획인가의 취소

### (3) 재개발사업 등의 시행방식의 전환

① 시장·군수 등은 사업대행자를 지정하거나 토지등소유자의 5분의 4 이상의 요구가 있어 재개발사업의 시행방식의 전환이 필요하다고 인정하는 경우에는 정비사업이 완료되기 전이라도 대통령령으로 정하는 범위에서 정비구역의 전부 또는 일부에 대하여 시행방식의 전환을 승인할 수 있다.

② 시장·군수 등은 환지로 공급하는 방법으로 실시하는 재개발사업을 위한 정비구역의 전부 또는 일부를 인가받은 관리처분계획에 따라 주택 및 부대시설·복리시설을 건설하여 공급하는 방법으로 전환하는 것을 승인할 수 있다.

③ 사업시행자는 시행방식을 전환하기 위하여 관리처분계획을 변경하려는 경우 토지면적의 3분의 2 이상의 토지 소유자의 동의와 토지등소유자의 5분의 4 이상의 동의를 받아야 하며, 변경절차에 관하여는 관리처분계획 변경에 관한 규정을 준용한다.

---

> ※ 오타수정 및 개정내용은 쫄지마공법 밴드(https://band.us/band/82435070) 공지사항 참조하세요.

MEMO

제36회 공인중개사 시험대비 **전면개정판**

# 2025 박문각 공인중개사
## 이경철 필수서 2차 부동산공법

---

**초판인쇄** | 2025. 1. 20.　**초판발행** | 2025. 1. 25.　**편저** | 이경철 편저

**발행인** | 박 용　**발행처** | (주)박문각출판　**등록** | 2015년 4월 29일 제2019-000137호

**주소** | 06654 서울시 서초구 효령로 283 서경 B/D 4층　**팩스** | (02)584-2927

**전화** | 교재 주문 (02)6466-7202, 동영상문의 (02)6466-7201

저자와의
협의하에
인지생략

정가 25,000원
ISBN 979-11-7262-554-2